Dr. Peter Boghossian
Dr. James Lindsay

Die Kunst, schwierige Gespräche zu meistern

Dr. Peter Boghossian
Dr. James Lindsay

Die Kunst, schwierige Gespräche zu meistern

Effektiv argumentieren, hitzige Diskussionen entschärfen und Gesprächspartner überzeugen

riva

Bibliografische Information der Deutschen Nationalbibliothek
Die Deutsche Nationalbibliothek verzeichnet diese Publikation in der Deutschen Nationalbibliografie. Detaillierte bibliografische Daten sind im Internet über http://d-nb.de abrufbar.

Für Fragen und Anregungen
info@rivaverlag.de

Wichtiger Hinweis
Ausschließlich zum Zweck der besseren Lesbarkeit wurde auf eine genderspezifische Schreibweise sowie eine Mehrfachbezeichnung verzichtet. Alle personenbezogenen Bezeichnungen sind somit geschlechtsneutral zu verstehen.

3. Auflage 2023

Türkenstraße 89
80799 München
Tel.: 089 651285-0
Fax: 089 652096

Übersetzung: Dr. Kimiko Leibnitz
Redaktion: Susann Harring
Umschlaggestaltung: Catharina Aydemir
Umschlagabbildung: shutterstock.com/Evgeny Turaev, layang2 studio
Satz: Satzwerk Huber, Germering
Druck: GGP Media GmbH, Pößneck
Printed in Germany

ISBN Print 978-3-7423-1348-5
ISBN E-Book (PDF) 978-3-7453-1039-9
ISBN E-Book (EPUB, Mobi) 978-3-7453-1040-5

Weitere Informationen zum Verlag finden Sie unter:

www.rivaverlag.de

Beachten Sie auch unsere weiteren Verlage unter www.m-vg.de

Für unsere Familien

Inhalt

Eins

Wenn Gespräche schwierig scheinen

In diesem Buch geht es darum, wie man effektiv mit Leuten kommuniziert, die radikal andere Überzeugungen vertreten als man selbst. Wir leben in einem zerklüfteten, polarisierten Zeitalter und reden kaum noch miteinander. Die Auswirkungen dieser Tendenz sind vielfältig und schwerwiegend; es breitet sich eine Angst aus, seine Meinung nicht mehr offen und ehrlich sagen zu dürfen, man ist unfähig, Probleme gemeinschaftlich zu lösen, und Freundschaften gehen in die Brüche.

DIE UNTERHALTUNG MIT EINEM ARSCHLOCH

Vor knapp zwanzig Jahren unterhielt sich einer der beiden Autoren dieses Buchs, Peter Boghossian, mit einer Kollegin – einer weißen Frau, die sich selbst als Liberale beschrieb (nennen wir sie SDL) – über Affirmative Action, also Maßnahmen zur Gleichstellung der Geschlechter am Arbeitsplatz. Wie es bei Gesprächen über kontroverse Themen oft der Fall ist, kochten die Emotionen schnell hoch. Werfen wir einen Blick auf die konkrete Situation:

SDL: Du bestreitest die ganze Zeit, dass sie [Affirmative Action] gerecht ist.

Boghossian: Ja, weil es auch so ist. Für wen soll sie denn bitte schön gerecht sein?

SDL: Das habe ich doch schon gesagt. Für traditionell unterprivilegierte Gruppen wie Afroamerikaner. Sie fangen nicht bei null an, sondern mit einem dicken Minus. Sie hatten nicht dieselben Chancen wie du und ich.

Boghossian: Aber warum muss man deswegen nachhelfen?

SDL: Du klingst wie eine kaputte Schallplatte. Weil sie Amerikaner sind und weil sie etwas Besseres verdienen. Du verstehst das nicht, weil du niemals in ihrer Lage warst. Du hattest eine gute Ausbildung und weißt nicht einmal ansatzweise, mit welchen Problemen sie sich täglich herumschlagen müssen.

Boghossian: Okay, nehmen wir an, du hast recht. Das glaube ich zwar nicht, aber gehen wir mal davon aus. Welche Beweise kannst du vorlegen, dass Affirmative Action tatsächlich hilft, die Benachteiligung auszugleichen?

SDL: Ich habe keine Beweise dafür. Die Maßnahme ist richtig, weil …

Boghossian: Du hast also keine Beweise. Du bist völlig von etwas überzeugt, was du nicht beweisen kannst.

SDL: Du hörst überhaupt nicht zu.

Boghossian: Doch, sehr genau sogar. Ich versuche nur herauszufinden, wieso du felsenfest von etwas überzeugt bist, das du gar nicht beweisen kannst. Glaubst du, dass Afroamerikaner mit Clarence Thomas jemanden haben, der ihre Belange besser vertreten kann? Glaubst du, dass es gut war, ihn zum Richter des Obersten Gerichtshofs zu berufen, oder wären Schwarze mit einem liberalen weißen Mann besser dran?

SDL: Du bist ein [Kraftausdruck] Idiot. Echt jetzt. Ich kann gar nicht glauben, dass du auch noch Lehrer bist.

Boghossian: Tut mir leid, dass du so denkst. Wenn du deine Überzeugungen besser verteidigen könntest, würdest du dich vielleicht nicht so sehr über jemanden ärgern, der dir ganz einfache Fragen stellt.

SDL: Was bringst du deinen Schülern bei?

Boghossian: Du bist nicht meine Schülerin. Reg dich doch nicht so auf.

SDL: Du bist ein Arschloch. Mit dir rede ich nicht mehr.

Sie hatte recht. Peter hörte nicht zu, er verdrehte ihr die Worte im Mund, und er benahm sich wie ein Arschloch. In diesem kurzen Wortwechsel fiel er ihr ins Wort und reagierte auf ihre Äußerungen mit dem Wörtchen »aber« (was vermutlich noch der verzeihlichste Fehler war), wechselte das Thema und ging nicht auf ihre Fragen ein. Er wollte um jeden Preis gewinnen – und seine Kollegin in intellektueller Hinsicht vorzuführen –, sodass er das Gespräch ruinierte und den Weg zu künftigen produktiven Gesprächen verbaute. SDL ließ ihn stehen und beendete das Gespräch, aber sie hätte es womöglich früher beenden sollen.

Gespräche mit Personen, die völlig andere Ansichten über Religion, Politik oder Ethik haben, sind schon immer eine Herausforderung gewesen. Unter diesem Gesichtspunkt war eigentlich abzusehen, dass das Gespräch zwischen Peter und SDL holprig sein würde, aber es hätte nicht dermaßen schlecht verlaufen müssen. Es gibt gute und schlechte Arten, sich mit Leuten zu unterhalten, die völlig andere Überzeugungen haben als man selbst, und bessere Ansätze sind nicht nur theoretisch vorstellbar, sondern auch praktisch umsetzbar. Weil unser gegenwärtiges kulturelles Umfeld sehr polarisiert ist, ist es allerdings alles andere als einfach, über diese Differenzen hinweg produktive Gespräche zu führen.

Seit Peters Gespräch mit SDL vor fast zwanzig Jahren sind unsere Gesprächsräume immer weiter auseinander gebrochen, und es fällt uns zunehmend schwerer, uns mit anderen zu unterhalten, die völlig verschiedene Ansichten haben. Die Vorwürfe und Unterstellungen scheinen endlos zu sein: Liberale streiten sich mit Konservativen,[1] Gläubige mit Atheisten, Demokraten mit Republikanern (in den Vereinigten Staaten), Sekte A mit Sekte B, eine Gruppierung mit einer – oder allen – anderen und der wütende, reaktionäre oder radikale Rand mit der verwunderten und erschöpften Mitte.

Über diese und viele andere Lager hinweg haben die Menschen Probleme, miteinander zu kommunizieren. Man hat sich für eine Seite entschieden und sein Schlachtfeld abgesteckt. In diesem Bereich wissen nur wenige, wie man mit »der anderen Seite« spricht, und viele glauben, dass Andersdenkende eine existenzielle Bedrohung darstellen – und mit ihrer Präsenz das Dasein aller anderen bedroht. Und es scheint, als gäbe es weder eine Lösung noch einen Ausweg. Wir wissen nicht einmal, wie man beim Abendessen im Kreis der Familie mit Meinungsverschiedenheiten umgeht, und trotzdem geraten wir mit Bekannten und in den sozialen Medien immer wieder in hitzige Diskussionen. Viele versuchen, dieses Problem zu umgehen, indem sie heikle

Gesprächsthemen ausklammern. Das ist in Ordnung und unter bestimmten Bedingungen vielleicht auch die einzig richtige Entscheidung. Aber diese Lösung ist kein Allheilmittel, sondern bietet sich nur im Einzelfall an. Man muss auch wissen, wie man diese schwierigen – und bisweilen sogar *unmöglich* scheinenden – Gespräche führt.

WAS IST EIN SCHWIERIGES GESPRÄCH?

Wenn wir über »schwierige Gespräche« sprechen, meinen wir damit Gespräche, die aussichtslos wirken, weil die Fronten sehr verhärtet sind und der Eindruck entsteht, dass die verschiedenen Ideen, Werte, politischen Ansichten oder Weltanschauungen der beteiligten Parteien sich nicht miteinander vereinbaren lassen. Wir meinen damit keine Gespräche, die in Situationen stattfinden, in denen ein oder mehrere Teilnehmer absolut nicht bereit sind, mit Ihnen zu sprechen. Extremfälle – zum Beispiel Menschen, die gewalttätig sind oder Gewalt androhen oder die sich weigern, zu sprechen oder auch nur zuzuhören – fallen nicht darunter. Wenn sich jemand weigert, mit Ihnen zu reden, ist jeder Gesprächsversuch von vornherein zum Scheitern verurteilt. Kein Buch der Welt kann Ihnen beibringen, jemanden, der partout nicht mit Ihnen reden will, zu einer Konversation zu zwingen. Dieser Fall tritt jedoch sehr selten ein. In der Regel werden sich die meisten Leute mit Ihnen über die meisten Themen unterhalten wollen.

Obwohl produktive Diskussionen mit Menschen, die völlig andere Überzeugungen haben als man selbst, extrem schwierig sein können, sind sie nur in den allerseltensten Fällen wirklich unmöglich. Je überzeugter jemand eine bestimmte Ansicht vertritt, umso mehr will er in der Regel darüber reden. Die Schwierigkeit besteht in diesen Fällen nicht darin, dass jemand das Gespräch mit Ihnen verweigert; es ist vielmehr so, dass ein Austausch hoffnungslos scheint, weil Ihr Gegenüber nicht *mit*, sondern *zu* Ihnen spricht. In diesen Fällen erfüllen Sie die Rolle eines Gefäßes, in das er seine Ideen füllt, oder eines Gegners, der zur Rede gestellt und zur Strecke gebracht werden muss.

Die Kunst, schwierige Gespräche zu meistern zeigt Ihnen, wie man mit jedem Menschen Gespräche führen kann, der mit Ihnen reden will, auch wenn solche Personen und Gespräche auf den ersten Blick unmöglich *scheinen*. Vielleicht ist die Person wütend, oder vielleicht sind Ihre politischen Differenzen so groß, dass eine vernünftige, höfliche Diskussion unmöglich scheint. Aber wenn jemand bereit ist, mit Ihnen zu reden – auch wenn er ein Extremist, glühender Glaubensanhänger oder überzeugter Parteianhänger ist –, wird Ihnen dieses Buch beibringen, effektiv mit solchen Zeitgenossen zu kommunizieren.

Natürlich ist es einfacher, nicht mit Leuten zu diskutieren, die andere Ansichten vertreten als man selbst, aber es ist nicht immer möglich, ihnen aus dem Weg zu gehen. Vielleicht sucht jemand das Gespräch mit Ihnen; vielleicht geraten Sie mit Freunden oder Familienangehörigen in eine Diskussion über Religion oder Politik; oder vielleicht finden Sie ein Thema schlichtweg zu wichtig, um es zu ignorieren. Wenn Sie sich in einer solchen Situation wiederfinden, ist es auf jeden Fall besser zu wissen, wie man mit ihr umgeht. Dieses Buch zeigt Ihnen, wie Sie solche Gespräche meistern, auch wenn sich die Gemüter erhitzen. Es wird Ihnen Handlungsmöglichkeiten aufzeigen.

WARUM SOLLTE MAN SCHWIERIGE GESPRÄCHE FÜHREN?

Die Kunst, schwierige Gespräche zu führen handelt im Grunde davon, wie man sich mit Personen unterhält, die andere Überzeugungen haben. Was andere glauben, ist wichtig, und was Sie glauben, ist ebenfalls wichtig. Wenn Sie glauben, dass es kalt ist, werden Sie einen Mantel anziehen wollen, weil Sie glauben, dass Ihnen dadurch wärmer wird. Dasselbe gilt für moralische und politische Überzeugungen. Wenn Sie glauben, dass Zuwanderer unsere Jobs stehlen und unsere Mitbürger(innen) vergewaltigen und ermorden, werden Sie bei der nächsten Wahl mit größerer Wahrscheinlichkeit für jemanden stimmen, der verspricht, die Grenzen zu schließen und Sie zu beschützen (und wenn Sie glauben, dass Ihre politischen Gegner genau das Gegenteil im Sinn haben und die Grenzen öffnen wollen, wird das Ihre Wahlentscheidung nur festigen). Wenn Sie glauben, dass Faschisten darauf warten, die Regierungsgewalt an sich zu reißen, werden Sie mit größerer Wahrscheinlichkeit die Appelle all jener unterstützen, die zu Gewalt aufrufen, um es »den Nazis mal so richtig zu zeigen«. Überzeugungen sind wichtig, weil sie unsere Handlungsgrundlage bilden – ganz gleich, ob diese Überzeugungen wahr sind oder nicht (und es ist deutlich einfacher, im Unrecht zu sein als im Recht.)

Überzeugungen lassen sich ändern, und es gibt gute und schlechte Methoden, wie man dies bewerkstelligt. Gespräche sind eine gute Methode. Druck ist eine schlechte Methode, und die Gründe hierfür müssen wohl nicht explizit genannt werden – abgesehen davon ist er auch schlichtweg uneffektiv. Auch wenn es für manch einen schwer vorstellbar ist: Menschen ändern ihre Überzeugungen nie, weil sie von jemandem geohrfeigt werden, der sie hasst. In fast allen Fällen ist es *am besten*, Überzeugungen in einem offenen Gespräch zu thematisieren. Das liegt daran, weil man in einer Konversation *mit* dem anderen interagiert (das Präfix »Kon-« in Konversation stammt aus dem Lateinischen und bedeutet »mit«) und dabei auf subtile und zugleich effektive Weise auf ihn einwirken kann. Gespräche kommen immer in Zusammenarbeit mit dem anderen zustande und geben den Mitwirkenden die Gelegenheit, ihre Überzeugungen zu überdenken und potenziell zu verändern, wie sie handeln und für wen sie ihre Stimme abgeben. Gespräche geben *Ihnen* die Möglichkeit, *Ihre* Überzeugungen zu überdenken und Ihre Meinung zu verändern, wie *Sie* handeln und für wen *Sie* Ihre Stimme abgeben sollten.

WAS KANN MAN TUN?

Wir reagieren auf diese weitverbreitete soziale Dysfunktion, indem wir das Führen schwieriger Gespräche als eine Fähigkeit und Gewohnheit betrachten, die man sich aneignen und anwenden kann. Scheuen Sie sich nicht davor, Ihre Meinung zu äußern. Fürchten Sie sich nicht vor Differenzen. Zögern Sie nicht, Fragen zu stellen. Die Menschen wachen auf und erkennen, dass sie politischen Einfluss, Freunde, Erkenntnisse und intellektuelle Integrität gewinnen können, wenn sie offen und ehrlich miteinander umgehen und bereit sind, ihre eigenen moralischen Werte zu hinterfragen. Sie können ein Teil dieser Renaissance sein. Um sich ihr anzuschließen, müssen Sie nur wissen, wie Sie produktiv mit Ihrem Gesprächspartner interagieren, damit er seine

Abwehrhaltung aufgibt und sich darauf einlässt, seine Überzeugungen zu revidieren. Dies gelingt Ihnen durch die Anwendung bewährter, evidenzbasierter Techniken, die in diesem Buch vorgestellt werden.

Wir erklären, wie man einen produktiven Dialog aus etwas erschafft, das ansonsten in ein »Duell der Predigten« ausarten würde. An Sie gerichtete Aufforderungen, »zuzuhören und zu glauben«, können beinahe immer durch *Zuhören, Verständnis und das Säen von Zweifeln* ersetzt werden. Wir wissen das, weil wir unzählige Gespräche mit Eiferern, Kriminellen, religiösen Fanatikern und Extremisten jeder Couleur geführt haben. Peter forschte für seine Doktorarbeit im Gefängnissystem des Bundesstaates Oregon. Er unterhielt sich mit Häftlingen über die wichtigsten Fragen des Lebens und arbeitete diese Techniken in zahlreichen Gesprächen mit religiösen Hardlinern aus, mit denen er sich über viele Tausende Stunden hinweg ebenfalls unterhielt. James entwickelte die Ideen für seine Bücher und Fachartikel, indem er lange Gespräche mit Menschen führte, die radikal andere Ansichten über Politik, Moral und Religion hatten als er. Dieses Buch ist das Resultat unserer ausführlichen Forschung und persönlichen Erfahrungen, die wir in unseren Gesprächen mit Personen gesammelt haben, die von sich behaupteten, unumstößliche Ansichten zu haben.

In unserer hochgradig polarisierten Gesellschaft sind schwierige Gespräche unvermeidlich – vor allem, da wir zusätzlich mit den Anforderungen der sozialen Medien zurechtkommen müssen, die einen radikalen Bruch mit unseren alten Kommunikationsformen darstellen. Das Ziel sollte daher nicht der Wunsch sein, sie künftig zu vermeiden oder zu schweigen, wenn man mit anderen Überzeugungen konfrontiert wird, sondern die Gelegenheit beim Schopf zu packen. Lernen Sie, was Sie tun müssen, um anderen zuzuhören und sich selbst Gehör zu verschaffen. Beziehen Sie Stellung. Sagen Sie Ihre Meinung. Aber reden Sie mit Bedacht. *Die Kunst, schwierige Gespräche zu führen* bietet Lösungen für Probleme wie Nervosität, Grobheit, Angst und Argwohn, die unserer Gesprächskultur großen Schaden zufügen.

WAS SIE ERWARTEN KÖNNEN UND WIE SIE DIESES BUCH ANWENDEN SOLLTEN

Die Kunst, schwierige Gespräche zu führen enthält sechsunddreißig Techniken, die sich auf die effektivste Forschung über angewandte Epistemologie, Geisel- und Geschäftsverhandlungen, Sektenaussteiger, Unterkategorien der Psychologie und mehr beziehen. Das Buch hat einen einfachen Aufbau, der nach dem Schwierigkeitsgrad der Techniken organisiert ist: Grundlagen (Kapitel 2), Anfänger (Kapitel 3), Geübte (Kapitel 4), Fortgeschrittene (Kapitel 5), Könner (Kapitel 6) und Experten (Kapitel 7). Manche Techniken bringen Ihnen bei, in die Denkweise Ihres Gesprächspartners zu intervenieren, Zweifel zu säen und ihm zu helfen, aufgeschlossener zu werden und seine Überzeugungen zu überdenken. Andere Techniken zielen auf die Wahrheitsfindung ab. Manche wiederum sind einfach nur gute Ratschläge. Sie zeichnen sich – ungeachtet des Gesprächsziels – durch die Gemeinsamkeit aus, dass sie Ihnen Mittel geben, sich mit Personen zu unterhalten, die radikal andere politische, moralische und soziale Ansichten vertreten.

Wir haben für Sie Fragen und Gesprächsvorlagen vereinheitlicht und vereinfacht. Dieses Buch enthält nichts Überflüssiges. Wir geben Ihnen nur das, was Sie brauchen, um sofort effektive Gespräche über Themen zu führen, die sich durch verhärtete Fronten auszeichnen. Wenn Sie mehr darüber erfahren und weiterführende Literatur lesen wollen, finden Sie die einschlägige Fachliteratur in den Endnoten. Diese sind für Ihren Erfolg nicht notwendig. Sie können auch dann effektiv kommunizieren, wenn Sie die Endnoten nicht lesen, aber wenn Sie neugierig geworden sind und wissen wollen, warum unsere Techniken funktionieren, sollten Sie dort anfangen.

Viele Abschnitte enthalten Auszüge aus echten Konversationen. Anhand dieser Beispiele werden Sie sehen, wie sich die neuen Fertigkeiten und Techniken in der Praxis einsetzen lassen, ohne dass sie unnatürlich wirken oder der Eindruck entsteht, dass Sie Ihre Ansichten »an den Mann bringen« wollen. Manche Abschnitte enthalten auch kurze Anekdoten mit Fehlern, die wir tatsächlich begangen haben. Wir hoffen, dass diese Beispiele zeigen, wie hilfreich es gewesen wäre, wenn uns diese Techniken damals zur Verfügung gestanden hätten.

Wir empfehlen Ihnen, sich für jedes Kapitel viel Zeit zu lassen, bevor Sie mit dem nächsten weitermachen. Die späteren Kapitel bauen auf den ersten Kapiteln auf. *Deshalb raten wir eindringlich dazu, das Buch in der vorgesehenen Reihenfolge durchzuarbeiten und keine Kapitel auszulassen.* Um den größten Nutzen aus *Die Kunst, schwierige Gespräche zu meistern* zu erzielen, sollten Sie in Ihrem Alltag persönliche Gespräche führen, in denen Sie die Techniken ausprobieren, die Sie gerade lernen, und zwar Kapitel für Kapitel, *bevor* Sie sich dem nächsten Kapitel zuwenden. Das gilt vor allem für die in den Kapiteln 2 und 3 vorgestellten Techniken, die Sie bereits zu beherrschen glauben; diese Kapitel enthalten unverzichtbare Hilfsmittel, von denen der Erfolg der fortgeschritteneren Techniken, Strategien und Ansätze abhängt.

Wir sind der Überzeugung, dass wir uns in einem Zeitalter befinden, in dem das Interesse an effektiven Dialogen und der Auseinandersetzung mit gegensätzlichen Positionen neu entbrannt ist. Die meisten Menschen sind es leid, nicht über heikle Themen reden zu können und ständig einen Eiertanz aufführen zu müssen, wenn sie ihre Meinung äußern. Dieses Buch ist all jenen gewidmet, die genug davon haben. Genug der Beschimpfungen. Genug der Zensur. Genug der Giftigkeit. Es gibt Ihnen eine Fülle von Hilfsmitteln an die Hand, mit denen Sie Ihre Gespräche aktiv steuern können. Sie werden lernen, wie Sie den Gedankengang Ihres Gesprächspartners unterbrechen, ihm zu einer Kurskorrektur verhelfen *und* ihn dazu bringen, gemeinsam mit Ihnen nach der Wahrheit zu suchen. Das ist selbst bei Hardlinern und Ideologen möglich. Gespräche, die höflich bleiben, geben Ihnen ein Stück Eigenverantwortung zurück und können selbst die borniertesten Personen zu einem Umdenken bewegen – auch wenn die Fronten verhärtet sind. Hier sind die Hilfsmittel, mit denen dies möglich wird.

Zwei

Die sieben Grundlagen guter Gespräche

Wie man sich mit jedem unterhalten kann, von Fremden bis hin zu Häftlingen

 # 1 – Ziele
Warum führen Sie dieses Gespräch?

 # 2 – Partnerschaften
Betrachten Sie Ihr Gegenüber als Partner, nicht als Gegner.

 # 3 – Rapport
Entwickeln und pflegen Sie einen guten Kontakt.

 # 4 – Zuhören
Hören Sie mehr zu und reden Sie weniger.

 # 5 – Den Boten töten
Behalten Sie Ihre Wahrheit für sich.

 # 6 – Absichten
Die Menschen haben bessere Absichten, als Sie denken.

 # 7 – Weggehen
Drängen Sie Ihren Gesprächspartner nicht aus seiner Komfortzone.

Sie denken vielleicht, dass Staatsoberhäupter nur Gespräche über wichtige Themen führen, aber in Wirklichkeit fangen sie oft damit an, dass man über das Wetter redet oder etwas sagt wie: »Ihre Krawatte gefällt mir.«

Madeleine Albright

Alles steht und fällt mit den Grundlagen – wirklich alles. Wenn Sie beispielsweise als Ballett-Tänzer in der Lage sind, eine schwierige Figur zu tanzen, liegt das daran, dass Sie die Grundelemente Ihrer Kunst verstehen. Die komplexesten Dinge beruhen auf den Grundlagen.

Man kann lernen, höfliche und effektive Gespräche zu führen. Man braucht dafür ein gewisses Know-how und Übung, und man wird bei den Grundprinzipien anfangen müssen. Wenn man sie verinnerlicht hat, muss man nicht mehr darüber nachdenken. Man macht sie automatisch. Aber ohne sie kann man mit häufig auftretenden Ärgernissen, entgleisten Gesprächen und belasteten Beziehungen rechnen.

Die grundlegendsten Elemente der gepflegten Diskussion, vor allem über Themen, über die große Uneinigkeit besteht, laufen auf ein Ziel hinaus: Man darf die Person, mit der man spricht, nicht als Gegner sehen, sondern als Partner. Um dies zu erreichen, müssen Sie wissen, was Sie mit der Konversation bezwecken wollen, wohlwollende Annahmen über die Absichten Ihres Gegenübers machen, zuhören und mit ihm interagieren (statt ihm eine Botschaft zu übermitteln). Um effektive Gespräche zu führen, die aus einem gegenseitigen Geben und Nehmen bestehen, müssen Sie zunächst die hohe Kunst des Zuhörens lernen. Sie müssen den Drang überwinden, alles zu sagen, was Ihnen in den Sinn kommt. Schließlich müssen Sie wissen, wann Sie Ihrem Gespräch elegant ein Ende setzen.

Dieses Kapitel stellt die insgesamt *sieben Grundlagen guter Gespräche* vor. Sie müssen: ihre Ziele identifizieren; eine Partnerschaft aufbauen; Rapport herstellen; der anderen Person zuhören; Ihren eigenen Boten töten (das heißt, nicht Ihre eigene Wahrheit kundzutun); die Absichten der anderen Person im Auge behalten, die vermutlich besser sind, als Sie vermuten; und wissen, wann Sie das Gespräch beenden sollten.

Selbst wenn Sie nur diese Grundlagen lernen und sonst nichts, werden sich nahezu alle Ihre Gespräche deutlich bessern – ganz gleich, mit wem Sie es zu tun haben. Ohne sie wird jede andere Fähigkeit, die Sie lernen wollen, der notwendigen Grundlage entbehren und nicht ansatzweise effektiv sein. Nachfolgend gehen wir daher die sieben Grundlagen in der logischsten Reihenfolge durch.

1 – ZIELE

Was ist Ihre Absicht?

Es gibt sehr unterschiedliche Gründe, weshalb jemand ein Gespräch beginnt. Oft will man einfach nur reden und mit anderen interagieren, aber oft spielen auch funktionellere Ziele eine Rolle. Hierzu zählen unter anderem:

- Erzielen einer Übereinkunft (die beteiligten Parteien wollen die Position des jeweils anderen verstehen, müssen aber nicht zwingend zu einem Konsens gelangen)
- gegenseitiges Lernen (herausfinden, wie andere Leute zu ihren jeweiligen Meinungen gelangt sind)
- Wahrheitsfindung (gemeinsam herausfinden, was wahr ist, oder fehlerhafte Annahmen korrigieren)
- Intervenieren (die Überzeugungen einer Person oder die Methoden, wie sie zu ihren Überzeugungen gelangt, zu verändern versuchen)
- Beeindrucken (die Parteien wollen Eindruck auf den Gesprächspartner oder eine andere Person machen, die das Geschehen vielleicht beobachtet)
- dem Druck nachgeben (weil man das Gefühl hat, mit jemandem reden zu müssen)

In jedem Fall gilt: Wenn Sie von vornherein Ihr(e) Gesprächsziel(e) identifizieren, wird sich Ihr Weg einfacher gestalten. Stellen Sie sich die folgenden Fragen: »Warum führe ich diese Diskussion? Was sind meine Ziele? Was will ich erreichen?« Ihre Antwort ist vielleicht einer der oben genannten Punkte, oder Sie wollen einfach nur, dass Ihr Gespräch unbeschwert, freundschaftlich und angenehm bleibt.

Sie können sich mehr als ein Ziel setzen, kein bestimmtes Ziel verfolgen oder Ihre Ziele während des Gesprächs verändern. Das ist alles in Ordnung, aber Sie müssen sich über Ihre Ziele im Klaren sein, wenn Sie ein Gespräch beginnen.[1] Sie sollten sich zuerst fragen, ob es Ihnen wichtiger ist, die Wahrheit zu ergründen oder Ihrem Gegenüber zu helfen, seine Überzeugungen zu revidieren. Vielleicht wollen Sie beides erreichen, oder vielleicht neigen Sie stärker in die eine Richtung als in die andere. Sobald Sie Ihre Ziele kennen, können Sie die Gesprächstechniken wählen, die sich am besten dafür eignen.

2 – PARTNERSCHAFTEN

In den 1970er-Jahren beschäftigte sich Peters Mentor, der an der Portland State University lehrende Psychologieprofessor Dr. Frank Wesley, mit der Frage, warum einige US-amerikanische Kriegsgefangene während des Koreakriegs nach Nordkorea übergelaufen waren. Seine Forschung zeigte, dass praktisch alle Überläufer ihre Grundausbildung in einer bestimmten Kaserne in den USA absolviert hatten. Sie hatten im Rahmen ihrer Ausbildung gelernt, dass Nordkoreaner grausame, herzlose Barbaren seien, die Amerika verachteten und vernichten wollten. Als die Kriegsgefangenen von ihren Häschern jedoch wohlwollend behandelt wurden, fiel diese Indoktrination wie ein Kartenhaus in sich zusammen. Sie liefen mit wesentlich größerer Wahrscheinlichkeit ins feindliche Lager über als Soldaten, denen entweder gar nichts oder ein eher neutrales Bild vermittelt wurde.

Gesprächspartner

Um Meinungen zu ändern, Menschen zu beeinflussen, Beziehungen aufzubauen und Freundschaften zu pflegen, muss man freundlich sein, Mitgefühl und Empathie zeigen, den anderen mit Würde und Respekt behandeln und alle diese Verhaltensweisen in einem psychologisch sicheren Umfeld anwenden.[2] Wir reagieren ganz automatisch wohlwollend, wenn man uns zuhört, Freundlichkeit zeigt, uns gut behandelt und mit Respekt begegnet. Umgekehrt stärkt man bestehende Überzeugungen, verursacht Uneinigkeit und sät Misstrauen, wenn man den anderen als Feind betrachtet und eine angespannte Gesprächsumgebung schafft. Es ist einfach, jemanden nicht zu mögen, der bösartig ist, Sie schlecht behandelt, nicht zuhört oder nicht respektiert. Sicher kennen Sie solche Situationen aus eigener Erfahrung.

Zum Glück ist es relativ einfach, ein sicheres Gesprächsumfeld zu schaffen und Konflikte zu vermeiden.[3] Und das geht so: Sehen Sie sich als einen *Gesprächspartner*. Das heißt also, dass Sie andere so behandeln sollten, als würden Sie zusammenarbeiten und dabei das Ziel verfolgen, ein produktives Gespräch zu führen – was schließlich auch der Fall ist. Gespräche als Partnerschaften zu betrachten, ist der beste Weg, den Sie einschlagen können, um sicherzustellen, dass Ihre Gespräche höflich bleiben und Beziehungen aufgebaut statt zerstört werden. Außerdem ist es erstaunlich einfach, sich diese Einstellung anzueignen.

Vom Gewinnen zum Verstehen

Frage: Was müssen Sie tun, um jemanden nicht mehr als Gegner, moralisch verkommenes Subjekt oder sogar Feind zu sehen, sondern als wertvollen Partner und Mitarbeiter?

Antwort: Verändern Sie Ihre Zielsetzung; statt um jeden Preis gewinnen zu wollen, sollten Sie danach streben, den anderen zu verstehen.

Es sollte (zumindest am Anfang) Ihr oberstes Ziel sein, die Argumentationsweise Ihres Gesprächspartners zu *verstehen*.[4] Verzichten Sie auf Lagerdenken (Konflikte, Streit, Auseinandersetzungen, Einwände, Bloßstellungen, die Vorstellung, gewinnen zu wollen) und eignen Sie sich eine Denkweise an, die auf Zusammenarbeit beruht (Kooperation, Partnerschaft, Zuhören und Lernbereitschaft).[5] Ändern Sie Ihre Denkweise von »Diese Person ist mein Feind, der verstehen muss, was ich sage« zu »Diese Person ist mein Gesprächspartner, von dem ich etwas lernen kann – und dazu zählt auch, dass ich lerne, warum er glaubt, was er glaubt«.

Sie denken sich jetzt vielleicht: *Ich kann mit vielen Leuten partnerschaftlich reden, aber bei Rassisten hört der Spaß auf!* Aber auch das ist durchaus möglich.[6] Wenn der schwarze Musiker Daryl Davis mit Mitgliedern des Ku-Klux-Klans reden und ihnen helfen kann, aus dem KKK auszusteigen (und das ist ihm tatsächlich gelungen: Er hat einen ganzen Schrank mit alten Kapuzen, die Zeugnis davon ablegen), dann können auch Sie mit einem Rassisten reden oder mit jedem, der ein Glaubenssystem hat, und herausfinden, warum er glaubt, was er glaubt.[7]

Sie erkennen, dass Sie schwierige Gespräche führen können, wenn Sie zu der Einsicht gelangen, dass Gespräche eine natürliche Lernumgebung für alle Beteiligten sind. Jemanden als Partner in einem höflichen Dialog zu behandeln bedeutet nicht, dass man seine Schlussfolgerungen hinnehmen oder ihm Recht geben muss.[8] (Es heißt beispielsweise, dass sich ein gebildeter Geist dadurch auszeichnet, dass er eine Aussage versteht, ohne sie akzeptieren zu müssen.[9]) Das bedeutet, gemeinsam mit Ihrem Gegenüber seinen Gedankengang durchzugehen, damit Sie nicht nur verstehen, woran er glaubt, sondern auch, *warum* er dies tut – dabei wird er vielleicht Ihre Argumentationsweise verstehen oder erkennen, dass sein eigenes Denken fehlerhaft ist, oder vielleicht entdecken umgekehrt Sie, dass Ihre Überzeugung falsch war.[10] In der Beziehung mit einem Gesprächspartner geht es nicht darum, gleicher oder anderer Meinung zu sein, sondern um Anstand, Respekt und gegenseitiges Verständnis.[11]

Im schlimmsten Fall werden Sie es ertragen müssen, etwas abgrundtief Widerwärtiges zu hören, doch selbst diese Erfahrung birgt etwas Gutes, denn Sie erlangen dadurch ein besseres Verständnis dafür, warum jemand abscheuliche Überzeugungen hat. Es ist aber wahrscheinlicher, dass Sie eine angenehme Gesprächsumgebung schaffen, eine Verbindung aufbauen, lernen, ähnliche Argumente zu verstehen und anzusprechen, und vielleicht sogar Ihr eigenes Denken hinterfragen.[12]

Die Sache hat natürlich einen Haken. Sie können das Verhalten des anderen nicht kontrollieren. Sie können nur Ihr eigenes Verhalten kontrollieren. *Sie* müssen also derjenige sein, der den ersten Schritt macht, um die Argumentationsweise Ihres Gesprächspartners zu verstehen – auch wenn dieser nicht bereit ist, dasselbe zu tun. Sie werden eine aktive Rolle übernehmen müssen, um die Partnerdynamik herzustellen und zu erhalten, und bereit sein, die Situation zu verlassen, wenn dies unmöglich wird. In den folgenden Kapiteln werden wir noch näher darauf eingehen.

Partnerschaften aufbauen

So funktioniert es in der Praxis, in einigen einfachen Punkten zusammengefasst:

1. Bringen Sie Ihre Ziele, nämlich Zusammenarbeit und Verständnis, explizit zum Ausdruck.[13]
   Sagen Sie: »Ich möchte verstehen, wie Sie zu diesen Schlussfolgerungen gelangt sind. Ich hoffe, wir können beide gemeinsam dahinter kommen.«
2. Geben Sie Ihrem Partner den Freiraum, Ihre Einladung zum Gespräch abzulehnen, Ihre Fragen nicht zu beantworten oder das Gespräch zu beenden.
3. Zwingen Sie dem anderen kein Gespräch auf.[14]
   Fragen Sie sich selbst, nicht Ihren Partner: »Wie kann jemand so etwas glauben?« Stellen Sie diese Frage mit aufrichtigem Interesse und nicht in einem fassungslosen Tonfall.

Während Sie versuchen, eine Antwort darauf zu finden, steigt die Wahrscheinlichkeit, dass Ihr Gespräch auf Kurs bleibt und nicht in unerwünschte Bahnen gerät.

3 – RAPPORT

Anthony Magnabosco (AM) ist ein Straßenepistemologe.[15] Straßenepistemologen wenden die berühmte Sokratische Methode des Fragens und weitere Gesprächsmittel an, um andere zum Nachdenken darüber anzuregen, wie sie wissen, was sie zu wissen glauben.[16]

Anthony begegnete Kari (K) auf dem Rückweg nach einer Wanderung. Im folgenden Gesprächsabschnitt stellt er eine Verbindung zu ihr her und schafft eine Gesprächsatmosphäre, in der sie sich wohlfühlt, bevor er mit ihr über ihren Glauben an Gott spricht.[17]

AM: Guten Morgen! Wie geht es Ihnen? Hätten Sie vielleicht fünf Minuten Zeit für ein kurzes Gespräch?

K: Na klar!

AM: Danke. Wäre es für Sie in Ordnung, wenn ich unser Gespräch live streame und aufnehme?

K: Okay. Worum geht es denn?
AM: Super Frage …
K: [lacht]
AM: Ich unterhalte mich fünf Minuten mit Fremden …
K: Okay …
AM: … weil ich wissen will, woran sie glauben und warum.
K: [gut gelaunt] Okay!
AM: Ist eine spannende Sache.
K: Okay!
AM: Okay, danke!
K: Soll ich meine Sonnenbrille abnehmen?
AM: Wie Sie möchten. Was Ihnen lieber ist.
K: Okay. [Nimmt die Sonnenbrille ab.]
AM: Wie lautet Ihr Vorname?
K: Kari.
AM: Ich bin Anthony. [Gibt ihr die Hand.]
K: Freut mich, Sie kennenzulernen.
*AM:*Hi! Die Freude ist ganz auf meiner Seite! Wie schreibt man Ihren Namen?
K: K-A-R-I.
AM: Okay … [Schreibt ihren Namen für seine Videoaufzeichnungen auf.] Gehen Sie hier oft wandern?
K: Ja.
AM: Toll! Ich war schon ein paarmal hier, aber normalerweise mit meinen Kindern, deshalb bin ich dann nicht so schnell unterwegs.
K: Das kenne ich! Ich komme normalerweise auch mit meinen Kindern her.
AM: Mit denen geht es deutlich langsamer, oder?
K: Allerdings.
AM: Sind Sie den Wanderweg schnell gegangen, oder …?
K: Na ja, wissen Sie, das ist das erste Mal, dass ich allein hier bin, deshalb hat es mir Spaß gemacht, einfach mal etwas flotter zu gehen.
AM: Okay, das ist echt gut!

Dieser Austausch dauert etwa zwei Minuten. In dieser Zeit stellte Anthony so viel Rapport zwischen ihnen her, dass Kari sich wohl genug fühlte, um mit einem Fremden über ihre persönlichen Überzeugungen zu sprechen. Im Anschluss daran unterhielt er sich mit ihr über ihren Glauben an Gott.

Freundlichkeit, Behaglichkeit und Vertrauen

Rapport ist eine Form von Freundlichkeit. Wenn Sie diese mit Ihrem Gesprächspartner hergestellt haben, erleben Sie eine Nähe, in der Sie sich beide wohlfühlen, miteinander auskommen, Empathie füreinander aufbringen und darauf hinarbeiten, Vertrauen aufzubauen. Rapport ist das wichtigste Element, um einfache, freundschaftliche Gespräche zu führen, in denen polarisierende Themen vermieden und die Gesprächsteilnehmer zusammengebracht werden, und dieselbe Freundlichkeit ist unerlässlich, will man zielgerichtete Gespräche führen. Der Ansatz, Gespräche als Partnerschaften zu betrachten, trägt wesentlich dazu bei, gute Gespräche zu führen, und die Herstellung und Aufrechterhaltung einer angenehmen Atmosphäre unterstützt die Situation zusätzlich. Je verschiedener die Standpunkte der beteiligten Personen sind, umso wichtiger ist es, Rapport herzustellen und zu erhalten.[18] Darüber hinaus gilt: »Während diese Verbindung wächst, sinkt die Wahrscheinlichkeit, dass sie [die Person, mit der Sie reden] eine ablehnende Haltung vertritt, was wiederum zur Folge hat, dass sie Vorschlägen gegenüber aufgeschlossener wird.«[19]

Um Rapport herzustellen, müssen Sie aufrichtige Fragen stellen (das heißt, Sie müssen Fragen stellen, auf die Sie auch wirklich eine Antwort haben möchten, statt aus taktischem Kalkül heraus). Bei Fremden sind Filme, Musik, gemeinsame Freunde usw. gute Einstiegsthemen für das Aufbauen einer Verbindung. Wenn Sie jemanden bereits kennen, sollten Sie sich etwas Zeit nehmen, um sich gegenseitig auf den neusten Stand zu bringen: wie es den Kindern oder Eltern geht, wie es sich im neu gekauften Haus lebt usw. Je nach Kontext dauert die Herstellung von Rapport am Anfang eines Gesprächs einige Minuten.[20]

Wenn Sie bereits eine Verbindung zu jemandem hergestellt haben und Sie sich beispielsweise mit einem Freund unterhalten, sollte es für Sie wichtiger sein, die Freundschaft zu erhalten, als siegreich aus der Diskussion hervorzugehen oder den anderen rhetorisch auszuhebeln. Wenn Sie sich mit einem Freund unterhalten, ist die Wahrscheinlichkeit relativ hoch, dass er Ihnen zuhört und über Ihre Ideen nachdenkt. Wesentlich wichtiger ist aber, dass er Ihr Freund ist. Pflegen und schätzen Sie den Rapport, den Sie mit ihm haben, statt ihn aufs Spiel zu setzen. Natürlich können Sie eine andere Meinung haben. Unterschiedliche Meinungen können eine Freundschaft sogar stärken, aber bedenken Sie, dass Freundschaft wichtiger ist als jedes Gesprächsthema. Nehmen Sie sich Zeit und genießen Sie die Phase des Rapportaufbaus, bevor Sie sich potenziell heiklen Themen zuwenden. Vergessen Sie nicht, freundschaftlich mit Ihren Freunden zu plaudern, und lassen Sie zielorientierte Gespräche in dieser Phase weg, um sich auf die Freundschaft zu konzentrieren, die Sie verbindet!

Methoden zur Herstellung von Rapport

Hier sind einige konkrete Anleitungen, wie man Rapport herstellt, ob mit Fremden oder Freunden:

1. Bauen Sie zügig Rapport auf.
   Fangen Sie das Gespräch nicht mit einem gewichtigen Thema an, vor allem, wenn es kontrovers ist.
2. Wenn Sie Ihren Gesprächspartner nicht kennen, sollten Sie einige gängige Einstiegsfragen stellen, um die Rapportherstellung einzuleiten:
   Hallo. Mein Name ist X. Wie geht es Ihnen?
   Schön, Sie kennenzulernen. Ich bin X. Wie heißen Sie?
   Ich bin zum ersten Mal hier. Wie sind Sie auf diesen Ort gekommen?
   Unmittelbar nach diesen Eisbrechern können Sie Fragen stellen, mit denen Sie mehr über die Beweggründe und Interessen des anderen in Erfahrung bringen:
   Können Sie mir mehr darüber erzählen, warum das für Sie wichtig ist?[21]
   Wie sind Sie auf dieses Thema gestoßen?

Wie verbringen Sie Ihre Freizeit normalerweise? Womit beschäftigen Sie sich gerne? (Verzichten Sie auf allgemeine Fragen wie »Was machen Sie?«, die selten die wahre Leidenschaft einer Person offenbaren.[22])
Wie wollen Sie gerne genannt werden?[23]
Wo haben Sie etwas darüber erfahren?[24]

3. Finden Sie eine gemeinsame Basis. Es gibt zahlreiche Gemeinsamkeiten, die Sie und Ihren Gesprächspartner miteinander verbinden:[25] Vielleicht betreiben Sie beide Jiu-Jitsu, essen gerne Sushi, sind tätowiert, mögen Science-Fiction-Filme, sind werdende Eltern, leben im selben Stadtteil oder vertreten beide dieselbe Meinung zu einer bestimmten politischen Fragestellung. Denken Sie an diese Gemeinsamkeiten, wenn Ihre Gespräche hitzig werden.

   Eine Gemeinsamkeit, die alle außer Psychopathen eint, ist der Impuls, ein guter Mensch sein beziehungsweise Gutes tun zu wollen: Sie wollen beide das Beste für sich selbst, Ihre Freunde und Ihre Gemeinde. Vielleicht haben Sie unterschiedliche Ansichten darüber, wie das Beste auszusehen hat, aber deshalb haben Sie trotzdem dieselbe Zielsetzung: den Wunsch, ein besseres Leben zu führen.

4. Verzichten Sie auf paralleles Reden.

   Beim parallelen Reden verwenden Sie die Äußerungen Ihres Gegenübers als Vorlage, um über sich selbst und Ihre Erfahrungen zu reden. Wenn Ihr Gesprächspartner zum Beispiel sagt, dass er gerade aus Kuba zurückgekehrt ist, sollten Sie nicht anfangen zu erzählen, wie *Ihre* letzte Reise nach Kuba verlief. Stellen Sie Fragen über seine Reiseeindrücke. Machen Sie sich seine Geschichten nicht zu eigen. Paralleles Reden schadet dem Rapport.

5. Investieren Sie in die Beziehung und lassen Sie dabei Ihre politischen Ansichten außen vor.

   Freundschaften erzeugen Vertrauen und Offenheit, die wie Brücken sind, die über Gräben führen. Denken Sie an das berühmte Zitat von Theodore Roosevelt: »No one cares how much you know until they know how much you care.« (zu Deutsch: »Es interessiert niemanden, wie viel du weißt, bis sie wissen, wie sehr du dich interessierst.«). Wie wir in Kapitel 3 noch ausführlicher besprechen werden, bezieht sich dieser Satz darauf, wie wichtig Ihnen *der andere* und *seine Ansichten* sind, nicht *Ihre* eigenen politischen oder moralischen Standpunkte.

6. Beteiligen Sie sich nur dann an ernsthaften Gesprächen, wenn Sie bereit sind, sich die Zeit dafür zu nehmen.

   Hasten Sie nicht und wechseln Sie nicht vorzeitig das Thema. Wenn Sie nicht in der Lage sind, sich eingehend mit den Ideen Ihres Gegenübers auseinanderzusetzen, sollten Sie das Gespräch auf einen anderen Zeitpunkt vertagen. Es schadet dem Rapport, Konversationen erzwingen oder zügig »durchprügeln« zu wollen.[26] Wenn Sie nur wenig Zeit haben, sollten Sie die kurzen Augenblicke nutzen, die Ihnen zur Verfügung stehen, um Rapport herzustellen oder sich auf den neusten Stand zu bringen.

7. Seien Sie bereit, über etwas anderes zu reden.

   Sie kennen doch sicher den einen Onkel, der jedes Familientreffen ruiniert, weil er es einfach nicht lassen kann und ständig über Religion oder Politik redet? Seien Sie nicht diese Person. Wenn sich das Gespräch erhitzt, sollten Sie bereit sein, das Thema zu wechseln und über weniger brisante Dinge zu reden. Wenn sich das Gespräch weiterentwickelt und sich von einem heiklen Thema distanziert, sollten Sie nicht derjenige sein, der es wieder aufleben lässt. Erzwungene Gespräche über bestimmte Themen schädigen den Rapport.

8. Tadeln Sie andere nicht beziehungsweise nur dann, wenn sie einen schweren Verstoß begehen.

   Wenn jemand getadelt wird, bekommt er normalerweise sofort und in barschem, düpierendem Ton zu hören, dass er eine moralische Grenze überschritten hat. Darauf folgt in aller Regel eine moralische Belehrung, zum Beispiel: »Sie sollten …« oder »Sie sollten auf keinen Fall …« Jemanden zu tadeln, vor allem wenn er noch nicht damit fertig ist, seine Gedanken zu äußern, schadet dem Rapport ebenfalls. Finden Sie einen subtileren und besseren Weg, Ihre Bedenken zu äußern. Die Wahrscheinlichkeit ist groß, dass Ihr Partner sich mit aller Kraft bemüht, seine Gedanken auf eine ihm angemessen erscheinende Weise auszudrücken. Statt ihn auf sein Vergehen hinzuweisen, sollten Sie versuchen zu verstehen, was er sagt, und seine Ehrlichkeit würdigen, auch wenn er seine Meinung unbeholfen vermittelt. Wenn jemand allerdings vorsätzlich unhöflich oder respektlos ist, sollten Sie einschreiten und ein Machtwort sprechen – oder das Gespräch beenden.

9. Seien Sie höflich.

   Sagen Sie »bitte« und »danke«. Sagen Sie auch dann »Vielen Dank für Ihre ehrliche Meinung«, wenn jemand ein Gegenargument vorbringt oder Ihnen widerspricht.[27]

4 – ZUHÖREN

Berufen Sie sich auf Ihre eigenen Erfahrungen, wenn es ums Zuhören geht. Wen würden Sie lieber zum Abendessen einladen: Jemanden, der »alles« weiß und überzeugend ist, oder jemanden, der aufmerksam zuhört, Fragen stellt und Ihnen das Gefühl vermittelt, dass Ihre Meinung wichtig ist? Wenn Sie das große Glück haben, Freunde zu haben, die geschulte Zuhörer sind, wissen Sie schon, wen Sie zum Abendessen einladen werden. Den meisten Menschen gefällt es, wenn man ihnen zuhört, und deshalb gewinnen Sie viel, wenn Sie bewusst und mit ehrlichem Interesse zuhören.

Wenn Sie nicht zuhören, können Sie nicht verstehen. Und wenn Sie nicht verstehen können, kommt kein Gespräch zustande. Zuhören ist schwieriger, als es scheint, deshalb müssen Sie es üben. Bemühen Sie sich, das Zuhören in den Mittelpunkt Ihres Gesprächsansatzes zu stellen.

Goldene Regeln zur Verbesserung Ihrer Fähigkeiten als Zuhörer

Hier sind einige Vorschläge, wie Sie Ihre Fähigkeiten als Zuhörer sofort verbessern können:

1. »Sie zuerst.« – »Nein, Sie zuerst.«

   Wenn Sie gleichzeitig mit jemandem anfangen zu reden, sollten Sie nicht weiterreden. Sagen Sie lieber »Sie zuerst«. Wenn der andere sagt: »Nein, Sie zuerst«, antworten Sie mit: »Nein, wirklich, Sie zuerst«, und lassen den anderen ausreden.

Das ist in etwa so, als würden zwei Leute gleichzeitig durch eine Tür gehen wollen. Drängeln Sie nicht, sondern warten Sie und lassen Sie dem anderen den Vortritt. Wenn der andere das Gleiche tut und Ihnen zu verstehen gibt, zuerst durch die Tür zu gehen, haben Sie immer noch die Möglichkeit, den Abstand zu vergrößern und dem anderen mit einer Geste zu verstehen zu geben, dass er zuerst gehen soll. Ähnlich wie bei einem defensiven Fahrstil können Sie dem anderen Verkehrsteilnehmer immer die Vorfahrt überlassen, aber das funktioniert nur, wenn Sie auch wirklich die Vorfahrt haben.

2. Sehen Sie Ihren Gesprächspartner an, drehen Sie sich in seine Richtung.

   Nicken Sie, wenn Sie verstehen, worüber er spricht. Verstellen Sie sich nicht. Hören Sie aufrichtig interessiert zu. Seien Sie präsent.

3. Beenden Sie die Sätze Ihres Partners nur dann, wenn er nach einem Wort ringt, das Ihnen einfällt.

   Hören Sie zu. Fallen Sie ihm nicht ins Wort und warten Sie, bis Sie alles gehört und verarbeitet haben, was er zu sagen hat.

   Wenn sich im Laufe des Gesprächs eine Spannung bemerkbar macht, sollten Sie genauer zuhören, weniger reden und nicht gleich loslegen, um die Stille mit Worten zu füllen. Warten Sie. Es ist schwierig, eine angespannte Beziehung zu jemandem zu haben, der ein guter Zuhörer ist.

4. Halten Sie inne.

   Pausen sind wichtige Momente, in denen die Gesprächsteilnehmer reflektieren. Versuchen Sie nicht, eine Pause vorschnell zu beenden. Pausen können helfen, Vertrauen und Rapport herzustellen, wodurch Sie eine Chance haben, die Argumentationsweise Ihres Partners zu verstehen.

   In westlichen Kulturen neigen die Menschen dazu, sich unwohl zu führen, wenn eine Gesprächspause entsteht (die manchmal als »Lacuna« bezeichnet wird). Statt eine Pause als Problem zu betrachten, das gelöst werden muss, sollten man sie als Chance sehen; ein Augenblick der Stille gibt allen Beteiligten eine Gelegenheit zur Reflexion.

5. Wenn Sie merken, dass Sie durch etwas in Ihrer unmittelbaren Umgebung abgelenkt werden, wenden Sie der Ablenkung entweder den Rücken zu oder finden heraus, was Sie ablenkt.

Wenn Ihr Gesprächspartner dieselbe Sache als störend empfindet, können Sie auf diese Weise eine Verbindung herstellen. Wenn Sie zum Beispiel durch einen lautstarken Streit abgelenkt werden, der im Nebenzimmer stattfindet, könnten Sie etwas sagen wie: »Der Tumult lenkt mich ganz schön ab. Geht es Ihnen genauso?«

6. Wenn Sie nicht genau wissen, was jemand meint, müssen Sie aktiv werden und nachfragen.

   In einer Gesprächspause sollten Sie etwas sagen wie: »Ich bin mir nicht sicher, ob ich Sie richtig verstehe. Können Sie das bitte näher erklären?« Sagen Sie nicht: »Das war jetzt unklar« oder »Das ergibt keinen Sinn«, und vermeiden Sie vor allem eine Schuldzuweisung wie: »Sie haben sich unklar ausgedrückt.«

7. Sobald Sie merken, dass Ihr Gesprächspartner verunsichert, verärgert, frustriert, empört oder angewidert ist, sollten Sie auf seine konkrete Wortwahl achten.

   Angst, Frustration usw. sind Gefühle, und eine der besten Methoden, um Gefühlen zu begegnen und sie zu identifizieren – und das gilt vor allem für spannungsreiche Gespräche –, ist es, zuzuhören und die Gefühle möglichst schnell *anzuerkennen*.

   Wenn Ihr Gesprächspartner ein bestimmtes Gefühl benennt, sollten Sie es wiederholen: »Ich weiß, was Sie meinen. Ich verstehe Ihre Wut.«[28] Die Anerkennung eines Gefühls und die Fähigkeit, es zu benennen, können ein Gespräch vor einer möglichen Eskalation bewahren.[29] Zumindest zeigt es, dass Sie zugehört haben.

8. Wenn Sie merken, dass Sie geistig abschalten oder gedanklich abschweifen, wenn jemand mit Ihnen redet, sollten Sie Ihren Gesprächspartner ansehen und sagen: »Verzeihung. Könnten Sie das bitte wiederholen?« Wenn Sie merken, dass Sie immer wieder gedanklich abschweifen und nicht mehr aufnahmefähig sind, sollten Sie das Gespräch beenden.

9. Wenn Sie und Ihr Gesprächspartner versehentlich gleichzeitig zu reden beginnen und Ihr Partner weiterspricht, während Sie zuhören, sollten Sie, wenn Sie das nächste Mal etwas sagen, nicht dieselben Worte verwenden, die die Unterbrechung verursacht haben.

Nehmen wir an, dass Sie gerade mit jemandem reden und Sie und Ihr Gesprächspartner gleichzeitig etwas sagen. Die letzten Worte, die Sie verwendet haben, waren »Da sagte er mir …« Wenn Sie wieder etwas sagen, sollten Sie also nicht mit den Worten »Da sagte er mir« anfangen. So würde der Eindruck entstehen, dass Sie die letzte Äußerung Ihres Partners ausgeblendet und ihm gar nicht zugehört haben. Wenn Sie wieder etwas sagen, sollten Sie die Aussage Ihres Partners paraphrasieren und das Gespräch fortsetzen. Sie können auch das, was Sie eigentlich sagen wollten, fallen lassen und dem folgen, was Ihr Gesprächspartner gerade gesagt hat.

10. Verzichten Sie darauf, während des Gesprächs Ihr Smartphone in die Hand zu nehmen. Das gilt auch dann, wenn Sie eine Suchmaschine aufrufen wollen, um nach weiteren Informationen über das gerade besprochene Thema zu recherchieren.
11. Sagen Sie: »Ich verstehe, was Sie meinen«, um zu signalisieren, dass Sie zuhören. Und meinen Sie es auch. »Ich verstehe, was Sie meinen« ist einfach und effektiv zugleich.

5 – DEN BOTEN TÖTEN

Haben Sie jemals gedacht, dass Sie eine Position überzeugend vertreten haben, nur um dann festzustellen, dass Ihr Gesprächspartner Ihre Schlussfolgerung umgehend abgelehnt hat? Das passiert oft, wenn man eine Botschaft überbringt und der Empfänger die Art der Überbringung ablehnt. Niemand möchte belehrt werden.

Die einschlägige Fachliteratur zu effektiver Gesprächsführung zeigt, dass die Überbringung von Botschaften *nicht funktioniert.*[30] Das liegt daran, dass Boten keine politischen oder moralischen Gräben überwinden und oft nicht einmal eine Unterhaltung führen wollen – sie überbringen lediglich eine Botschaft. Gespräche sind ein Gedankenaustausch – sie beruhen auf Wechselseitigkeit. Botschaften sind hingegen Informationen, die von einem Sender an einen Empfänger übermittelt werden. Boten vertreten eine Überzeugung und nehmen an, dass Ihr Publikum zuhören und früher oder später ihre Schlussfolgerung akzeptieren wird.

Selbst wenn man gar nicht den Anspruch erhebt, mit seinen Botschaften einen politischen oder moralischen Graben zu überwinden, werden sie in der Regel nicht gut angenommen. In den 1940er-Jahren veröffentlichten der Psychologe Kurt Lewin und seine Studenten eine Reihe von Studien über den Versuch, Hausfrauen dazu zu bringen, für die Mahlzeiten, die sie für ihre Familien kochten, aufgrund des Fleischmangels während des Zweiten Weltkriegs Bries (eine Brustdrüse von Kälbern) zu verwenden.[31] Manchen Hausfrauen wurde erklärt, warum die Verwendung von Bries für den Kriegsverlauf wichtig war. Andere wurden in Gruppengesprächen, die heutigen Fokusgruppen ähneln, dazu angehalten, eigene Gründe zu erarbeiten. Lewin beobachtete, dass 37 Prozent der Gruppenteilnehmerinnen, die sich eigene Gründe ausdachten, die Ideen in die Tat umsetzten und Bries verwendeten, während es in den Gruppen, die hierzu belehrt wurden, nur 3 Prozent taten.[32]

Es gibt viele Gründe, warum die Gruppen mit den eigenen Ideen wesentlich bereitwilliger das erwünschte Verhalten realisierten (wir werden in Kapitel 6, Altercasting, noch ausführlicher darauf eingehen). Ein Grund ist, dass Menschen dazu neigen, überbrachte Botschaften abzulehnen, und wesentlich bereitwilliger Ideen aufgreifen, die sie für ihre eigenen halten.[33] Wenn Sie einen Freund haben, der jeden Vorschlag ablehnt, den Sie unterbreiten, aber einige Tage oder Wochen später »ganz von selbst« darauf kommt, kennen Sie dieses Phänomen bereits.

Wenn ein Bote eine unangenehme Nachricht oder Tatsache überbringt, die den tiefsten Überzeugungen des Empfängers widerspricht, ist beim Hörer die Versuchung sehr groß, wütend auf den Boten zu reagieren (oder ihn zu töten, wie dies früher getan wurde). (Das erklärt auch den Ursprung der Redewendung »Töte nicht den Boten«.[34]) Am einfachsten vermeiden Sie diese Reaktion, indem Sie nicht ungefragt Botschaften überbringen.

Die Überbringung von Botschaften funktioniert nicht

Hier sind einige Vorschläge, wie Sie aufhören können, ein Nachrichtenüberbringer zu sein, und dazu übergehen, ein Gespräch zuführen:

1. Erkennen Sie den Unterschied zwischen dem Überbringen einer Botschaft und einem echten Gespräch.

   Das Überbringen einer Botschaft wirkt wie eine Belehrung, während ein Gespräch eine Lernerfahrung ist, von der alle Beteiligten profitieren. Wenn Sie sich bei dem Gedanken ertappen: »Wenn er nur diesen Standpunkt verstehen würde, würde er seine Meinung schon ändern«, dann überbringen Sie eine Botschaft.

   Fragen Sie sich: »Wurde ich dazu eingeladen, diese Information zu äußern, oder erzähle ich sie einfach nur?« Wenn Letzteres der Fall ist, wirken Sie wahrscheinlich wie ein Bote.
2. Beginnen Sie *jedes* Gespräch in dem Bewusstsein, dass Ihr Partner bestimmte Themen oder Probleme auf eine Weise begreift, die sich Ihnen zum gegenwärtigen Zeitpunkt nicht erschließt.

   Sie werden voraussichtlich darauf verzichten, Botschaften zu überbringen, wenn Sie sich mehr darauf konzentrieren, woher Ihr Gegenüber das weiß, was er weiß, anstatt lediglich anzunehmen, dass Sie die Argumentationsweise verstehen, die hinter seinen Schlussfolgerungen steht.
3. Begegnen Sie einer überbrachten Botschaft nicht mit einer eigenen Botschaft.

   Das ist nämlich kein Gespräch, sondern eine Einladung zur Debatte – und ein sicheres Rezept dafür, dass sich ein oder mehrere Teilnehmer ärgern und umso beharrlicher an ihren Überzeugungen festhalten. Niemand möchte belehrt werden; in angespannten Gesprächen interessiert man sich in der Regel mehr für seine eigene Botschaft als für Nachrichten, die den eigenen zu widersprechen scheinen.
4. Wenn Sie erkennen, dass Ihr Gesprächspartner ein Bote ist, dürfen Sie ihn *nicht* töten.

   Wenn Sie den Boten töten, der in Ihrem Partner steckt, werden Sie den mühsam hergestellten Rapport zerstören und riskieren, dass das Gespräch entgleist. *Sie dürfen den Boten nur dann töten, wenn Sie die Waffe gegen sich selbst richten, sprich: auf Ihren eigenen Boten zielen.*

Wenn Ihr Partner in den Botenmodus wechselt, sollten Sie in die Rolle des Zuhörers und Schülers schlüpfen und Fragen stellen. Fragen können eine effektive Art sein, die Konversation wieder auf Kurs zu bringen. Sie sind auch für die Interventionstechniken unerlässlich, die in den späteren Kapiteln beschrieben werden.

5. Überbringen Sie eine Botschaft nur dann, wenn Ihr Partner ausdrücklich darum bittet.

   Seien Sie dabei kurz und bündig. Kehren Sie anschließend umgehend zu der Einstellung zurück, dass Sie und Ihr Gesprächspartner gemeinschaftlich ein Problem oder einen Sachverhalt bearbeiten, hören Sie zu und versuchen Sie, etwas aus seinen Äußerungen zu lernen. Sagen Sie: »Vielen Dank dafür, dass Sie mir die Gelegenheit gegeben haben, das zu sagen. Ich weiß das wirklich zu schätzen. Gibt es noch etwas, was Sie gern hinzufügen würden?«

6 – ABSICHTEN

Das folgende Gespräch zwischen Sokrates und Menon stammt aus einem klassischen Werk der griechischen Philosophie, dem in Dialogform verfassten *Menon*, das Platon im 4. Jahrhundert v. Chr. aufgeschrieben hat.

Sokrates: Etwa, als gäbe es einige, die das Schlechte begehren, und andere das Gute? Und scheinen dir, Bester, nicht alle das Gute zu begehren?

Menon: Nein, nein, mir nicht.

Sokrates: Sondern einige das Schlechte?

Menon: Ja.

Sokrates: In der Meinung, dass es gut sei, willst du sagen, oder gar wissend, dass es schlecht ist, begehren sie es doch?

Menon: Beides, dünkt mich.

Sokrates: Glaubst du denn also, o Menon, dass jemand das Schlechte, kennend, dass es schlecht ist, es dennoch begehrt?

Menon: Allerdings.

Sokrates: Und was meinst du, begehre er? Dass es ihm werde?

Menon: Dass es ihm werde. Denn was sonst?

Sokrates: Etwa glaubend, dass das Schlechte dem nutzt, dem es zuteil wird? Oder das Schlechte kennend, dass es dem schadet, dem es wird?

Menon: Einige wohl, indem sie glauben, das Schlechte nütze, andere auch, indem sie es kennen, dass es schadet.

Sokrates: Und dünkt dich denn, dass diejenigen das Schlechte erkennen, dass es schlecht ist, welche glauben, das Schlechte nütze?

Menon: Das dünkt mir wohl nicht recht.

Sokrates: Offenbar begehren also jene, welche es nicht erkennen, schon nicht mehr das Schlechte, sondern das vielmehr, was sie für gut halten, es ist aber eben schlecht, sodass die, welche das Schlechte nicht erkennen, sondern glauben, es sei Gutes, offenbar das Gute begehren. Oder nicht?

Menon: Diese scheinen ja wohl.

Sokrates: Und wie, die das Schlechte begehren und doch dafür halten, wie du behauptest, dass das Schlechte dem schade, dem es zuteil wird, die erkennen ja doch, dass sie Schaden davon haben werden?

Menon: Notwendig.

Sokrates: Und diese glauben nicht, dass die Beschädigten elend sind, sofern sie beschädigt werden?

Menon: Auch das ist notwendig.

Sokrates: Und nicht, dass die Elenden unglückselig sind?

Menon: Ich glaube wohl.

Sokrates: Gibt es nun wohl irgendeinen, der elend sein will und unglückselig?

Menon: Nein, dünkt mich, Sokrates.

Sokrates: Also, o Menon, will auch niemand das Schlechte, wenn er doch nicht ein Solcher sein will. Denn was hieße wohl sonst elend sein, als dem Schlechten nachstreben und es erlangen?

Menon: Du scheinst recht zu haben, Sokrates, und niemand will das Schlechte.[35]

Niemand will das Schlechte

In *Menon* sagt Sokrates, dass die Menschen nicht vorsätzlich Schlechtes begehren. Sie handeln, glauben und wünschen sich Dinge auf der Grundlage der Informationen, die ihnen vorliegen. Lägen ihnen andere Informationen vor, kämen sie zu anderen Schlussfolgerungen. Ärzte zum Beispiel behandelten Patienten früher mit Blutegeln, weil sie annahmen, dass ein Blutüberschuss im Körper für die Entstehung von Krankheiten verantwortlich ist. Sie brachten Egel an ihren Patienten an, weil sie ihnen helfen wollten. Sie hatten also nur Gutes im Sinn – die Heilung ihrer Patienten –, verfügten aber nicht über die Informationen, die uns heute vorliegen, nämlich dass ein Blutüberschuss nicht die Ursache für Krankheiten ist. Wir alle haben den Drang, gut zu sein und Gutes zu tun. Aber wenn uns das große Gesamtbild fehlt, sind wir nicht in der Lage, die richtigen Schlussfolgerungen zu ziehen.[36]

Wenn Sie jemandem begegnen, der radikal andere Überzeugungen hat als Sie, werden Sie vielleicht denken, dass diese Person unwissend, verrückt oder bösartig ist.[37] Widerstehen Sie dieser Neigung und führen Sie sich vielmehr vor Augen, dass Ihr Gegenüber Probleme aus einer anderen Perspektive betrachtet oder sein Handeln auf etwas gründet, was er für die beste verfügbare Information hält. Es ist viel wahrscheinlicher, dass er helfen will und einfach nur ungeschickt darin ist, seine Absicht zu vermitteln, als dass er tatsächlich unwissend, verrückt oder bösartig ist.

Bei einer Meinungsverschiedenheit wird oft angenommen, dass die Absichten und Motivationen des Partners schlechter sind, als dies tatsächlich der Fall ist.[38] Es herrscht zum Beispiel die landläufige Annahme, dass Konservative rassistisch und Liberale unpatriotisch sind, dass sich Republikaner nicht für die Belange unterprivilegierter Gesellschaftsschichten interessieren oder Demokraten die Verteidigung der Landesgrenzen für unwichtig halten. Aus diesen Vorurteilen werden dann Überzeugungen und Argumente abgeleitet, die den betreffenden Personen oder Personengruppen zugeschrieben werden. Diese Annahmen sind normalerweise falsch.[39] Es stimmt einfach nicht, dass

Republikaner sich nicht für das Wohlergehen sozial Unterprivilegierter interessieren. Vielmehr gehen sie davon aus, dass die Schaffung neuer Arbeitsplätze Menschen, die unter Armut leiden, eine Chance eröffnet und eine harte Hand ihnen Hilfe zur Selbsthilfe bietet. Innerhalb dieser Denkweise tragen Steuerbegünstigungen für Spitzenverdiener dazu bei, Voraussetzungen zu schaffen, von denen auch ökonomisch Benachteiligte profitieren.[40] Es geht nicht darum, ob der Ansatz der Republikaner richtig oder falsch ist; wichtig ist nur, dass sie die Absicht haben, eine schlechte Situation zu verbessern, und das ist eine deutlich bessere Motivation als die, die viele Demokraten annehmen.[41]

Die Annahme, dass Ihr Partner schlechte Absichten verfolgt, wird jedes Gespräch im Keim ersticken. Sie stoppt die Zusammenarbeit und untergräbt die Möglichkeit, das Gespräch konstruktiv zu nutzen, um gemeinschaftlich die Wahrheit zu ergründen. Sie kann auch dazu führen, dass Ihre Worte ironisch klingen und Ihr Gegenüber das Gefühl hat, sich rechtfertigen oder verteidigen zu müssen (was es weniger wahrscheinlich macht, dass er seine Überzeugungen ändern wird). Noch schädigender für Gespräche ist allerdings, dass die Annahme negativer Absichten in der Regel dazu führt, dass *Sie* weniger genau zuhören.[42]

Wenn Sie schon eine Vermutung über die Absichten Ihres Partners anstellen müssen, dann sollte sie nur auf eines hinauslaufen: dass seine Absichten besser sind, als Sie denken. Die allermeisten Menschen wünschen sich nicht vorsätzlich schlechte Dinge, weshalb Sie annehmen sollten, dass Ihr Partner gute Absichten verfolgt.[43]

Und so können Sie dies sofort anwenden:

1. Wenn Ihr Partner annimmt, dass Sie schlechte Absichten verfolgen, sollten Sie keine Zeit verschwenden und versuchen, ihn vom Gegenteil zu überzeugen.

   Sie sollten aufhören, über Ihre Absichten zu reden, und das Thema auf Ihre Argumentation lenken. Sagen Sie: »Ich möchte auf keinen Fall einer falschen Logik aufsitzen. Sagen Sie mir bitte, wenn etwas mit meiner Argumentationsweise nicht stimmt.«[44]
2. Wenn Sie anfangen anzunehmen, dass Ihr Partner schlechte Absichten verfolgt, sollten Sie Ihre Perspektive ändern und Neugier zeigen.

Ziehen Sie es in Betracht, dass der andere etwas weiß, was Ihnen noch unbekannt ist. Stellen Sie explizite Fragen zum Problem. Sagen Sie so etwas wie: »Es fällt mir schwer, Ihre Herangehensweise zu verstehen. Ich nehme an, dass Sie einige Dinge darüber wissen, die mir unbekannt sind. Könnten Sie mir mehr darüber erzählen, wie Sie darauf gekommen sind, damit ich Sie besser verstehe?«

3. Geben Sie zu, wenn Sie frustriert sind.

   Sagen Sie: »Ich bin frustriert. Ich möchte Ihren Gedankengang verstehen. Außerdem ist mir Ihre Absicht nicht ganz klar. Können Sie mir sagen, was Sie beabsichtigen?« Das ist eine offene Frage, die genügend Raum für Interpretationen lässt. Wenn Ihr Gegenüber antwortet: »Was meinen Sie mit ‚Absicht'?«, sollte Ihre Antwort lauten: »Was möchten Sie mit diesem Gespräch erreichen?«

   Oft will jemand, der Sie frustriert, Ihnen nur helfen; genauso oft agiert dieser aber als Bote, der Ihnen eine Nachricht überbringt. Und genau das ist es, was Sie frustriert.

4. »Füttern Sie keine Trolle.«

   Im Internetjargon sind »Trolle« Personen, die schlechte Absichten verfolgen und sich bösartig verhalten. Trolle sind für ein Gespräch blankes Gift.[45] Lassen Sie sie ins Leere laufen. Gehen Sie nicht auf ihre Spielchen ein. Blockieren Sie ihre Äußerungen oder schalten Sie sie auf stumm.

   Sie sind nicht verpflichtet, sich mit jemandem abzugeben, der das Ziel verfolgt, Sie auf die Palme zu bringen. Lassen Sie sich von niemandem ein Gespräch aufzwingen. Führen Sie Gespräche, weil Sie es möchten, und nicht, weil Sie dazu genötigt werden oder jemand seinen Redebedarf an Ihnen auslassen will. Alle Teilnehmer müssen sich auf das Gespräch einlassen wollen.

7 – VERLASSEN SIE DIE SITUATION

Seit Jahren mache ich (Peter) mir einen Spaß daraus, Interventionsstrategien zu entwickeln, um eingefleischte Sportfans dazu zu bringen, ihre Vorliebe für ein bestimmtes Team zu ändern. Wenn jemand zum Beispiel ein Fan der Dallas Cowboys ist, versuche ich, ihn dazu zu bringen, die New England Patriots zu unterstützen. Meine Erfolgsquote ist schlechter als schlecht.

Nachfolgend der Versuch einer Intervention mit einem Fan der Los Angeles Lakers. Mein Hauptziel war es, ihn zum Nachdenken darüber zu bewegen, ob er ein Lakers-Fan bleiben sollte oder nicht. Als Nebenziel wollte ich ihn dazu bekehren, ein Trail-Blazers-Fan zu werden. Der Lakers-Fan war etwa 28 Jahre alt, und ich lernte ihn kennen, als wir zufällig gemeinsam am Eingang eines beliebten Restaurants in Los Angeles warteten, um einen Tisch zugewiesen zu bekommen.

Boghossian: Ich verstehe das nicht. Die Spieler im Team kommen doch nicht einmal aus L.A. Oder?

Lakers-Fan: Äh, ja.

Boghossian: Woher kommen sie?

Lakers-Fan: [rasselt eine Reihe von Spielern und Städten herunter.]

Boghossian: Okay, alles klar. Wenn die Spieler aus L.A. kämen, würde ich ja verstehen, dass Sie sie anfeuern. Ich meine, sie kämen dann von hier, und dann gäbe es ein Zugehörigkeitsgefühl und Solidarität und so weiter, oder?

Lakers-Fan: Na ja, schon. Aber es ist nun mal mein Team. Und meine Stadt. Ich liebe L.A.!

Boghossian: Wer tut das nicht? Ist ja auch eine tolle Stadt. Aber das Team besteht aus Leuten, die gar nicht von hier kommen.

Lakers-Fan: Aber sie spielen für die Stadt. Sie spielen für uns. Wenn sie gewinnen, gewinnen wir auch!

Boghossian: Würden Sie ein noch größerer Lakers-Fan sein, wenn alle Spieler aus L.A. kämen?

[Pause]

Lakers-Fan: Wie meinen Sie das?

Boghossian: Na ja, wenn jeder Spieler des Teams in Los Angeles geboren und aufgewachsen wäre, würden Sie sie dann noch enthusiastischer anfeuern? Würden Sie sich dem Team noch stärker verbunden fühlen?

[Pause]

Lakers-Fan: Vielleicht. Ja. Vielleicht. Gut möglich.

Boghossian: Sollten Sie dann nicht weniger begeistert und solidarisch sein angesichts der Tatsache, dass das nicht der Fall ist? Ich meine damit: Wenn Sie ein größerer Fan wären, wenn die Spieler aus L.A. kämen, sollten Sie dann nicht ein weniger großer Fan sein, wenn sie von woanders kommen?

[Lange Pause]

An diesem Punkt hätte ich das Gespräch mit einem Augenzwinkern oder Scherz beenden sollen. Ich hätte nicht mit meinem Nebenziel fortfahren und versuchen sollen, seine Präferenz für ein bestimmtes Team zu verändern. Aber ich bestand darauf und versuchte es weiter. (Es ist viel einfacher, Zweifel zu säen, als jemanden dazu zu bringen, eine Überzeugung zu übernehmen oder seine Präferenz zu verändern.) Das Ende vom Lied war, dass er ein noch viel leidenschaftlicherer Fan der Lakers wurde und sich der Tenor der Konversation änderte. Er fing an, sich zu rechtfertigen, und verlor kurze Zeit später das Interesse an der Unterhaltung. Wir hatten ein vergnügliches Gespräch gehabt, das ich weniger vergnüglich machte, als ich die Konversation immer weiter auf die Spitze trieb, bis er anfing, sich und seine Entscheidung zu rechtfertigen.

Sag beim Abschied leise Servus

Sie müssen wissen, wann Sie gehen müssen, auch wenn das Gespräch gerade gut läuft.[46] Den Partner unter Druck zu setzen, um ein Gespräch über seine Komfortzone hinaus fortzusetzen, führt nur dazu, dass er sich verschließt, Ihnen nicht zuhört und sich rechtfertigt. Das Gespräch wird nur ein frustriertes Tauziehen darüber, wer recht hat und wer nicht. In letzter Instanz kann das nur dazu führen, dass Ihr Gesprächspartner noch eins draufsetzt, seine Ansichten vehementer vertritt und der Rapport zwischen Ihnen in die Brüche geht, was Ihrer Freundschaft vermutlich schaden wird.[47]

Es kann ein Punkt eintreten, an dem Ihnen Ihre Optionen ausgehen. Vielleicht haben Sie nichts mehr zu sagen, und Sie haben das Gefühl, dass Sie sich im Kreis drehen oder in eine Sackgasse geraten sind. Ein typischer Fehler ist es, Gespräche zu »reparieren« oder neu ansetzen und weitermachen zu wollen. Tun Sie das nicht. Trennen Sie sich stattdessen freundschaftlich.

Die Menschen brauchen Zeit, um sich mit ihren Zweifeln auseinanderzusetzen, neue Informationen zu verarbeiten, über Herausforderungen und andere Perspektiven nachzudenken und ihre Position zu revidieren.[48] Und das müssen auch Sie tun. Ein Sinneswandel vollzieht sich langsam und auf eine Weise, die der individuellen Psychologie und den individuellen Gewohnheiten entspricht.[49] Mit der Zeit werden bestehende Überzeugungen und Einstellungen durch neue ergänzt oder ersetzt.[50] Wenn man ein Gespräch über die Komfortzone seines Partners hinaus fortsetzt, belastet man die Beziehung und verwehrt sich selbst und seinem Gegenüber die Gelegenheit zur Reflexion. Höflich aus einem Gespräch auszusteigen, wenn sich alle Parteien (noch) gut verstehen, kann eine Gelegenheit für alle Beteiligten sein, über die eben besprochenen Themen nachzudenken.

Zu guter Letzt sollten Sie das Gespräch positiv ausklingen lassen. Manchmal reicht schon ein einfaches »Danke für die Unterhaltung« aus.

Wie man ein Gespräch beendet

Hier sind einige Vorschläge, wie und wann Sie ein Gespräch beenden sollten:

1. Beenden Sie das Gespräch, wenn Sie hauptsächlich Frustration spüren.
   Wenn die Diskussion Ihre Wut geschürt hat, werden Sie vielleicht früher als erwartet gehen müssen.[51]
2. Atmen Sie durch.
   Im wahrsten Sinne des Wortes: Atmen Sie durch. Wenn Sie merken, dass Sie das Gespräch frustriert, sollten Sie innehalten, einen Gang herunterschalten und sich nicht genötigt fühlen, die Stille mit Worten zu füllen – und stattdessen durchatmen.[52] Holen Sie tief Luft.[53] Wenn Sie sich nicht beruhigen können, sollten Sie das Gespräch beenden und gehen.
3. Wenn Ihr Partner das Gespräch beenden will, sollten Sie sich bei ihm bedanken, dass er sich die Zeit genommen hat, mit Ihnen zu reden.
   Interagieren Sie nicht mit jemandem, der nicht mehr in seiner Komfortzone ist.

4. Wenn Sie denken, dass Sie Ihren Gesprächspartner dazu veranlasst haben, seine Überzeugungen infrage zu stellen, ist die Zeit gekommen, das Gespräch zu beenden.

   Geben Sie ihm genügend Raum, um über seinen Zweifel nachzudenken und sich in Ruhe damit zu befassen. Falls er weiterhin neugierig ist, sollten Sie die Bemerkung machen, dass die Gelegenheit für Sie beide günstig ist, über die besprochenen Fragestellungen zu reflektieren. Sie können dann auseinandergehen oder je nach Kontext das Thema wechseln.

   Es kann manchmal sehr lehrreich sein, die Zweifel und Verwunderung Ihres Gesprächspartners mit Ihren Überzeugungen zu durchsetzen, allerdings kann ein solches Vorgehen auch als Belehrung und Predigt aufgefasst werden. Predigen Sie nicht! Es ist ein unethischer Missbrauch der Aufgeschlossenheit Ihres Partners, die eine Voraussetzung für seinen Zweifel ist und die Absicht verfolgt, ihn zu manipulieren (außer unter besonderen Umständen, zum Beispiel, wenn Sie über Fachwissen verfügen oder Ihr Gegenüber absolut unlogische, unwissenschaftliche Ansichten vertritt).
5. Bedanken Sie sich am Ende des Gesprächs bei Ihrem Partner. Ihr Dank ist umso wichtiger, je weniger Sie sich bei ihm bedanken wollen. (Auch hier gilt wieder: Ausnahmen bestätigen die Regel. Zum Beispiel, wenn Sie von jemandem provoziert oder gegängelt werden.) Ihr Unwille, sich bei Ihrem Gesprächspartner zu bedanken, deutet darauf hin, dass Sie dem Thema emotional anhaften oder ein persönliches Problem damit haben, das vermutlich in das Gespräch eingedrungen ist. Es ist ein Zeichen von Anstand und Höflichkeit, sich bei Ihrem Gegenüber dafür zu bedanken, dass er sich Zeit für Sie genommen hat. Sich beim anderen zu bedanken trägt auch dazu bei, das Gespräch in einem freundlichen, positiven Ton ausklingen zu lassen.

FAZIT

Sie kennen jetzt die Grundlagen für effektive, höfliche Gespräche. Wir raten Ihnen dazu, dieses Material zu üben, bevor Sie sich mit den Techniken befassen, die in den nächsten Kapiteln vorgestellt werden. Je besser Sie den Inhalt dieses Kapitels beherrschen, umso erfolgreicher werden Sie die fortgeschritteneren Techniken anwenden können.

An dieser Stelle sei außerdem gesagt, dass Sie keine künstlichen Gesprächsanlässe erzeugen müssen. Es bieten sich ständig Gelegenheiten in alltäglichen Interaktionen – mit Kollegen, an der Supermarktkasse, im Restaurant, mit Mitbewohnern, Freunden, Familienangehörigen usw. Gehen Sie einfach durch Ihren Alltag und warten Sie darauf, angesprochen zu werden.

Jedes Gespräch ist eine Chance zum Üben und hilft Ihnen, ein freundlicherer und effektiverer Kommunikator zu werden. Ein besserer Zuhörer und Gesprächspartner zu werden kann sich nur positiv auf Ihre Beziehungen auswirken. Fangen Sie jetzt damit an.

Anfänger: Neun Wege, wie Sie andere dazu bringen, ihre Meinung zu ändern

Wie Sie bei anderen ein Umdenken einleiten

 # 1 – Modellierung
Zeigen Sie das Verhalten, das Sie bei anderen sehen wollen.

 # 2 – Worte
Definieren Sie von Anfang an die Bedingungen.

 # 3 – Stellen Sie Fragen
Konzentrieren Sie sich auf eine spezifische Frage.

 # 4 – Erkennen Sie die Ansichten von Extremisten an
Zeigen Sie auf, dass es auch in Ihrem Lager Leute gibt, die Fehler machen.

 # 5 – Wie Sie durch die sozialen Medien navigieren
Nutzen Sie soziale Medien nicht als Forum, um Ihrem Ärger Luft zu machen.

 # 6 – Nehmen Sie keine Schuldzuweisungen vor, sondern diskutieren Sie Beiträge
Verzichten Sie darauf, anderen für bestimmte Dinge die Schuld zu geben, und weisen Sie auf ihre konstruktiven Beiträge hin.

 # 7 – Konzentrieren Sie sich auf die Epistemologie
Finden Sie heraus, woher Ihr Gesprächspartner weiß, was er zu wissen glaubt.

 # 8 – Lernen Sie
Finden Sie heraus, weshalb der andere auf seiner Meinung beharrt.

 # 9 – Was Sie unterlassen sollten (Negativbeispiele)
Eine Liste elementarer und grundlegender Fehler in Gesprächen

Ich lese, ich lerne, ich prüfe, ich lausche, ich denke nach, und dann versuche ich, eine Idee zu entwickeln, in die ich so viel gesunden Menschenverstand zu legen versuche, wie es mir nur irgend möglich ist. Ich verzichte darauf, viel zu sagen, weil ich nichts Törichtes von mir geben will; genauso wenig lasse ich mich zu Taten hinreißen, die ich bereuen könnte, weil es mich nicht gelüstet, das Vertrauen zu missbrauchen, das man mir entgegengebracht hat. Das sind die Regeln, an die ich mich bis jetzt gehalten habe und an die ich mich auch künftig halten will.

Gilbert du Motier, Marquis de Lafayette, in einem Brief an seinen Schwiegervater, den Duc d'Ayan, 4. Dezember 1776

Da Sie nun die Grundlagen effektiver Gespräche kennen, sind Sie bereit, Ihr Repertoire zu erweitern und durch Interventionen zu ergänzen. Mithilfe von Interventionen können Sie Einfluss darauf nehmen, wie jemand seine Überzeugungen bildet. Deren Ziel ist es, dem anderen die Möglichkeit zu geben, Zweifel an seinen Überzeugungen zuzulassen – Zweifel sind unabdingbar, damit eine Meinung überhaupt ins Wanken geraten und sich ändern kann. Mit anderen Worten: Indem Sie einfach nur mit jemandem reden, werden Sie in der Lage sein, in seine gewohnten Denkprozesse einzugreifen und ihm die Gelegenheit zu geben, selbige in Zweifel zu ziehen.

Wie wir in Kapitel 2 erklärt haben, besteht wenig Aussicht darauf, dieses Ziel zu erreichen, wenn Sie Ihre eigene Botschaft überbringen und mit Fakten untermauern, die Ihnen hieb- und stichfest erscheinen. Dieser Schuss wird mit großer Wahrscheinlichkeit nach hinten losgehen und dazu führen, dass sich Ihr Gesprächspartner noch stärker an seine Überzeugungen klammert. Die effektivsten Techniken, um Zweifel zu säen, sind subtiler und werden Ihnen zu interessanteren Gesprächen verhelfen.

Sie werden zunächst erfahren, wie Sie Einfluss auf den anderen nehmen, indem Sie Verhaltensweisen modellieren, die Sie beim anderen sehen wollen, und sich darauf konzentrieren, Fragen zu stellen. Sie werden lernen, nicht an Ihrem Gesprächspartner vorbeizureden oder sich in unproduktive Gespräche zu verstricken, weil Sie sich mit Ihrem Partner über zentrale Wortbedeutungen uneinig sind. In diesem Kapitel werden Sie auch die einfachsten und zugleich effektivsten Techniken kennenlernen, um mit jemandem zu interagieren, der Ihnen nicht nur persönlich widerspricht, sondern auch dem Lager, das Sie seiner Meinung nach vertreten: Sie erzeugen ein Gefühl der Kameradschaft, indem Sie zeigen, dass Sie kein Extremist sind.

Diese grundlegenden Fähigkeiten machen Gespräche durchlässiger und schalten sie in den Lernmodus. Sie werden sich vor allem darauf konzentrieren, wie wichtig es ist zu verstehen, wie und warum Ihr Gesprächspartner zu seinen Gedanken und Überzeugungen gelangt ist. Sie können dieses Verständnis dann benutzen, um andere – und sich selbst – dazu zu bringen, die Grenzen des eigenen Wissens zu erkennen und diesbezüglich größere Bescheidenheit walten zu lassen. Es lohnt sich immer, sich an Folgendes zu erinnern: Sie können dem anderen nur dann das Geschenk des Zweifels geben, wenn Sie es selbst besitzen.

Dieses Kapitel soll Ihnen auch dabei helfen, eine Reihe typischer Kommunikationsfehler zu vermeiden. Diese Fehler können schnell Gespräche untergraben, die dazu dienen, die Wahrheit zu finden und/oder Interventionen vorzunehmen. Zum Glück lassen sie sich leicht vermeiden.

1 – MODELLIERUNG

2015 stellte Peter bei einem Treffen mit Anführern einer islamischen Gemeinde in Australien deren Sprecher wiederholt die Frage, ob dieser glaube, dass Ehebrecherinnen zu Tode gesteinigt werden sollten. Er konnte ihm keine klare Antwort entlocken. Die erste Antwort, die er erhielt, war ausweichend, weshalb er die Frage wiederholte:

> *Boghossian:* Sollten Frauen, die Ehebruch begangen haben, zu Tode gesteinigt werden?
>
> *Gemeindeführer:* Warum nicht Männer? Warum sollten nicht auch Männer bei Ehebruch gesteinigt werden?
>
> [Peter wiederholte die Frage, die mit einer langen, ausschweifenden Geschichte beantwortet wurde, der er nicht folgen konnte.]
>
> *Boghossian:* Stellen Sie mir diese Frage.

Gemeindeführer: Was meinen Sie?
Boghossian: Würden Sie mich bitte fragen, ob ich glaube, dass Frauen, die Ehebruch begangen haben, zu Tode gesteinigt werden sollten?
[Pause]
Gemeindeführer: Glauben Sie, dass Frauen, die Ehebruch begangen haben, zu Tode gesteinigt werden sollten?
Boghossian: Nein. Jetzt umgekehrt: Glauben Sie, dass Frauen, die Ehebruch begangen haben, zu Tode gesteinigt werden sollten?
Gemeindeführer: Ja.

Gehen Sie mit gutem Beispiel voran und modellieren Sie das Verhalten, das Sie sich von Ihrem Gesprächspartner wünschen. Beantworten Sie eine direkte Frage, wenn er eine direkte Frage beantworten soll. Hören Sie geduldig zu, wenn er geduldig zuhören soll.[1] Werden Sie laut, wenn er laut werden soll.[2] Seien Sie aufgeschlossen und bereit, Ihre Meinung zu ändern, wenn Ihr Partner aufgeschlossen und bereit sein soll, seine Meinung zu ändern. Seien Sie höflich, wenn der andere höflich sein soll. Hören Sie *zuerst* zu, wenn Sie wollen, dass der andere Ihnen zuhört. Dieser Ratschlag klingt einfach, ist aber schwer zu befolgen. Dennoch ist seine Einhaltung unerlässlich, vor allem, wenn Sie mit Leuten reden, deren Ansichten Sie nicht teilen. Er ist auch entscheidend, um zu verhindern, dass Gespräche entgleisen.

Ein gängiger Trugschluss: »Weil jemand etwas weiß, weiß ich es auch.«

Ein Philosoph und ein Psychologe, Robert A. Wilson und Frank Keil, haben gemeinsam das Phänomen der Unkenntnis der eigenen Unkenntnis untersucht.[3] 1998 verfassten sie einen Artikel mit dem Titel »The Shadows and Shallows of Explanation«, in dem sie das bekannte Phänomen untersuchten, dass manche Leute die Funktionsweise eines Gegenstands zu verstehen glauben, obwohl das nur bedingt der Fall ist.[4] Sie entdeckten unsere Tendenz zu glauben, dass wir kompetenter sind, als dies tatsächlich der Fall ist, weil wir dem Fachwissen anderer glauben. Das ist in etwa so, als würde man Bücher aus der großen Bibliothek des menschlichen Wissens leihen und diese Bücher niemals lesen. Wir glauben zu wissen, was in den Büchern steht, weil wir Zugang zu ihnen haben, wissen aber trotzdem nichts, weil wir die Bücher niemals aufgeschlagen und schon gar nicht durchgearbeitet haben. In Anlehnung an diese Analogie nennen wir diesen Trugschluss den »Effekt der ungelesenen Bibliothek«.

Der Effekt der ungelesenen Bibliothek zeigte sich in einem Experiment, den zwei Forscher 2001 durchführten, nämlich wieder Frank Keil zusammen mit Leonid Rozenblit; sie prägten die Formulierung »Illusion der Erklärungstiefe« und bezeichneten das als »missverstandene Grenzen der Volkswissens«.[5] Sie fragten eine Gruppe von Testpersonen, ob sie wüssten, wie eine Toilette funktioniert. Die Probanden wurden darum gebeten, auf einer Skala anzugeben, wie sicher sie sich waren, die Funktionsweise einer Toilette erklären zu können. Anschließend wurden sie um eine möglichst detaillierte Beschreibung gebeten. Nach dem Erklärungsversuch sollten sie erneut auf einer Skala angeben, wie sicher sie sich waren, eine korrekte Erklärung abgeben zu können. Diesmal gaben sie allerdings zu, sich wesentlich weniger sicher zu fühlen. Sie sahen ein, dass sie sich in starkem Maße auf geliehenes Wissen verließen, und erkannten damit ihre eigene Unkenntnis an.[6]

2013 führten die Kognitionswissenschaftler Steven Sloman und Philip Fernbach in Zusammenarbeit mit dem Verhaltensforscher Todd Rogers und dem Kognitionspsychologen Craig Fox ein Experiment durch, das zeigte, dass der Effekt der ungelesenen Bibliothek auch für politische Überzeugungen gilt. Das heißt: Wenn man Leuten hilft zu verstehen, dass sie sich auf Leihwissen verlassen, führt das dazu, dass sie anfangen, Dinge zu hinterfragen und damit ihre Überzeugungen zu relativieren. Indem sie die Teilnehmer dazu aufforderten, politische Positionen sowie deren Anwendung und Auswirkungen möglichst genau zu erklären, gelang es den Forschern, rigorose politische Ansichten zu mäßigen.[7] Der gezielte Einsatz dieses Phänomens in einer Intervention bringt mindestens zwei große Vorteile mit sich: Erstens erhält Ihr Gesprächspartner dadurch mehr Redeanteile; so können Sie ihm in Ruhe zuhören, und er hat nicht den Eindruck, dass Sie ihn umzustimmen versuchen. Zweitens hinterfragt er die Dinge *von selbst* und hat nicht das Gefühl, unter Druck gesetzt zu werden.

Die Modellierung von Unkenntnis ist eine effektive Methode, den Effekt der ungelesenen Bibliothek zu offenbaren, weil sich – wie der Name schon sagt – der Effekt der ungelesenen Bibliothek auf Informationen verlässt, über die Ihr Gesprächspartner nicht verfügt – obwohl ihm das gar nicht bewusst ist. Letztlich wollen Sie ihn dazu bringen, zu erkennen, dass sein Wissen begrenzt ist. Sie sollten daher ein Verhalten modellieren, das die Grenzen *Ihres eigenen* Wissens hervorhebt. Die drei großen Vorteile dieser Vorgehensweise lauten wie folgt:

- Es gibt *Ihnen* die Gelegenheit, den Effekt der ungelesenen Bibliothek zu überwinden und sich klarzumachen, dass Sie tatsächlicher weniger über ein Thema wissen, als Sie ursprünglich gedacht haben.
- Es trägt zu einer Atmosphäre bei, in der es leichtfällt, »Ich weiß es nicht« zu sagen, und damit bekommt Ihr Partner indirekt die Erlaubnis, seine eigene Unkenntnis zuzugeben.
- Es ist eine subtile, aber effektive Strategie, um aufzuzeigen, dass zwischen dem angenommenen und dem tatsächlichen Wissen Ihres Gesprächspartners eine Kluft besteht.

Hier sind einige Beispiele, wie Sie dies in Gesprächen anwenden können. Sie könnten sagen: »Ich weiß nicht, wie eine Massenabschiebung illegaler Einwanderer aussehen könnte. Ich denke, dass es wahrscheinlich Vor- und Nachteile mit sich bringen würde, aber ich weiß nicht, welche Seite überwiegt. Wie würde man eine solche Maßnahme politisch umsetzen? Wer soll dafür aufkommen? Wie viel würde das kosten? Wie soll die praktische Umsetzung aussehen? Wie gesagt, ich kenne mich mit dem Thema nicht genug aus, um eine klare Position zu vertreten, aber ich höre mir gerne Vorschläge an.« Seien Sie nicht zaghaft, wenn Sie das tun. Fordern Sie den anderen zu Erklärungen auf, fragen Sie nach Details, stellen Sie pointierte Fragen, um herauszufinden, wie jemand die Details kennen kann, geben Sie Ihre eigene Unkenntnis zu. In vielen Gesprächen gilt: Je mehr Sie Ihre Unkenntnis zugeben, umso bereitwilliger wird Ihr Gesprächspartner Erklärungen bieten, um Ihnen zu helfen, das Problem zu verstehen. Und je mehr er zu erklären versucht, umso wahrscheinlicher wird er die Grenzen seines eigenen Wissens erkennen.

Für das eben genannte Beispiel gilt: Falls Ihr Partner ein Experte für Migrationspolitik ist, könnten Sie mit vielen neuen Informationen belohnt werden. Falls nicht, könnten Sie, weil Sie den ersten Schritt getan und Unwissenheit modelliert haben, ihn dazu veranlassen, den Effekt der ungelesenen Bibliothek zu offenbaren. Sollte Ihr Gesprächspartner anfangen, sein Fachwissen zu hinterfragen und den Effekt der ungelesenen Bibliothek zu erkennen, sollten Sie ihm die Gelegenheit geben, die Situation auf sich einwirken zu lassen. Fahren Sie nicht damit fort, ihn mit Fragen zu löchern.

Es sei an dieser Stelle erneut darauf hingewiesen, dass diese Strategie nicht nur dabei hilft, radikale Positionen zu mäßigen, sie modelliert auch Offenheit sowie die Bereitschaft, seine eigene Unwissenheit zuzugeben und seine Überzeugungen zu revidieren. Die Fähigkeit, seine eigene Unwissenheit zuzugeben ist eine Tugend, die erfahrene Gesprächspartner besitzen – und die relativ einfach zu erlernen ist.

So modellieren Sie bessere Gespräche

Hier sind einige Methoden, wie Sie die Modellierung nutzen können, um den Effekt der ungelesenen Bibliothek zu offenbaren und in die Überzeugungen einer Person zu intervenieren.

1. Sagen Sie »Ich weiß es nicht«, wenn dies der Fall ist. Es ist keine Schande, etwas nicht zu wissen, sondern vielmehr ein Zeichen von Ehrlichkeit, Bescheidenheit und Aufrichtigkeit. Äußern Sie sich anerkennend, wenn Ihr Gegenüber »Ich weiß es nicht« sagt.
2. Wenn Sie Ihrem Gesprächspartner eine direkte Frage stellen und er ausweichend antwortet oder die Antwort verweigert, sollten Sie ihn darum bitten, Ihnen dieselbe Frage zu stellen. (Siehe hierzu das Beispiel mit der Todesstrafe am Anfang dieses Kapitels.)

   Antworten Sie knapp (zeigen Sie also das Verhalten, das Sie sich von Ihrem Gegenüber wünschen), und stellen Sie ihm sofort dieselbe Frage.
3. Modellieren Sie die Verhaltensweisen, die für effektive, erfolgreiche Gespräche entscheidend sind: geduldiges Zuhören, Ehrlichkeit (speziell das Zugeben der eigenen Unkenntnis), Aufrichtigkeit, Neugier, Offenheit, Fairness, Wohlwollen (Sie unterstellen keine bösen Absichten), Konzentration auf Rechtfertigungen für die Überzeugung, Bescheiden-

heit, Humor, Gegenseitigkeit und die Bereitschaft, seine Meinung zu ändern.

4. Ausgehend davon, dass Sie zugeben, über ein Thema nicht genug zu wissen, um eine konkrete Position zu vertreten, sollten Sie Ihren Gesprächspartner um eine möglichst detaillierte Erklärung seiner Überzeugungen bitten.

   Bedenken Sie: Slomans und Fernbachs Forschung zeigt, dass der Versuch, komplizierte Sachverhalte zu erklären, oft den Effekt der ungelesenen Bibliothek offenbart und dazu führt, dass Ansichten revidiert oder zumindest nicht mehr so vehement vertreten werden.[8] Je mehr Details Sie von Ihrem Partner erfragen können (zum Beispiel: »Welche staatliche Behörde wäre für eine Massenabschiebung verantwortlich?«, »Welches Ministerien würden ihr Budget dafür verwenden, und wie viel würde das kosten?«, »Welche Gesetze gibt es zurzeit, die die Abschiebung illegaler Zuwanderer regeln?«, »Was sind die besten Argumente, die gegen diese Gesetze sprechen?«, »Wo werden Abgeschobene untergebracht?«, »Was könnte bei der Abschiebung schieflaufen?«), umso stärker der Effekt.

5. Offenbaren Sie Ihren eigenen Effekt der ungelesenen Bibliothek.

   Wählen Sie politische Themen, die Ihnen wichtig sind, und versuchen Sie, sie möglichst ausführlich zu erklären. Seien Sie konkret, wenn es um ihre Auswirkungen und Umsetzung geht. Als ergänzende Übung können Sie auch versuchen, die Funktionsweise von Alltagsgegenständen, zum Beispiel Ihrer Kaffeemaschine, oder wissenschaftlichen Prozessen, wie elektronischen Halbleitern, zu erklären. Das sind gute Übungsbeispiele, weil sie sich im Gegensatz zu komplizierten politischen Positionen leicht im Internet recherchieren lassen.

6. Modellieren Sie Klarheit und vermeiden Sie Fachchinesisch.

   Streben Sie nach Klarheit. Und verwenden Sie das Wort »Quantum« nur dann, wenn Sie Quantenphysiker sind.[9]

7. Modellieren Sie kein schlechtes Benehmen.

   Fallen Sie Ihrem Gesprächspartner nicht ins Wort, und fahren Sie ihn nicht barsch an. Wenn Sie mit Freundlichkeit und Höflichkeit behandelt werden wollen, müssen Sie selbst freundlich und höflich sein. Vor allem gilt: Wenn Sie möchten, dass Ihr Gesprächspartner Ihre Ansichten wohlwollend behandelt, sollten auch Sie seine Ansichten wohlwollend behandeln.

2 – WORTE

2017 wurde der Google-Ingenieur James Damore, der das berühmte »Google-Memo« verfasste, wegen »der Verbreitung von Geschlechterstereotypen« entlassen. Auf Anfrage von Google hatte Damore sein Feedback zu etwas gegeben, was er als Problem des Tech-Riesen wahrgenommen hatte. Er äußerte sich später auf einer öffentlichen Veranstaltung an der Portland State University zum Verlauf der Ereignisse:

Ich arbeitete seit etwa vier Jahren bei Google und merkte, dass es in unserem Team Inklusionsprobleme gab. Einige Kollegen sahen davon ab, mit uns zum Gruppenlunch zu gehen oder sich in unseren Teambesprechungen einzubringen; deshalb nahm ich an einer firmeninternen Tagung über Diversität und Inklusion teil. Leider ging es weniger um die Frage, wie man alle Mitglieder im Team einbezieht, sondern eher um Diversität und speziell die ethnische und geschlechterspezifische Diversität bei Google. [...]. Es hieß, [...] die Bevölkerung bestehe zu 50 Prozent aus Frauen. Bei Google gibt es 20 Prozent weibliche Mitarbeiter und damit Sexismus. [...] Sie baten um Feedback [...], vor meiner Zeit bei Google hatte ich Biologie als Hauptfach studiert, ich kannte mich also ein bisschen mit Psychologie aus und warum sich [...] Frauen vielleicht weniger für Technologie interessieren . [...] Ich schrieb also dieses Dokument und [...] erklärte die Faktoren, die wir berücksichtigen müssen, wenn wir Google als Arbeitgeber für Frauen attraktiver machen wollen, und wie wir einige dieser Probleme am Arbeitsplatz beheben und Gender aus der ganzen Diskussion ausklammern können.[10]

Obwohl dieses Beispiel die vielen Probleme illustriert, die auf die Unternehmenskultur bei Google einwirken (zum Beispiel die Bitte um Feedback, obwohl das Management nur die Art von Feedback haben wollte, die sich mit einer bestimmten Narrative über Diversität deckt), ist ein Missverständnis auf die atypische Verwendung der Worte *Diversität* und *Inklusion* zurückzuführen, die seinerzeit bei Google gängig war. Damore begriff »Diversität und Inklusion« verständlicherweise als Verbesserung der Teilnahme aller Teammitglieder, während sich das Management etwas völlig anderes darunter vorstellte. Weil Damore höflich, aber offen über dieses terminologische Missverständnis sprach, wurde er entlassen.

Die Bedeutung von Worten

Obwohl es bei vielen Meinungsverschiedenheiten um schwerwiegende Fragen zu gehen scheint, bezieht sich die Uneinigkeit oft nur auf die Bedeutung der verwendeten Wörter.[11] Sie merken, dass Sie sich in einer solchen Situation befinden, wenn Sie einen Begriff im Wörterbuch nachschlagen wollen. (Das Nachschlagen im Wörterbuch, um die Bedeutung von Wörtern zu verstehen, ist nicht sehr hilfreich, weil Worte abhängig vom Sprecher unterschiedlich benutzt und ihre Bedeutungen darüber hinaus kontextabhängig verschieden sein können. Nehmen wir zum Beispiel *Glauben, Frau* und – wie wir gesehen haben – *Diversität*).

Jemand sagt vielleicht »Ich hasse die Regierung«, obwohl er eigentlich sagen will, dass er eine übergriffige Regierung, Korruption, Bürokratie, konzentrierte politische Autorität oder Regulationen hasst, weil sie seinen Werten zuwiderlaufen. Ein anderer sagt vielleicht, dass er die Regierung mag, obwohl er eigentlich meint, dass er die Sicherheit, Stabilität, Sozialleistungen und Infrastruktur schätzt, die damit verbunden sind. Wenn diese beiden Personen ein Gespräch über »die Regierung« führen, ist das Risiko groß, dass sie in Streit geraten, obwohl sie sich in fast jedem Punkt der Politik einig sind. Ein solches Aufeinanderprallen der Ansichten ist frustrierend, weil die Differenzen unüberbrückbar scheinen, in Wirklichkeit aber terminologischer Natur sind. Frustration und Missverständnisse lassen sich verringern, wenn die verwendeten Begriffe vorab geklärt und Definitionen festgelegt werden.

Meinungsverschiedenheiten über Definitionen können Gespräche über *Moral* leicht zum Entgleisen bringen, weil bestimmte Wörter für jeden etwas anderes bedeuten können. (Wie Peter in *A Manual for Creating Atheists* erklärt, fassen Gläubige und Atheisten das Wort *Glauben* völlig anders auf.[12] Es ist daher wichtig, die Bedeutung dieses Wortes zu klären, bevor man das Gespräch fortsetzt.)

In der Politik betrachten Liberale Sozialhilfe oft als moralische Verantwortung eines entwickelten Staates, während Konservative sie tendenziell als Gefahr sehen, weil es Menschen, die keiner Arbeit nachgehen, durch finanzielle Beihilfen leicht gemacht wird, sich nicht um eine Anstellung zu bemühen. Das heißt, dass Liberale die Sozialhilfe vor allem im Hinblick auf Solidarität sehen, während Konservative diese Thematik hauptsächlich unter dem Gesichtspunkt der Fairness betrachten (mehr dazu in Kapitel 7).[13] In diesem Fall hat das Wort *Sozialhilfe* funktionell zwar dieselbe Bedeutung, die aber abhängig vom Publikum völlig andere moralische Konnotationen trägt.[14] Der direkte Hinweis auf unberechtigte Finanzbeihilfen oder die Minderung von Armut könnten in diesem Fall das moralisch aufgeladene Wort *Sozialhilfe* entschärfen. Sicher erkennen Sie, wie leicht dieses Gespräch in einen hitzigen Streit über Fairness und *wer was verdient* abgleiten kann! Wenn Sie sich nicht auf die Bedeutung eines Wortes einigen können, das für Ihr Gespräch zentral ist (*Wahrheit, Frau, Sozialhilfe*), können Sie entweder das Thema wechseln oder das Gespräch beenden.[15]

Wie Sie verbal am selben Strang ziehen

Hier sind einige einfache Methoden, wie Sie unterschiedliche Meinungen über bestimmte Wortbedeutungen klären können, bevor Sie darüber stolpern und Ihnen das Gespräch entgleitet.

1. Klären Sie Wortbedeutungen im Vorfeld.
   Sagen Sie: »Was meinen Sie mit [X]?« oder »Wie definieren Sie [X]?«
2. Versuchen Sie, den Kontext zu verstehen, in dem ein Wort verwendet wird.
   Fragen Sie: »Verwenden Sie dieses Wort auch in einem anderen Kontext auf diese Weise? Können Sie mir ein Beispiel dafür nennen?« Etwa: »Ich versuche, dahinterzukommen, wie das Wort [X] hier verwendet wird. Gibt es ein Beispiel dafür, wie das Wort [X] in einem anderen Kontext auf dieselbe Weise verwendet wird?«

3. Verwenden Sie die Definitionen des anderen.

   Wenn Sie Ihren Gesprächspartner um eine Definition bitten und er sie Ihnen liefert, sollten Sie diese Definition akzeptieren und benutzen. Wenn Sie seine Definition eines Wortes, das für das Gespräch entscheidend ist, nicht akzeptieren können, sollten Sie über ein anderes Thema sprechen oder das Gespräch beenden.
4. Achten Sie auf die moralischen Implikationen eines Wortes.

   Wenn ein Wort eine moralische Bedeutung hat, hat sich Ihr Partner vielleicht eingeredet, dass seine Überzeugung wahr ist, weil ihn das seiner Meinung nach zu einem besseren Menschen macht.[16] Das heißt also, dass er, ausgehend von der Annahme, dass ihn eine bestimmte Überzeugung zu einem besseren Menschen macht, Beweise für diese Überzeugung gesucht und auch gefunden hat. (Sein moralisches Empfinden setzt sich über seinen Verstand hinweg.) Moralisches Argumentieren folgt in der Regel diesem Muster: Jon glaubt, dass gute Menschen X glauben. Jon glaubt, dass er ein guter Mensch ist, weshalb er glaubt, dass er X glauben sollte. Jon sucht dann nach Beweisen, die X unterstützen, und neigt dazu, zu glauben, dass sein Glaube an X auf den Beweisen beruht, die er gefunden hat. Aber das genaue Gegenteil ist der Fall: Er hatte zuerst den Glauben an X und hat sich anschließend seine Beweise so ausgesucht, dass sie seinen Glauben an X legitimieren.[17]

3 – STELLEN SIE FRAGEN

Nehmen Sie sich ein Beispiel an Sokrates: Konzentrieren Sie sich in Ihrem Gespräch auf eine spezifische Frage und nicht auf ein allgemeines Thema.

Sokrates ist vor allem für seine Fähigkeit bekannt, seinen Mitmenschen hinsichtlich ihrer falschen Überzeugungen die Augen zu öffnen. Er tat dies weniger durch seine sorgfältige Argumentation, sondern vielmehr durch gedankenvolle, gezielte Fragen. Nachfolgend sind einige Beispiele für sokratische Fragen, ausgewählt aus verschiedenen Dialogen, die sein Schüler Platon für die Nachwelt festhielt:[18]

- Was heißt es, ein Mann zu sein? Was heißt es, tugendhaft zu sein? (*Apologie des Sokrates, Menon*)
- Was ist Mut? (*Laches*)
- Was ist Gerechtigkeit? (*Der Staat*)
- Warum sollte man die Gesetze befolgen? (*Kriton, Der Staat*)
- Wofür lohnt es sich zu sterben? (*Apologie des Sokrates, Kriton*)
- Wann ist eine Strafe gerechtfertigt? (*Gorgias, Kriton*)
- Wie wichtig ist persönliche Verantwortung? (*Gorgias, Der Staat, Gesetze*)
- Was ist das beste Leben? (*Der Staat*)
- Welche Verpflichtungen haben wir anderen gegenüber? (*Der Staat*)

In allen genannten Fällen steht eine klar umrissene Frage im Mittelpunkt, an der Sokrates seine Nachfragen ausrichtete. Er konnte seine Gespräche steuern, weil sie einen Fokus hatten. Wenn das Gespräch abschweifte oder der Gedankengang undurchsichtig wurde, kehrte er zu seiner ursprünglichen Frage zurück. So wie bei dem Versuch, den Effekt der ungelesenen Bibliothek zu offenbaren, sollten Sie sich im Gespräch nicht auf Themen, sondern auf Fragen konzentrieren.

Kalibrierte Fragen

Wenn Sie *offene Fragen* stellen, die Ihren Partner dazu veranlassen, ausführlich und unter Verwendung eigener Worte zu reden (statt einsilbig mit »Ja« oder »Nein« zu antworten), laden Sie den anderen zum Gedankenaustausch ein. Der Geiselunterhändler Chris Voss bezeichnet bestimmte offene Fragen als »kalibrierte Fragen«.[19] Eine kalibrierte Frage fängt normalerweise mit *Wie* oder *Was* an, weil sich diese nicht für Ja- oder Nein-Antworten eignen, im Gegensatz zu *kann, ist, sind* und *gibt es*.[20] Fragen Sie zum Beispiel »Wie finden Sie das?« anstelle von »Sieht das gut aus?« Im Zweifelsfall sollten Sie immer mit *Wie* oder *Was* anfangen.

Anschauliche Beispiele für kalibrierte Fragen sind Fragen, die gute Ärzte stellen würden. Statt dem Patienten eine Frage wie »Haben Sie Schmerzen?« zu stellen, die zu einer Ja-Nein-Antwort führt, würde ein erfahrener Arzt seine

Frage vermutlich anders formulieren und etwas sagen wie: »Wie würden Sie die Empfindungen beschreiben, die Sie spüren – als stechenden Schmerz?«

Geschlossene Fragen, also Fragen, die Einwort- oder sehr kurze Antworten provozieren, vor allem Ja oder Nein, laden nicht zu einer weiterführenden Diskussion ein und können dafür sorgen, dass ein Gespräch für die Beteiligten unangenehm wird. Sie werden oft von Anwälten benutzt, die im Kreuzverhör versuchen, Zeugen unter Druck zu setzen. In diesem Kontext können sie eine durchschlagende Wirkung erzielen und die befragte Person zu einem Geständnis veranlassen. Obwohl sie nützlich sein können, sollten sie mit Vorsicht verwendet werden. Wollen Sie ins Kreuzverhör genommen werden, wenn Sie sich einfach nur mit jemandem unterhalten wollen? Natürlich nicht! Niemand will das. Sie können allerdings geschlossene Fragen benutzen, wenn Ihr Gesprächspartner einer Antwort aus dem Weg geht, so wie in dem vorigen Beispiel, in dem es um die Steinigung von Ehebrecherinnen geht. In diesem Fall erfüllte eine einfache Ja-Nein-Frage eine nützliche Funktion.

Wie man in jedem Gespräch kalibrierte Fragen stellt

1. Sobald Sie sich auf ein Thema geeinigt haben, sollten Sie es eingrenzen und eine eindeutige Frage formulieren.

   Sagen Sie: »Damit keine Missverständnisse aufkommen, die Frage lautet also [X], oder irre ich mich?« Hören Sie den Ausführungen Ihres Partners zu und modifizieren Sie die Frage notfalls. Falls die Frage umformuliert werden muss, sollten Sie sie explizit aussprechen: »Gut, ich glaube, ich habe es jetzt begriffen. Die Frage lautet also [X], richtig?« Dies ist ein Beispiel für die nützliche Verwendung einer geschlossenen Frage, sofern es zuvor eine Hinführung zu ihr gab.

   Wenn Ihr Gesprächspartner immer noch nicht mit Ihrer Formulierung der Frage einverstanden ist, sagen Sie: »Wie sollte die Frage Ihrer Meinung nach lauten?« oder »Wie würden Sie die Frage formulieren?« Dies sind kalibrierte Fragen.
2. Wenn das Gespräch abschweift, müssen Sie es zur ursprünglichen Frage zurückführen.

Sagen Sie: »Wir sprachen gerade über [X], deshalb sollten wir uns wieder damit befassen, wenn das für Sie in Ordnung ist« oder »Wir fingen an, über [X] zu sprechen, aber irgendwie haben wir den Faden verloren. Können wir wieder über [X] reden?«

Sie müssen nicht zu Ihrer ursprünglichen Frage zurückkehren, wenn Sie das nicht möchten. Wenn Ihr Gespräch eine interessantere Wendung nimmt, der Sie nachgehen möchten, sollten Sie versuchen, eine andere Frage zu formulieren und damit eine neue Diskussion zu beginnen.

3. Verstellen Sie sich nicht.

   Die besten Fragen sind ein Ausdruck Ihres aufrichtigen Interesses, Antworten zu finden; Sie verfolgen also nicht die Absicht, ein bestimmtes Ziel zu erreichen.[21] Die Menschen respektieren – und sehnen sich nach – Authentizität und misstrauen Spielchen. Wenn Sie wirklich an Ihrer Diskussionsfrage interessiert sind, wird sich das zeigen.[22]

4. Verpacken Sie Ihre Aussagen nicht als Frage, und verzichten Sie auf Suggestivfragen, mit denen Sie eine Absicht verfolgen.

   Zum Beispiel: »Was war Ihrer Meinung nach der Auslöser dafür, dass die Republikaner das Interesse an den Bedürfnissen sozial unterprivilegierter Menschen verloren haben?« Die Frage gilt als suggestiv, obwohl sie von der Formulierung her eine kalibrierte ist, weil sie *annimmt*, dass die andere Person die Meinung des Sprechers teilt, dass Republikaner kein Mitgefühl mit Menschen haben, die unter Armut leiden. Das ist eine unauthentische Art der Kommunikation, die nur vordergründig so tut, als würden Sie nicht argumentieren oder keine Agenda haben (obwohl dies der Fall ist). Dieser Schuss wird wahrscheinlich nach hinten losgehen, wenn die Person, mit der Sie reden, Ihre Annahmen nicht teilt.

5. Stellen Sie kalibrierte Fragen, die mit »Wie …?« oder »Was …?« beginnen.

   Kalibrierte Fragen sind offene Fragen und geben Ihnen die Möglichkeit, das Gespräch in die Richtung zu lenken, die Sie wollen. Generell gilt: Vermeiden Sie geschlossene Fragen (die mit Ja oder Nein beantwortet werden können) beziehungsweise nutzen Sie sie nur dann, wenn Sie etwas klären, eine Verwirrungstaktik stoppen oder von Ihrem Partner eine Bestätigung dafür wollen, dass Sie seine Gedanken richtig verstanden haben.

4 – ERKENNEN SIE DIE ANSICHTEN VON EXTREMISTEN AN

In den amerikanischen Südstaaten gibt es eine Redewendung, die möglicherweise seinen Ursprung im Handel hat: »Es interessiert niemanden, wie viel du weißt, bis sie wissen, wie sehr du dich interessierst.« James hat viel länger gebraucht als nötig – über ein Jahrzehnt –, um herauszufinden, was diese Aussage bedeutet.

Oberflächlich gelesen, scheint dieser Satz entweder zu bedeuten, dass die Menschen sich nur dann für Ihr Wissen interessieren werden, wenn Sie es leidenschaftlich vermitteln (wenn Ihnen das Thema also wichtig ist) oder wenn Sie sich für die Menschen interessieren, mit denen Sie reden. Beide Ansätze haben ihre Berechtigung, bringen aber nichts, um die Meinung des anderen zu ändern. Diese beiden Lesarten der Redewendung sind vielleicht für den Handel oder die Werbebranche relevant; für Gespräche, die über moralische Gräben hinweg geführt werden, sind sie aber irrelevant.

Wenn Sie Ihre Meinung mit Leidenschaft vertreten, verschaffen Sie sich zwar leicht Gehör, aber Sie bringen selten jemanden dazu, Ihnen wirklich zuzuhören. Sie bewirkt oft das Gegenteil und lässt Sie als realitätsfremden Eiferer oder Fanatiker erscheinen. (Denken Sie an einen Straßenprediger.) Zwischenmenschliches Vertrauen reicht selten aus, um moralische Gräben zu überwinden. James hat viele gute Freunde, die völlig andere religiöse und politische Ansichten vertreten als er, und sein ehrliches Interesse an ihnen bringt sie dazu, James' Meinung hören zu wollen. Es veranlasst sie so gut wie nie dazu, seinen Schlussfolgerungen oder Beweggründen zuzustimmen.

Als James begriff, dass der obige Satz auch auf einer moralischen Ebene gilt, veränderte sich die Art und Weise, wie er sich mit Leuten, die andere Ansichten haben als er, unterhält. Das Rätsel dieses Satzes lässt sich nur dann lösen, wenn man versteht, worauf sich das Verb *interessiert* bezieht. Damit ist weder das Interesse am Thema noch das Interesse am Menschen gemeint (obwohl Letzteres eine wichtige Rolle spielt); es geht vielmehr darum, sich aus der Sicht Ihres Gesprächspartners *für die richtigen Dinge zu interessieren.* Es geht darum, Werte zu teilen.[23]

Der Satz lässt sich also auch wie folgt deuten: Um das Vertrauen Ihres Gegenübers, der andere moralische Werte vertritt als Sie, zu gewinnen, müssen Sie zeigen können, dass Sie sich für Ihren Partner und insbesondere für seine Werte interessieren. Selbst wenn Ihr Partner Sie nicht für ein Mitglied seines moralischen »Teams« hält, darf er Sie zumindest nicht als dem feindlichen Lager zugehörig sehen. Wenn Ihnen das nicht gelingt, werden sich nur wenige für das interessieren, was Sie zu sagen haben (oder warum Sie es sagen). Wenn Sie Gespräche führen wollen, mit denen moralische Gräben überwunden werden, ist dieser Punkt entscheidend.

Es ist schwierig und zeitaufwendig, diese Art von Vertrauen aufzubauen. Viele Tipps und Ansätze in diesem Buch können Ihnen helfen, sich als vertrauenswürdiger Gesprächspartner zu beweisen, wenn es darauf ankommt – das heißt, wenn Sie es mit jemandem zu tun haben, dessen moralische Weltsicht sich nicht mit Ihren Vorstellungen deckt. Andererseits gibt es mindestens eine – leider sehr häufig anzutreffende – Methode, mit der Sie dieses Vertrauen garantiert *nicht* gewinnen werden. Sie werden niemals das Vertrauen Ihres Gesprächspartners gewinnen, wenn Sie sich nicht von den Hardlinern in Ihrem eigenen Lager absetzen, die er als besonders bedrohlich ansieht; er wird sich niemals dafür interessieren, wie viel Sie über Themen wissen, die ihm am Herzen liegen, beispielsweise Religion, moralische Werte und Politik.

Extremisten gehen zu weit

Gespräche über Politik und Moral profitieren fast immer davon, dass man Bereiche findet, in denen moralischer Konsens herrscht. Es gibt einen einfachen Überschneidungspunkt, der in fast jeder Konversation verfügbar ist: der Hinweis darauf, dass Extremisten *auf Ihrer Seite* zu weit gehen.

Wenn Ihr Partner einem anderen politischen Lager angehört, wird er den Extremisten auf Ihrer Seite nicht trauen, und Sie werden schnell eine gemeinsame Basis finden, wenn Sie diese Auffassung teilen. Durch die heutigen polarisierten Medien und Berichterstattungen wird er wahrscheinlich mehr über »Ihre« Extremisten wissen als über die moderaten Anhänger Ihres Lagers. Dasselbe gilt für die Argumente, mit denen Ihre Positionen üblicherweise gerechtfertigt werden (was in der Regel auf Gegenseitigkeit beruht), vor allem angesichts der Tendenz der Medien, aufgrund der größeren Publikumswirksamkeit Sachverhalte überspitzt darzustellen und Radikale in den Vordergrund zu rücken. Das heißt also, dass Ihr Gegenüber, das dem anderen Lager angehört, vermutlich dazu neigt, die Ansichten, die er über die Extremisten »auf Ihrer Seite« hat, auf *Sie* zu projizieren. Extremismus begünstigt Tribalismus, Polarisierung, unnötige Skepsis, Misstrauen, Rechtfertigungen und (was besonders zermürbend ist) die Verspottung der Ansichten der anderen Seite.[24] Schlimmer noch, der Extremismus des einen Lagers bewirkt, dass die Mitglieder des anderen Lagers ebenfalls mit Extremismus reagieren (denken Sie nur an Neonazis und die Antifa-Bewegung). Sie können diesen Nachteil aber in einen Vorteil verwandeln, indem Sie sich explizit von den Extremisten distanzieren, die es auf Ihrer Seite gibt.

Die Anerkennung von Extremisten schafft einfach und schnell eine gemeinsame Basis, die beinahe jeden moralischen Graben überwindet. Dies gibt Ihrem Gesprächspartner die Gelegenheit zu erkennen, dass Sie – also jemand, der auf »der anderen Seite« steht – eklatante Probleme auf Ihrer Seite erkennen, diese ausdrücklich verurteilen und kein Eiferer sind. Diese klare Position wird dazu beitragen, moralische Brücken zu bauen, weil Sie sich dadurch von Ihrem moralischen Lager abgrenzen und gleichzeitig eine wichtige gemeinsame Basis identifizieren.[25]

Wurden zum Beispiel Demonstranten, die für ein Anliegen stehen, das Sie unterstützen, gewalttätig und haben randaliert? Haben sie versucht, moderatere Stimmen zum Schweigen zu bringen? Haben sie sich wie aufsässige Halbwüchsige verhalten und Menschen übertönt, die ihre Meinung zum Ausdruck bringen wollten? Haben sie für massive Störungen der öffentlichen Ordnung gesorgt, unter denen Unbeteiligte gelitten haben? Haben sie andere verunglimpft? Verurteilen Sie solche Verhaltensweisen, ganz gleich, wer sie begeht. Statt solche Vorfälle zu entschuldigen und dadurch die Fronten zu verhärten, werden Sie durch die Verurteilung der Extremisten Ihres Lagers schnell den Eindruck vermitteln, dass Sie und Ihr Gesprächspartner am selben Strang ziehen. Dies kann eine solide Grundlage für Vertrauen und ein sicherer Punkt der Übereinstimmung sein, aus dem sich tiefergehende Gespräche entwickeln können.[26]

Ablehnung von Extremisten

Sie müssen immer bereit sein, Extremismus abzulehnen. Hier sind einige einfach Methoden, mit denen Ihnen das gelingt:

1. Identifizieren Sie, inwiefern »Ihre Seite« zu weit geht.
   Wenn Sie dies herauszufinden versuchen und es Ihnen nicht gelingt, besteht eine große Wahrscheinlichkeit, dass Sie ein Teil des Problems sind und Ihre Ansichten mäßigen sollten. Am einfachsten finden Sie heraus, was Ihre Seite falsch macht, wenn Sie jemanden auf der anderen Seite befragen, ihm zuhören, vorübergehend Ihr Ego und Ihre soziale Identität ignorieren und dem anderen glauben.
2. Reden Sie nicht über die Extremisten, die auf der »anderen Seite« sind.
   Das muss Ihr Gesprächspartner tun – oder auch nicht. Nur weil Sie einen Schritt auf Ihr Gegenüber zugemacht und Extremisten auf Ihrer Seite abgelehnt haben, heißt das noch lange nicht, dass der andere es Ihnen gleichtun muss.
3. Verteidigen Sie niemals unentschuldbares Verhalten.
   Nur weil Sie sich selbst in einer freien Gesellschaft als zum Beispiel der politischen Linken zugehörig sehen, ist das kein Grund dafür, Krawalle, Gewalt und Angriffe auf Polizisten zu rechtfertigen. Genauso ist die Zugehörigkeit zur politischen Rechten keine Entschuldigung dafür, Rassismus oder eine Obstruktionspolitik zu verteidigen, die nationale Interessen aufs Spiel setzt, beispielsweise durch die Androhung des Staatsbankrotts. Distanzieren Sie sich von den Brandstiftern auf Ihrer Seite. Bringen Sie klar zum Ausdruck, dass Extremisten nicht für Sie, Ihre Ansichten oder Ihre Werte stehen, und erklären Sie bei Bedarf, warum das so ist. Wenn Sie vor der Wahl stehen, müssen Sie sich immer mit etwas identifizieren, was größer ist als »Ihr Lager«, indem Sie für eine freiheitlich-demokratische Gesellschaft, produktiven Dialog und Kompromiss statt Extremismus stehen.[27]
4. Identifizieren Sie Extremisten als »Fanatiker«, »Eiferer« und »Radikale«.
   Ihr Gesprächspartner wird Ihnen wahrscheinlich recht geben. Diese Maßnahme dient auch als Brücke, um den Satz »Es interessiert nieman-

den, wie viel du weißt, bis sie wissen, wie sehr du dich interessierst« in die Tat umzusetzen.

5. Behandeln Sie die andere Seite wohlwollend.

   Vermeiden Sie vor allem eine Darstellung der anderen Seite, wie sie von deren Extremisten gepflegt wird (siehe hierzu den Punkt Modellierung).

   Wenn Sie die Seite Ihres Partners – oder Ihren Partner selbst – als extremistisch charakterisieren, führt dies sehr wahrscheinlich dazu, dass er in die Defensive geht und Ihre Seite – oder Sie selbst – für extremistisch hält. Zumindest führt die Darstellung der anderen Seite als Gruppe verblendeter oder bösartiger Fanatiker fast immer dazu, dass der andere Sie auf dieselbe Weise betrachtet.
6. Prüfen Sie, ob Sie selbst zu Extremismus neigen, und lassen Sie eine eventuell vorhandene Tendenz nicht in Ihre Gespräche sickern. Versuchen Sie zu erkennen, ob und inwiefern Sie extreme oder verallgemeinernde Ansichten vertreten (wie »Konservative sind Faschisten« oder »Liberale sind selbstgefällige Yuppies«), und bemühen Sie sich, diese Überzeugungen bei sich selbst abzubauen. Finden Sie andere Mittel und Wege, um Ihre Bedenken auf realistischere und fairere Art zum Ausdruck zu bringen.

5 – WIE SIE DURCH DIE SOZIALEN MEDIEN NAVIGIEREN

Wir haben in den sozialen Medien Fehler gemacht. Sehr viele sogar. Wir haben getweetet:

> »Ich habe nie verstanden, wie jemand stolz darauf sein kann, schwul zu sein. Wie kann man auf etwas stolz sein, das man sich nicht erarbeitet hat?« (Boghossian)

> »Wie kann es sein, dass fast jeder Mann, der sich als Feminist der dritten Welle ansieht, schwächlich ist und einen schrecklichen Körperhabitus hat?« (Boghossian)

»Wie wahrscheinlich ist es, dass der Einsatz für mehr soziale Gerechtigkeit größtenteils durch Persönlichkeitsstörungen der Gedankenführer motiviert ist?« (Lindsay)

Die Vorstellung, dass provokante Fragestellungen wie diese in den sozialen Medien zu einer konstruktiven, höflichen Diskussion führen, ist nicht nur naiv, sondern schlichtweg idiotisch – und auch wir sind nicht davor gefeit. *Provokant* und *höflich* sind zwei Wörter, die sich nicht mit der Landschaft der sozialen Medien vereinbaren lassen. In Fällen wie den eben genannten Beispielen scheitern wir nicht nur dabei, den Effekt zu erzielen, den wir im Sinn hatten – nämlich dazu anzuregen, genauer über alte, lieb gewonnene Annahmen nachzudenken und diese zu hinterfragen –, sondern wir erreichten das genaue Gegenteil. Die Leute dachten, wir wären Idioten.

Vermeiden Sie Streitgespräche in den sozialen Medien

Es gibt eine Fülle von Sekundärliteratur, die zeigt, dass sich die evidenzbasierten Gesprächsansätzen und Strategien, die in diesem Buch vorgestellt werden, auch auf persönliche Interaktionen anwenden lassen. Es ist allerdings unklar, wie gut sich dies auf Kommunikation im Internet übertragen lässt. In Ermangelung handfester Evidenz, wie man in den sozialen Medien effektive Gespräche führt, raten wir entschieden dazu, nur dann auf emotional aufgeladene Themen einzugehen, wenn es absolut notwendig ist (uns fallen keine Beispiele hierfür ein) und solide Beweise vorliegen, wie sich dies auf produktive Weise bewerkstelligen lässt. Gespräche in den sozialen Medien können von Nutzen sein (vielleicht fühlen Sie sich besser, wenn Sie Ihrem Ärger verbal Luft machen) und bieten klare Vorteile (zum Beispiel zeitversetztes Antworten), aber ansonsten neigen sie dazu, eine ohnehin schon schwierige Diskussion in den »Hardcore-Modus« zu schalten. Eine Tatsache scheint aber klar zu sein, wenn es darum geht, in den sozialen Medien Streitgespräche zu führen oder provokante Posts zu veröffentlichen: Sie schaden Beziehungen und tragen zur toxischen Umgebung der sozialen Medien bei.

Als Spezies sind wir darauf geeicht, von Angesicht zu Angesicht miteinander zu kommunizieren. Wenn wir jemanden ansehen, ist es normalerweise einfach, seinen Tonfall, seine Körpersprache und Mimik zu deuten.[29] Bei einer textbasierten Kommunikation stehen uns diese wichtigen Hinweise nicht zur Verfügung. Die Vorteile, die die Abschaffung dieser Hinweise bieten, werden durch die Nachteile überwogen, allen voran in Form mangelnder Inhaltstiefe. Missverständnisse, die entstehen, weil der Leser eine geschriebene Aussage auf eine bestimmte Weise deutet, lassen sich in einem persönlichen Vier-Augen-Gespräch allein durch den Tonfall umgehen. Sarkasmus zum Beispiel ist in geschriebener Form schwerer deutbar als im Gespräch, weshalb sogar schon (weitgehend fruchtlose) Anstrengungen unternommen wurden, Satzzeichen einzuführen, die darauf hinweisen, dass eine Formulierung sarkastisch gemeint ist.[30]

Außerdem ändert sich in der gesprochenen Sprache die Bedeutung bestimmter Wörter durch ihre Betonung. Je nachdem, welches Wort man in dem Satz »Ich glaube nicht, dass das fair ist« betont, kann die Äußerung eine andere Bedeutung erhalten. Nachfolgend wird Fettdruck verwendet, um die Betonung zu verdeutlichen: »**Ich** glaube nicht, dass das fair ist« bedeutet, dass »ich persönlich etwas für unfair halte (jemand anders aber vielleicht nicht)«. Andererseits bedeutet »Ich glaube nicht, dass das **fair** ist«, dass »ich mir nicht sicher bin, ob etwas fair ist oder nicht.« Diese Nuancen sind in der gesprochenen Sprache offensichtlich, gehen in geschriebener Form aber verloren. Die falsche Interpretation kann ein Gespräch vom Kurs abbringen und sinnlose Streitgespräche zur Folge haben.

Diese Probleme erschweren eine textbasierte Kommunikation erheblich, selbst wenn sie in einem privaten Umfeld stattfinden. Soziale Medien sind aber hauptsächlich *öffentlich*, und Gespräche in öffentlichen Foren entwickeln oft eine ungeahnte Dynamik und bleiben selten auf zwei rücksichtsvolle Teilnehmer begrenzt (wir kehren in Kürze darauf zurück). Diese Faktoren machen Gespräche in den sozialen Medien sogar schwerer, weil einer reinen Textkommunikation die »Musik« und der »Tanz« von Stimme und Körpersprache fehlen, die in direkten Gesprächen offensichtlich werden.[31]

Die Sache wird noch komplizierter, weil jedes soziale Medium aufgrund seiner besonderen Infrastruktur einzigartige Herausforderungen an seine Nutzer stellt. Twitter zum Beispiel ist auf 280 Zeichen pro Tweet begrenzt und fast vollständig öffentlich. Eine Faustregel ist: Streiten Sie nicht auf Twitter.

(Wenn Sie das Gefühl haben, dass Sie sich für eine Sache einsetzen müssen, sollten Sie spätestens nach zwei Antworten aufhören, weil sich dieses Medium nicht für nuancierte Standpunkte eignet – Sie können höchstens eine dritte Antwort folgen lassen, um diese Regel zu erklären und den anderen aufzufordern, Sie persönlich anzuschreiben oder auf eine andere Form von privater Kommunikation zu wechseln, wenn Sie das möchten). Betrachten Sie Twitter als Bühne, auf der Sie ein großes Publikum mit kurzen Informationen erreichen können. Sie würden keine Grundsatzdiskussionen mit einem Störenfried führen, der auf den billigen Rängen grölt und unflätige Bemerkungen von sich gibt.

Facebook ist mehr auf persönliche soziale Kontakte eingestellt als Twitter. Das macht Facebook eher zu etwas wie einer Familienfeier, bei der jeder, dem Sie jemals begegnet sind, aufkreuzen kann. Wie würden Sie sich bei einer solchen Veranstaltung verhalten? Ihre Großmutter oder Ihre Arbeitskollegen wollen vielleicht kein angeregtes Gespräch über schlüpfrige Themen führen, über die Sie sich mit Ihren alten Studienkollegen auslassen. Jede Plattform hat eine Infrastruktur, die ein bestimmtes Publikum unterstützt und ihm ein Forum bietet. Wenn Sie sich nicht zügeln können und den unbändigen Drang haben, Ihrem Ärger Luft zu machen, müssen Sie Ihr Publikum verstehen.

Zwei abschließende Punkte über Gespräche in den sozialen Medien: Wenn jemand etwas in den sozialen Medien postet, will er vermutlich gar nicht, dass man seine Überzeugung korrigiert – es sei denn, er bittet ausdrücklich darum. Normalerweise will er, dass man seine Ansicht *bestätigt*. Wenn er etwas postet, das ihn empört hat, will er aller Voraussicht nach, dass andere sich ebenfalls empören. Wenn er eine Meinung vertritt, die ihm so wichtig ist, dass er sie auf seiner persönlichen Seite kundtut, ist die Wahrscheinlichkeit groß, dass er anderen davon berichten und nicht zum offenen Diskurs einladen will (er agiert folglich als Bote). Umgekehrt gilt: Wenn Sie einem Facebook-Post widersprechen, spüren Sie vielleicht kognitive Dissonanz – ein unangenehmes Gefühl, das eintritt, wenn sich eingehende Informationen nicht mit Ihrer Weltsicht decken. Ihre eigene Dissonanz kann Sie dazu veranlassen, die Überzeugungen einer Person zu korrigieren; Sie denken vielleicht sogar, dass Sie ihr einen Gefallen tun, indem Sie ihre fehlerhafte Argumentationsweise »reparieren«. Aber tatsächlich ist das Risiko viel größer, dass Sie in einen Streit geraten, der ihrer Beziehung schaden und die Fronten verhärten wird.[32]

Zweitens vollzieht sich ein Großteil der Diskussionen in den sozialen Medien in einem digitalen *öffentlichen* Raum. Diese Schauplätze stellen große Hindernisse und Schwierigkeiten dar. Ein gutes Gespräch kann durch das Auftreten einer provokanten oder streitsüchtigen dritten Partei – oder zwanzig Parteien – schnell aus dem Ruder laufen. Ebenfalls wichtig ist in diesem Kontext, dass sich die Teilnehmer öffentlicher Konversationen leicht gekränkt fühlen; dementsprechend neigen wir dazu, in öffentlichen Foren noch stärker auf unseren Ansichten zu beharren als in privaten Gesprächen.[33] Stellen Sie sich nur vor, wie vehement Sie Ihre Position verteidigen würden, wenn Sie vor einer Gruppe stünden, die Sie beeindrucken wollen – statt das Gespräch unter vier Augen zu führen. Weil die Revision der eigenen Ansicht oder die »Niederlage« in einem Streitgespräch immer als demütigend wahrgenommen wird, ist es nicht verwunderlich, dass viele Online-Diskussionen außer Kontrolle geraten.[34]

Andererseits bieten Gespräche in den sozialen Medien zwei große Vorteile – für die die Verwendung eines *öffentlichen* Raums allerdings nicht notwendig ist. Diese zeichnen sich dadurch aus, dass die digitale Textkommunikation mit all ihren Schwächen weder durch Zeit noch durch Raum begrenzt wird. Wenn Sie einen Internetzugang haben, können Sie binnen weniger Augenblicke mit jemandem irgendwo auf der Welt ohne großen Kostenaufwand ein Gespräch in Echtzeit führen. Das gibt Ihnen die Gelegenheit, Ihre erste spontane Reaktion zu zügeln, die in einem Vier-Augen-Gespräch leicht zu einer Eskalation führen würde. Das sind klare Vorteile, aber trotzdem gilt: Seien Sie sich der Unterschiede zwischen öffentlichen und privaten Gesprächen bewusst und klammern Sie vorab alles aus, was einen Streit begünstigen könnte.

Goldene Regeln für produktive Gespräche in den sozialen Medien

Hier sind einige Tipps, wie Sie in den sozialen Medien produktive Gespräche führen:

1. Selbst wenn ein Post »gelöscht« wird, bleibt er immer noch auf den Servern (das gilt für Facebook, Snapchat und selbst Ihre Chat-Nachrichten).

   Bevor Sie etwas posten, müssen Sie sich der Tatsache bewusst sein, dass das, was Sie versenden, für eine sehr lange Zeit gespeichert wird.
2. Veröffentlichen Sie niemals einen Post, wenn Sie wütend sind (dasselbe gilt für E-Mails oder sogar Online-Diskussionen, in die Sie quer einsteigen).

   Wenn die Antwort einer Person dazu führt, dass Sie »rotsehen«, ist das ein eindeutiges Zeichen dafür, dass Sie *erst dann* antworten sollten, wenn Sie sich beruhigt haben.
3. Sie schulden niemandem in den sozialen Medien eine Antwort, nur weil er mit Ihnen in Kontakt getreten ist.

   Wenn Sie das Gefühl haben, dass Sie auf einen aggressiven Kommentar in den sozialen Medien antworten *müssen*, sollten Sie der Person eine private Nachricht schreiben.[36] Die meisten sozialen Medien lassen private Chats zu. Sie können dieser Person aber auch einfach eine E-Mail schreiben oder anrufen und höflich fragen, ob sie gerne ausführlicher über ihren Post sprechen möchte. (Wichtig ist, dass dieses Anliegen als Frage und nicht als Befehl formuliert wird.)
4. Streiten Sie niemals auf Twitter.

   Die Architektur dieser Plattform gestattet nur 280 Zeichen, wodurch subtile Gesprächsnuancen verloren gehen; Twitter ist besonders anfällig für Probleme wie kollektives »Bashing«, das heißt, dass sich viele Nutzer zusammentun und sich oft unflätig über jemanden auslassen, den sie einer Missetat bezichtigen.
5. Vermeiden Sie es, auf Ihrer *persönlichen* Facebook-Seite über Religion, Politik und einen Großteil philosophischer Fragestellungen zu diskutieren.

   Die besondere soziale Struktur, durch die sich Facebook auszeichnet, eignet sich nicht für eine Diskussion dermaßen komplexer Themen.[37]

Es ist auch klug, sich möglichst nicht an religiösen und politischen Debatten zu beteiligen, die auf Facebook ausgetragen werden (weil diese Plattform leider so ausgelegt ist, dass Ihre Beiträge für Ihre Freunde sichtbar sind, und das ist beinahe so, als würden Sie das Material selbst posten).

6. Wenn es Ihnen absolut nicht möglich ist, sich selbst zu kontrollieren, sollten Sie einen anonymen Twitter-Account anlegen, um Ihre Wut in die unendlichen Weiten des Internets hinauszuposaunen.

   Taggen Sie niemanden (weil die betreffende Person dies als Angriff auffassen kann), sondern fangen Sie einfach an, Ihre Wut loszuwerden, falls Sie das für nötig halten.

6 – NEHMEN SIE KEINE SCHULDZUWEISUNGEN VOR, SONDERN DISKUTIEREN SIE BEITRÄGE

Wie hat es Donald Trump, Immobilienmogul und Star einer Reality-Fernsehshow ohne jegliche politische Erfahrung, im November 2016 geschafft, zum Präsidenten der Vereinigten Staaten gewählt zu werden? Jeder scheint die Gründe dafür zu kennen, und jeder weiß, wer dafür verantwortlich zu machen ist. Unmittelbar nach der Wahl meldeten sich schnell viele Stimmen zu Wort, die *jemandem* – egal wem – die Schuld dafür in die Schuhe schoben. Hillary Clinton und ihre Kampagne wurden dafür verantwortlich gemacht, ebenso die Demokraten, FBI-Direktor James Comey, die Russen im Allgemeinen und Wladimir Putin im Besonderen, Bernie Sanders, die Republikaner, die Progressive Linke, die Fox-Nachrichten schauende Rechte, die »Mainstream-Medien«, die Verbreiter von Fake-News, WikiLeaks und ihr Gründer Julian Assange … die Liste ließe sich beliebig fortsetzen.

Wie haben jene reagiert, die der Schuld bezichtigt wurden? Bekannten sie sich ohne Sarkasmus für schuldig? Nein. Sie stritten ihre Schuld ab und zeigten mit dem Finger auf andere. Dabei verschärften Sie die ursprünglichen Vorwürfe.[38] Ein großer Teil der Progressiven Linken hält immer noch eisern an der Überzeugung fest, dass ein die gesamte amerikanische Gesellschaft durchdringender Sexismus oder Rassismus für den Wahlausgang verantwortlich zu machen ist. Manche machten ganze ethnische Gruppen und Geschlechter für Clintons Niederlage verantwortlich (Männer im Allgemeinen und weiße Frauen im Besonderen).[39] Statt darüber nachzudenken, wie ihre Art von Identitätspolitik zu Trumps Wahlsieg beigetragen haben könnte,[40] beharrten sie auf ihrer Überzeugung, dass wir in einer außerordentlich sexistischen und rassistischen Gesellschaft leben, und warfen privilegierten Identitätsgruppen eine Mittäterschaft vor.[41] Das *Time Magazine* zum Beispiel veröffentlichte kurz nach der Wahl einen Kommentar mit der Behauptung, dass das Wahlergebnis als »Rache des weißen Mannes« zu deuten sei.[42] Es sei an dieser Stelle ausdrücklich darauf hingewiesen: Genau diese Form von übereifriger Identitätspolitik war höchstwahrscheinlich für Trumps Sieg *mitverantwortlich*. Wichtiger noch, keine dieser Schuldzuweisungen, ganz gleich, wer sie an wen gerichtet hat, hat dazu beigetragen, bessere, produktivere und höflichere Gespräche zwischen den politischen Lagern, die sich in den USA bekämpfen, zu ermöglichen.

Schuldzuweisungen verhindern einen wohlwollenden Umgang miteinander, drängen die Beschuldigten in eine Position, in der sie glauben, sich rechtfertigen zu müssen, verhindern Problemlösungen und bauen Rapport ab.[43] Niemand will dafür verantwortlich gemacht werden, wenn schlimme Dinge geschehen, vor allem wenn man nicht die *alleinige* Schuld trägt. Statt ein Problem offen anzusprechen, versuchen die Beschuldigten in der Regel, das Gespräch auf ein anderes Thema zu lenken, oft indem sie die Anschuldigung abstreiten, ihre Bedeutung herunterspielen oder Gegenanschuldigungen äußern. Es scheint mittlerweile so, als würde heute keine Politsendung auf privaten Fernsehkanälen ohne den Satz »Ja, aber was ist mit …?« auskommen. Kritiker und Moderatoren weisen allzu oft Beschuldigungen von sich, indem sie die Rollen vertauschen und Fragen stellen wie »Was ist mit [etwas Vergleichbares, das die andere Seite gesagt oder getan hat]«? So werden in Diskussionen über Islamismus oft Fragen gestellt wie: »Ja, aber was ist mit den Kreuzzügen?«

Das Harvard Negotiation Project wies darauf hin, dass es eine effektive Alternative gibt, mit der sich in Gesprächen die Schuldfrage thematisieren lässt. Statt jemanden zum Schuldigen zu machen, kann man die betreffende Person dazu einladen, gemeinschaftlich nach *Beiträgen* zu suchen.[44] Das heißt, dass Menschen sich zusammentun, um sich gemeinsam einen Überblick über das große Gesamtbild zu verschaffen und Lösungen zu erarbeiten, die alle Aspekte des Problems abdecken. Alle Beteiligten steuern etwas bei, und die meisten Probleme haben mehr als einen Verursacher. Schuldzuweisungen gehen hingegen immer nur in eine Richtung.[45]

Schuld ist etwas, das man einer Person zuweist. Man sagt zum Beispiel: »Gib's zu! Du hast es getan!« Diese Aussage verweist in die Vergangenheit und impliziert eine Wertung. Die Identifikation von Beiträgen ist ein gemeinschaftlicher, interaktiver Ansatz, um die größeren Zusammenhänge zu erkennen und zu begreifen, wie ein gewisser Zustand überhaupt erst entstehen konnte; bei dem Gedanken des Beitrags geht es um Verstehen und zukunftsorientiertes Denken. Wenn wir das Zusammenspiel der Faktoren verstehen, die zu unserer Situation beigetragen haben, haben wir die besten Voraussetzungen dafür geschaffen, diese Probleme künftig zu lösen.[46]

Nehmen wir nun die Wahl von Präsident Trump als anschauliches Beispiel dafür, wie man ein Problem unter dem Gesichtspunkt der Beitragssysteme statt Schuldzuweisungen betrachten kann. Eine Frage, die man innerhalb eines Beitragsrahmens stellen kann, ist: »Welche Aspekte im Auftreten der Progressiven Linken könnten dazu beigetragen haben, dass Trump bei einigen Wählern auf offene Ohren stieß?« Mitglieder der politischen Rechten werden diese Frage aus der Perspektive des Außenstehenden betrachten. Mitglieder der Progressiven Linken hingegen können die Frage auf sich selbst beziehen (und dadurch politische Spannungen abbauen). Wichtig dabei ist, dass auf diese Weise die Progressive Linke nicht für Trumps Wahlsieg verantwortlich gemacht wird, zugleich aber auch nicht abgestritten wird, dass sie eine gewisse Mitverantwortung am Wahlergebnis trägt. Beiträge entstehen in Systemen, in denen eine Vielzahl von Personen oder Personengruppen eine Rolle spielt; wenn man sich von Schuldzuweisungen distanziert und sich auf Beiträge konzentriert, vermeidet man Streitgespräche darüber, wer »schuld« ist. Indem man parallel Fragen über andere beitragende Faktoren stellt, kann ein vollständigeres Gesamtbild sichtbar gemacht werden, ohne dass jemand für etwas schuldig gemacht wird.

Durch die Skizzierung des Beitragssystems, das zu Trumps Wahlsieg führte, kommt fast sofort eine große Fülle interessanter, kollaborativ geführter und produktiver Gespräche zustande, in denen die Teilnehmer ungeachtet ihrer politischen Position verschiedenen Beiträgen nachgehen können. Inwiefern spielten rechtsgerichtete Medien wie Fox News und bestimmte Radiosendungen eine Rolle? Welchen Einfluss nahmen die Russen bei der Wahl beziehungsweise nahmen sie überhaupt Einfluss? Was haben die Demokraten und die Republikaner richtig, was falsch gemacht? Wie groß war die Rolle, die die Libertarier und die Grünen spielten, und worin bestand sie? Was ist mit Bernie Sanders? Diese offenen Fragen bieten Gelegenheiten, eine Landkarte des komplexen Beitragssystems zu zeichnen, das unserer politischen Realität den Boden bereitet hat. Sie laden zu Gesprächen ein, während Schuldzuweisungen zu Rechtfertigungen, Feindseligkeit und Beleidigungen führen. Erinnern Sie sich an die Macht der Modellierung: Indem wir zugeben, selbst zu einem Problem beigetragen zu haben, führt das sehr oft dazu, dass unser Gesprächspartner dasselbe tut. Dieses »Zuckerbrot« ist viel wirkungsvoller als die »Peitsche«, die wir in Form scharfer und/oder lautstark geäußerter Schuldzuweisungen normalerweise schwingen.

Unsere moralischen Gräben vergrößern sich durch Parteilichkeit, das heißt in diesem Fall, wenn wir uns eindeutig zu einer politischen Seite bekennen.[47] Wenn Konservative Liberale für Probleme verantwortlich machen oder umgekehrt, suchen sie den Sündenbock im anderen Lager, wodurch sie ihre eigenen Werte (und ihr Misstrauen gegenüber ihren Gegnern) voreinander rechtfertigen.[48] Dies lässt die Fronten verhärten und schadet dem respektvollen, höflichen Umgang miteinander. Vermeiden Sie diese Neigung, indem Sie sich darauf verlegen, Beiträge zu besprechen. Das Beitragssystem, das zu einem Problem geführt hat, wird sich wahrscheinlich in jeder Situation als vielschichtig erweisen.

Wie man von Schuldzuweisungen abrückt und sich Beiträgen zuwendet

Hier sind einige einfache Methoden, wie man von Schuldzuweisungen abrückt und Beiträge identifiziert:

1. Verwenden Sie das Wort *Beitrag*.

   Sagen Sie »Welche Faktoren trugen zu [X] bei?« oder »Was hat Ihrer Meinung nach dazu beigetragen?«. (Hierbei handelt es sich um kalibrierte Fragen.)

2. Vermeiden Sie Äußerungen wie »X führte zu Y«, zum Beispiel: »Die rechtsgerichteten Medien führten dazu, dass die Republikaner Trump wählten.«

   Äußerungen nach dem Schema »X führte zu Y« sind nicht nur schwer zu beweisen, sondern auch eine subtile Form der Schuldzuweisung. Vor allem in komplizierten Systemen wie der Politik und der sozialen Dynamik können viele Faktoren einen Beitrag geleistet haben und sind *mitursächlich*, aber nicht *die eine*, ausschlaggebende Ursache.
3. Sagen Sie nicht: »Beide Seiten machen das«, wenn Ihr Gesprächspartner auf ein schlechtes Verhalten in Ihrem Lager hinweist.

   Wenn Sie so etwas sagen, kehren Sie vom Beitrag zur Schuldzuweisung zurück. Sie rechtfertigen sich. Wenn Sie ein Konservativer sind und ein Liberaler sagt: »Konservative neigen dazu, die Fakten zu ignorieren, um eine Agenda durchzuboxen«, sollten Sie nicht mit »Vielleicht, aber die Liberalen machen das auch« antworten. Geben Sie den Beitrag stattdessen zu, aber weichen Sie nicht vom Thema ab, wenn Ihre Seite kritisiert wurde. Sagen Sie lieber: »Ja, stimmt. Konservative machen das manchmal.« Und belassen Sie es dabei.
4. Wenn Sie einen Punkt erreichen, an dem es einfach nicht mehr anders geht und das Thema Schuld aufkommt – ganz gleich, ob Sie nun Ihrem Gesprächspartner oder der politischen Gruppierung, mit der er sich identifiziert, Schuld zuweisen –, fragen Sie: »Die Versuchung ist für mich gerade sehr groß, die Demokraten für dieses Problem verantwortlich zu machen. Können Sie mir bitte helfen und die Logik erklären, die die demokratische Seite anwendet, um ihre Maßnahmen zu rechtfertigen?«[49]

   Wenn Sie den Mut haben, einen Schritt weiterzugehen, laden Sie Ihren Partner dazu ein, seine Sicht zu schildern und zu beschreiben, wie seiner Meinung nach *Ihre* Seite dazu beigetragen hat. Wenn Sie die Beiträge Ihrer Seite erkennen, kann das dem Drang entgegenwirken, jemand anderen für einen Missstand verantwortlich zu machen.[50]

7 – KONZENTRIEREN SIE SICH AUF DIE EPISTEMOLOGIE

Epistemologie, *Substantiv*, feminin
E|pis|te|mo|lo|gie
[epɪsˌteːmoloˈgiː]

Wissenschaftstheorie, vor allem im Hinblick auf Methoden, Validität und Spektrum. Epistemologie ist die Untersuchung dessen, was eine berechtigte Überzeugung von einer Meinung unterscheidet.

Das folgende Gespräch fand in der Columbia River Institution (CRCI) in Portland, Oregon, statt.[51] CRCI ist eine Wiedereingliederungseinrichtung, das heißt, dass die Insassen dort den letzten Teil ihrer Haftstrafe verbüßen, bevor sie wieder in die Gesellschaft zurückkehren.

Peter hielt dort einen zehnwöchigen Kurs, der den Häftlingen helfen sollte, kritische Denkfähigkeit und moralisches Argumentieren zu entwickeln, um sie davor zu bewahren, wieder in die Kriminalität abzugleiten. Das Gespräch beruhte auf der Frage, die Sokrates in *Politeia* stellt: Was ist Gerechtigkeit?

Boghossian: Was ist Gerechtigkeit?

Häftling 6: Wenn man für das einsteht, woran man glaubt.

Boghossian: Was ist, wenn man durchgeknallte Sachen glaubt? So wie die Irren, die Amerikaner töten wollen? Oder was, wenn man ein Kinderschänder ist?

[20 Sekunden Pause.]

Häftling 6: Ich denke, wenn man auf seinen eigenen Beinen steht und sich nicht darum schert, was andere über einen denken, und wenn man bereit ist, dafür zu kämpfen und zu sterben, dann macht einen das zu einem Mann. Ob das nun richtig ist oder nicht.

Boghossian: Ein Mann zu sein würde also bedeuten, felsenfest zu seinen Überzeugungen zu stehen? Was ist, wenn Sie ein Soldat wären, zum Beispiel in Ruanda, und Sie bekommen den Befehl, einen Haufen Menschen abzuschlachten, und Sie haben diese abgedrehte Vorstellung von Loyalität. Und Sie stehen für das ein, woran Sie glauben, für Ihr Land oder Ihr Volk oder was auch immer, und

Sie fangen dann einfach an, unschuldige Zivilisten abzuschlachten? Hutus oder Tutsis oder sonst wen. Ist das gerecht? Macht Sie das zu einem Mann?

Häftling 5: Hmm, guter Punkt. So war es ja damals in Vietnam.

Häftling 4: Was willst du damit sagen? Dass Gerechtigkeit nichts damit zu tun hat, dass man für das einsteht, woran man glaubt?

Boghossian: Das sage ich nicht; ich frage ja nur. Was ist Gerechtigkeit? [Häftling 6] sagte, dass es bedeutet, für das einzustehen, woran man glaubt. Aber ist es das wirklich? Muss man nicht an die richtigen Dinge glauben und sich dafür einsetzen?

Häftling 6: Hmm, vielleicht. Vielleicht.

In diesem Dialog, der gegen Ende von Peters Studie stattfand, unterstützen sich Häftlinge gegenseitig dabei, ihre Epistemologie zu hinterfragen. Das heißt, sie fragten sich gegenseitig, wie sie wussten, was sie zu wissen glaubten.

Wissensbehauptungen

Dieses Buch enthält einen esoterischen Begriff: *Epistemologie.* Epistemologie ist die Lehre vom Wissen. Es ist die Bemühung zu verstehen, *wie* wir wissen, was wir zu wissen glauben. Der gängigste Fehler in Gesprächen ist es, sich auf das zu konzentrieren, *was* andere behaupten zu wissen (Überzeugungen und Schlussfolgerungen), statt zu hinterfragen, *wie* sie zu diesem Wissen gelangt sind (die Logik, die hinter ihrer Argumentation steht).

Gehen wir etwas eingehender auf ein Beispiel angewandter Epistemologie ein. Fred behauptet, dass Abtreibung Mord sei. »Abtreibung ist Mord« ist eine Schlussfolgerung. Vielleicht wollen Sie Fred zustimmen oder seine Überzeugung ablehnen. Tun Sie das nicht. Fragen Sie sich lieber, wie er zu dieser Überzeugung gelangt ist. Der Weg, der dazu führte, dass er zu dieser Überzeugung kam, ist seine Epistemologie. Am besten finden Sie heraus, wie er zu seiner Schlussfolgerung gelangte, indem Sie kalibrierte Fragen stellen, die sich darauf konzentrieren, wie er weiß, was er zu wissen glaubt: »Hey, Fred, woher weißt du, dass Abtreibung Mord ist?«[52] Hören Sie dann zu, wie er Ihre Frage beantwortet. So einfach ist das.

Obwohl Fred die unterschiedlichsten Antworten geben kann, werden seine Gründe fast immer in eine der folgenden Kategorien fallen:

- persönliche Erfahrungen und Gefühle (Er spürt, dass die Behauptung wahr ist.)
- Kultur (Es ist wahr, weil »alle« es glauben.)
- Definition (Es ist wahr oder gut oder schlecht, weil es auf eine bestimmte Weise definiert ist; übermäßiger Brokkoli-Konsum ist per Definition schlecht, weil ein übermäßiger Konsum – egal wovon – grundsätzlich immer schlecht ist.)
- Religion (Die Behauptung ist wahr, weil sie in einem Gotteshaus gepredigt wird und/oder in einer heiligen Schrift steht.)
- Vernunft (Es ist wahr, weil sie logisch begründet werden kann.)
- Evidenz (Es ist wahr, weil es genügend Beweise gibt, die diese Überzeugung rechtfertigen.)

Und so verstehen Sie die Methode, mit der Ihr Gesprächspartner zu seinem Wissen, das heißt zu seiner Epistemologie gelangt ist. Erstens müssen Sie die übergeordnete Kategorie finden, auf der er seine Epistemologie begründet. Zweitens müssen Sie nachhaken, um mehr über die Details zu erfahren. (Für die Zwecke in diesem Abschnitt ist das alles, was Sie tun müssen. In den folgenden Kapiteln besprechen wir, wie Sie vorgehen, wenn Sie eine klare Vorstellung davon haben, wie Ihr Partner das zu wissen behauptet, was er zu wissen glaubt.)

Vielleicht glaubt Fred beispielsweise, dass Abtreibung Mord ist, weil er denkt, dass es in Matthäus 1, 23 steht: »Siehe, eine Jungfrau wird schwanger sein und einen Sohn gebären.« Dann wäre seine Argumentation religiös motiviert. Oder Fred beantwortet Ihre Nachfrage mit: »Meine Mutter stand einmal kurz vor einer Abtreibung. Ich wäre nicht hier, wenn sie sie durchgezogen hätte.« Dann beruht seine Argumentation auf persönlichen Erfahrungen. Oder er könnte etwas sagen wie: »Wenn man ein Herz dazu bringt, dass es aufhört zu schlagen, ist das Mord.« Dies fällt unter die Kategorie »Definition«.

Wahrscheinlich fällt Freds Grund für seine Überzeugung unter mehrere der genannten Kategorien. Sie werden dann mehr Fragen stellen und tiefer in die Materie eintauchen müssen. Normalerweise, aber nicht immer, werden Überzeugungen hauptsächlich durch eine Kategorie unterstützt und von mindestens einer weiteren untermauert. Religiöse Gründe sind zum Beispiel fast immer primär, sofern sie vorliegen (obwohl umsichtigere Gläubige herunterspielen, welche Rolle die Religion oder sogar die Evidenz für die Rechtfertigung ihrer Überzeugungen spielt, und Ihr Augenmerk auf logisch nachvollziehbare Argumente richten).

Die Konzentration auf die Epistemologie statt auf die Auseinandersetzung mit den Schlussfolgerungen hat den großen Vorteil, dass Ihr Gegenüber nicht auf sein Repertoire an eingeübten Reaktionen zurückgreifen kann, die er sich für den Fall zurechtgelegt hat, dass seine Schlussfolgerungen infrage gestellt werden. Sie werden oft als »Talking Points« bezeichnet und sind einstudierte Aussagen beziehungsweise Botschaften, mit denen auf oft geäußerte Einwände reagiert wird. Indem Sie sich auf die Epistemologie konzentrieren, geben Sie Ihrem Gesprächspartner die Gelegenheit zu erklären, *wie* er zu seinen Schlussfolgerungen gelangt ist; dies stellt einen frischen Ansatz dar, mit dem sich einstudierte Botschaften umgehen lassen.

Wenn Sie die Überzeugungen Ihres Gegenübers infrage stellen, nimmt dieser mit wesentlich größerer Wahrscheinlichkeit eine defensive Haltung ein, als wenn Sie den Gedankengang hinterfragen, mit dem er zu seiner Überzeugung gelangt ist. In erstgenanntem Fall riskieren Sie, dass sich Ihr Gesprächspartner rechtfertigt und hinter seiner Position verschanzt.[53] Durch die Konzentration auf die Epistemologie vermeiden Sie viele dieser Probleme, weil die Hinterfragung der Epistemologie als deutlich weniger bedrohlich wahrgenommen wird als die Hinterfragung der Überzeugungen.[54]

Einfache Methoden, um zu besprechen, wie Menschen zu ihrem Wissen gelangen

Nachfolgend werden einige einfache Methoden vorgestellt, mit denen Sie Ihren Fokus von der Frage abrücken, *was* Ihr Partner zu wissen glaubt, hin zu der Frage, *wie* er überhaupt zu seinem Wissen gelangt ist:

1. Machen Sie eine knappe, positive Aussage, bevor Sie die Epistemologie des anderen hinterfragen. Sagen Sie: »Das ist eine interessante Sichtweise. Was veranlasst Sie zu dieser Schlussfolgerung?« Oder: »Okay, cool. Ich glaube, ich verstehe, was Sie meinen, aber ich bin mir nicht sicher. Wie funktioniert das?« (Beachten Sie, dass »Was veranlasst Sie ...« und »Wie funktioniert ...« kalibrierte, einladende Fragen sind. Im Gegensatz dazu stehen Befehle wie »Erklären Sie mir ...« und nicht kalibrierte Fragen wie »Können Sie mir sagen ...«.) Diese sehr knappen positiven Aussagen am Anfang der Interaktion dienen dem Rapportaufbau und können dazu beitragen, dass sich Ihr Gesprächspartner nicht angegriffen fühlt und deshalb mit größerer Wahrscheinlichkeit seine ehrlichen Ansichten mitteilt.
2. Stellen Sie »Fragen von Außenstehenden«.

   Diese helfen dem Gesprächsteilnehmer dabei, seine Überzeugungen aus der Sicht einer Person zu betrachten, der diese Überzeugungen fremd sind.[55] Muslime zum Beispiel betrachten die Vorstellung von Angehörigen der Pfingstbewegung, in fremden Zungen zu sprechen, als abwegig; Angehörige der Pfingstbewegung betrachten die gängige islamische Überzeugung, Mohammed sei auf einem geflügelten Pferd (*Buraq*) in den Himmel geritten, als abwegig; Scientologen halten beide Überzeugungen für abwegig; und Angehörige der Pfingstbewegung und Muslime betrachten die Überzeugung der Scientologen, dass wir Erinnerungen haben, die Trillionen von Jahren zurückreichen, als abwegig.[56] Fragen von Außenstehenden können dabei helfen, die Überzeugungen eines Gesprächsteilnehmers aus der Sicht einer Person zu betrachten, die der Gruppe nicht angehört.[57] Sagen Sie: »Würde jeder vernunftbegabte Mensch zur selben Schlussfolgerung gelangen?«[58] Wenn die Person Ja sagt, sollten Sie eine weitere Frage stellen: »Ich bin ein aufrichtiger, vernunftbegabter Mensch und habe Probleme damit, zur selben Schlussfolgerung zu gelangen. Wie komme ich dorthin?« oder »Warum gibt es so viele unterschiedliche Meinungen hierzu? Ich meine, warum kommen zwei Leute, denen dieselben Beweise vorliegen, zu anderen Schlussfolgerungen? Wie findet man heraus, wer recht hat und wer nicht?«

Hier sind weitere Beispiele für Fragen von Außenstehenden: »Viele Menschen, die in [Ort] leben, glauben, dass [gegenteilige Überzeugung]. Wie würden die wohl über diese Überzeugung denken?« (Es sei an dieser Stelle angemerkt, dass diese Frage nichts mit Ihrem Gesprächspartner zu tun hat, weil es nicht »Ihre Überzeugung« heißt. Die Worte *Sie* und *Ihre* begünstigen eine defensive Haltung.) »Viele Katholiken, die in Mexiko-Stadt leben, glauben, dass man nur in den Himmel kommt, wenn man sich mit den Dogmen der Kirche identifiziert. Wie würden diese Leute über die Vorstellung denken, allein durch den Glauben erlöst zu werden?« Oder: »Was würde jemand, der das glaubt, wohl glauben, wenn er woanders auf der Welt geboren und aufgewachsen wäre?« Diese Fragen können helfen, Ansichten aus einem anderen Blickwinkel zu betrachten. Sie sind auch eine subtile Einladung, um über die eigene Epistemologie nachzudenken.

3. Beginnen Sie Ihr Gespräch aus einer Grundhaltung des Staunens heraus.

   Fragen Sie sich: »Wie gelangte mein Gesprächspartner zu dieser Schlussfolgerung? Was war sein Logik? Warum glaubt er das? Was bewegt ihn zu der Annahme, dass dies eine gute Idee ist? Was würde ein außenstehender Beobachter, der keine Meinung zu diesem Thema hat, wohl denken? Wird die Überzeugung der Person durch ihre Gründe unterstützt?« Wenn Sie sich wirklich die Frage stellen: »Wie kann jemand dazu kommen, das zu glauben?«, werden Sie mit größerer Wahrscheinlichkeit die Haltung des Lernenden, Neugierigen annehmen und weniger frustriert werden.[59]

4. Wenn die Argumentation einer Person keinen Sinn ergibt, besteht die große Wahrscheinlichkeit, dass sie eine (moralische) Überzeugung zu rechtfertigen versucht, die sich auf keine andere Weise rechtfertigen lässt.

   Fragen Sie in diesem Fall: »Verwenden Sie diese Argumentation auch in anderen Situationen oder nur für X?«, oder: »Können Sie mir bitte ein Beispiel für einen anderen Fall nennen, bei dem Sie dieselbe Argumentation verwenden?« James bekam es zum Beispiel vor einiger Zeit mit folgender Aussage zu tun: »Wenn Sie der Meinung sind, dass Frauen ihr Verhalten ändern sollten, um einer Vergewaltigung zu entgehen (indem sie beispielsweise in der Öffentlichkeit weniger trinken), sagen Sie eigentlich: Sorge dafür, dass der Vergewaltiger eine andere nimmt.« In diesem Fall sollten Sie Ihren Gesprächspartner höflich fragen, ob er dieselbe Argumentation auf andere Situationen anwendet, und falls ja, ob er Ihnen sein bestes Beispiel dafür nennen kann. (Sie sparen sich Zeit, wenn Sie gleich nach seinem besten Beispiel fragen.) Vielleicht müssen Sie selbst ein Beispiel für die Anwendung derselben Argumentation in einem anderen Kontext liefern. Sie könnten dann so etwas sagen wie: »Würden Sie dasselbe über andere Formen des umsichtigen Verhaltens in der Öffentlichkeit sagen? Würden Sie einem Mann, der seine Brieftasche in der vorderen Tasche statt in der hinteren trägt, oder einer Frau, die ihre Handtasche extra fest hält, sagen, sie sorgen dafür, dass jemand anderes überfallen wird, anstatt sie selbst?« Alternativ dazu können Sie Beispiele in Frageform verwenden und fragen, ob diese Argumentation Sinn ergibt, wenn man sie auf andere Beispiele anwendet: »Wie unterscheidet sich diese Argumentation von ›Ich werde Ihnen nicht zeigen, wie Sie die Sicherheit Ihres Fallschirms überprüfen, weil es den Leuten gegenüber unfair wäre, die es nicht wissen?‹« oder: »Wie unterscheidet sich das von ›Wir werden den Nutzer ab sofort nicht mehr darauf hinweisen, den Sicherheitsgurt anzulegen, weil es immer wieder Leute geben wird, die sich nicht an diesen Rat halten, und es abgesehen davon auch Leute gibt, die ihn anlegen und trotzdem sterben?‹« Stellen Sie dann eine Folgefrage wie: »Wenn diese Argumentation nicht ähnlich ist, inwiefern unterscheidet sie sich?« Wichtig ist, Ihren Partner dazu zu bringen, sich auf seine Argumentationsweise zu konzentrieren.

5. Versuchen Sie, aus dem Argumentationsprozess Ihres Partners andere Schlussfolgerungen zu ziehen.

   Hier ein Beispiel.

Beths Argumentationsprozess lautet: Der Feind stellt Flugabwehrgeschütze in Wohngegenden auf.

Will man die Geschütze zerstören, wird man dabei Zivilisten töten.

Deshalb sollten wir die Geschütze nicht zerstören.

Beths Schlussfolgerung lautet: »Deshalb sollten wir die Geschütze nicht zerstören.« Nachfolgend ein Beispiel dafür, wie man unter denselben Voraussetzungen zu einer anderen Schlussfolgerung kommt:

Der Feind stellt Flugabwehrgeschütze in Wohngegenden auf.

Will man die Geschütze zerstören, wird man dabei Zivilisten töten.

Deshalb ist es umso wichtiger, dass wir die Geschütze möglichst früh zerstören, damit sich die Kämpfer nicht ausbreiten und mehr Flugabwehrgeschütze in mehr Wohngegenden aufstellen, die zur Folge hätten, dass noch mehr Zivilisten ums Leben kommen und das Problem so groß wird, dass man es später nicht mehr ignorieren kann.

8 – LERNEN

Peter wurde manchmal von seinen Überzeugungen geblendet. Als er einmal in Australien unterwegs war, ließ eine christliche Gruppe einen Apologeten aus Singapur einfliegen, um mit ihm über die Entstehung des Universums zu sprechen. Der Apologet war ein anständiger und freundlicher Mann. Er war außerdem jemand, mit dem Peter in vielen Punkten völlig anderer Meinung war.

Peter wandte ein, dass man nur mithilfe der Wissenschaft etwas über die Entstehungsgeschichte des Weltalls erfahren könne und sie beide, da sie keine Physiker waren, nicht qualifiziert seien, eine Aussage dazu zu treffen. Der Apologet antwortete, dass wir auch durch logische Argumentation zu der Schlussfolgerung kommen könnten, dass das Universum durch den Schöpfungsakt eines göttlichen Wesens entstanden ist. Er behauptete also, dass es möglich war, logisch abzuleiten, dass Gott das Universum geschaffen hatte.

Peter war nicht bereit, sich ernsthaft auf dieses Argument einzulassen, und von der Richtigkeit seiner Position absolut überzeugt. Er ließ ihn nicht einmal ausreden. Dabei hätte er zuhören und von seinem Gesprächspartner lernen sollen, aber er konnte es nicht lassen und inszenierte seine Unkenntnis als Tugend: »Sieh nur, wie bescheiden ich bin, weil ich zugebe, etwas nicht zu wissen – und du auch nicht!« Peter war ein Ideologe (siehe Kapitel 7), der sich in den Mantel der Bescheidenheit hüllte.

Obwohl die Behauptung »Niemand kann den Ursprung des Universums kennen« eine gute Diskussionsstrategie sein kann, schloss er damit die Möglichkeit aus, dass seine Überzeugung falsch sein könnte. Mit anderen Worten: Er schloss die Möglichkeit aus, aufrichtig darüber nachzudenken, ob wir logisch zu dem Wissen gelangen können, wie das Universum entstanden ist. Er verpasste eine Gelegenheit.

Manchmal sind *wir* die Ideologen. Manchmal wollen wir nicht lernen. Das ist ein Fehler, den wir alle hin und wieder begehen. Die Gelegenheit zu lernen ist ein Ass im Ärmel, das Ihnen nahezu immer erlaubt, unabhängig vom Thema ein freundliches, produktives Gespräch zu führen. Wenn Sie nicht in der Lage sind, gemeinsam nach der Wahrheit zu suchen, nicht in die Denkweise Ihres Gegenübers intervenieren können und es schwierig scheint, höflich zu bleiben, haben Sie immer noch die Möglichkeit, in den Lernmodus zu schalten. Das hilft Ihnen in beinahe allen Situationen (mit Ausnahme der extremsten Umstände) zu verstehen, wie Ihr Gesprächspartner denkt. Das Umschalten in den Lernmodus ist ein Werkzeug, mit dem Sie bei fast allen Gesprächen sanft landen und die Gelegenheit haben, entweder einen Nutzen aus dem Gespräch zu ziehen oder es auf positive Weise zu beenden.

Lernen Sie die Denkweise anderer kennen, vor allem Dogmatiker

Wenn Sie in den Lernmodus schalten, wenn Sie sich mit jemandem unterhalten, der völlig andere Ansichten vertritt als Sie, kann das Ihrem Gesprächspartner ein gutes Gefühl vermitteln, weil er merkt, dass Sie ihm zuhören. Selbst jemand, dessen Meinung nicht geändert werden kann – beziehungsweise vielmehr *gerade* eine solche Person –, will gehört werden. Wenn er erst einmal gehört wurde und das Gefühl hat, ernst genommen zu werden, steigt die Wahrscheinlichkeit, dass er sich für einen produktiveren Dialog öffnet.[60] Und selbst wenn das nicht der Fall ist, haben Sie trotzdem etwas gewonnen: *Sie* werden etwas gelernt haben.

Das trifft vor allem auf Dogmatiker zu, die dazu neigen, ihre Prinzipien als unumstößlich darzustellen. Nichts, was Sie sagen, scheint bei ihnen anzukommen. Was können Sie in einem Gespräch tun, wenn Sie versuchen, mit jemandem zu interagieren, der eisern an seinen Überzeugungen festhält? Lernen Sie von ihm. Lernen Sie, *wie* er denkt. Und lenken Sie das Gespräch auf die Epistemologie, das heißt, versuchen Sie zu verstehen, wie der andere weiß, was er zu wissen glaubt. Wenn Sie den Prozess nachvollziehen, den Ihr Gegenüber angewendet hat, um zu seinen Überzeugungen zu gelangen, werden Sie auf künftige Diskussionen besser vorbereitet sein und Ihr Können als epistemologischer Detektiv geschärft haben.[61] Sie werden vielleicht sogar den Effekt der ungelesenen Bibliothek des anderen nutzen oder ihn dazu bringen können, die Epistemologie zu hinterfragen, die hinter seinen Überzeugungen steht.

Die Unterhaltung mit einem Dogmatiker ist aber nicht die einzige Situation, in der Sie davon profitieren, sich im Lernmodus zu befinden. Es funktioniert in *jedem* Gespräch. Ihr Gesprächspartner ist nicht Sie. Deshalb wird er eine andere Perspektive haben als Sie. Er wird andere Annahmen, Erfahrungen und Informationen haben, die Ihnen vielleicht nicht vorliegen. Sie können mehr darüber erfahren, was der andere weiß und wie er zu diesem Wissen gelangt ist, und dadurch werden Sie bessere, produktivere Gespräche führen.

Gesprächstechniken, um in den Lernmodus zu schalten

Hier sind einige leicht anwendbare Gesprächstechniken:

1. Lernen Sie die Epistemologie Ihres Partners kennen.
   Stellen Sie eine Frage, die darauf abzielt, zu erfahren, wie er weiß, was er zu wissen glaubt. Sagen Sie: »Woher wissen Sie das?« oder »Wie sind Sie zu dieser Schlussfolgerung gekommen?«
2. Seien Sie explizit.
   Sagen Sie: »Ich möchte von Ihnen lernen« und »Was können Sie mir noch über [X] sagen, damit ich verstehe, woher Sie kommen?« (Das funktioniert nur, wenn Sie aufrichtig sind. Wenn nicht, werden solche Äußerungen als herablassend wahrgenommen.)
3. Wenn Höflichkeit Ihr Hauptziel oder ein produktives Gespräch nicht möglich ist, sollte Lernen Ihre oberste Priorität sein.
   Wenn Sie einfach nur eine Familienfeier überstehen wollen, ist der Lernmodus Ihr Notausgang, der Ihnen erlaubt, *nahezu jedes* Gespräch

höflich zu gestalten.[62] Betrachten Sie sich in solchen Situationen als Forscher oder Entdecker, der eine Person mit radikal anderen Überzeugungen untersucht, und versuchen Sie, alles darüber zu erfahren, wie er zu seinen Überzeugungen gelangt ist.

9 – WAS SIE UNTERLASSEN SOLLTEN (NEGATIVBEISPIELE)

Es gibt viele Mittel und Wege, wie man *keine* effektiven, höflichen Gespräche führt. Es folgt eine (unvollständige) Liste, wie man sich tunlichst *nicht* verhalten sollte. Diese Verhaltensweisen werden in der Regel beziehungsweise immer dazu führen, dass Ihre Gespräche aus dem Ruder laufen.

Gesprächsverhalten, das es zu vermeiden gilt:

- Unhöflich und grob sein.
- Wut zum Ausdruck bringen.[63]
- Lauter werden und dem Gesprächspartner das Wort abschneiden.
- Absichtlich respektlos sein.
- Den Gesprächspartner verspotten und ihm die Schuld für etwas geben.
- Den Gesprächspartner auslachen.
- Eine Position kritisieren, bevor man sie versteht.
- Nicht bereit sein, die Argumente des Gesprächspartners anzuhören.
- Die Worte des Gesprächspartners auf die am wenigsten wohlwollende Art deuten.
- Dem Gesprächspartner Dummheit vorwerfen, wenn er eine Frage stellt oder sagt, dass er etwas nicht versteht.
- Den Gesprächspartner dafür bestrafen, dass er Fehler macht oder um Hilfe, Information oder Feedback bittet.[64]
- Den Gesprächspartner kritisieren, weil er eine Spekulation geäußert hat.
- Den Gesprächspartner angreifen, weil er eine andere Überzeugung hat als man selbst (»Nur ein Vollidiot könnte denken, dass …«)

- Den Gesprächspartner als »ignorant, inkompetent, negativ oder störend« betrachten.[65]
- Sich selbst gegenüber unehrlich sein, vor allem bezüglich eigener Überzeugungen.
- Behaupten, etwas zu wissen, wenn das nicht der Fall ist.
- Nicht in der Lage zu sein, seine Unwissenheit zuzugeben.
- Sich auf die Überzeugung (Schlussfolgerung) zu konzentrieren statt darauf, wie man zu der Überzeugung gelangt ist (Epistemologie).
- Behaupten, dass jemand aufgrund seiner Hautfarbe oder eines anderen unveränderlichen Merkmals etwas nicht wissen kann.
- An seiner Meinung festhalten, auch wenn man mit neuen und stichhaltigen Beweisen konfrontiert wird.
- Das Thema wechseln (vor allem wenn jemand Ihnen eine direkte Frage stellt).
- Botschaften überbringen.
- Die Aufgeschlossenheit des anderen ignorieren oder ausnutzen.[66]
- Darauf bestehen, dass die Extremisten in Ihrem Lager rational handeln.
- Die Grammatik des Gesprächspartners korrigieren (das wirkt belehrend).
- Den Gesprächspartner so für ein moralisches Vergehen tadeln, dass dieser Tadel seinen Gedankengang oder Redefluss unterbricht.
- Dem Gesprächspartner ins Wort fallen.
- Die Sätze des Gesprächspartners abschließen.
- Dem Gesprächspartner eine Unterhaltung aufdrängen.
- Sich selbst eine Unterhaltung aufdrängen lassen.
- Während des Gesprächs auf sein Smartphone schauen.[67]
- Mit den Namen berühmter Bekannter Eindruck schinden wollen.[68]
- Negativ sein und sich beschweren.
- Prahlen.[70]
- Sich weigern, die Interaktion zu beenden, bis eine Brücke niedergebrannt wurde.

FAZIT

In diesem Kapitel haben Sie die Fähigkeit gelernt, herauszufinden, wie Menschen das wissen, was sie zu wissen glauben. Die anderen Techniken können als Weg gesehen werden, der dieses Verständnis ermöglicht. Wenn alle Stricke reißen, müssen Sie in den Lernmodus schalten. Seien Sie explizit. Sagen Sie Ihrem Gesprächspartner, dass Sie herausfinden wollen, wie er X weiß, und bitten Sie ihn um Hilfe, indem Sie kalibrierte Fragen stellen. Und wenn es sonst keine Vorteile bringt, werden Sie immerhin erfahren, *wie* der andere denkt und argumentiert. Dieses Verständnis wird Ihnen bei der Anwendung fortgeschrittenerer und komplexerer Interventionstechniken gute Dienste leisten.

Die Techniken, die in allen Kapiteln vorgestellt werden, sind kumulativ. Sie sind am effektivsten, wenn Sie sukzessive vorgehen und zuerst die einfacheren Techniken der ersten Kapitel beherrschen, bevor Sie sich fortgeschritteneren Methoden zuwenden. Das gilt vor allem für Interventionen, weil es kompliziert ist, beim Gesprächspartner Zweifel zu schüren, die ihn dazu veranlassen, seine Überzeugungen zu überdenken.

Übung macht den Meister.

Vier

Geübte: Sieben Techniken, um Ihre Interventionen zu verbessern

Wirksame Fähigkeiten, um Meinungen zu verändern (auch Ihre eigenen)

 # 1 – Lassen Sie Ihren Freunden ihre Meinung
Es ist in Ordnung, wenn jemand Ihre Meinung nicht teilt, selbst wenn es sich um eine Schlussfolgerung handelt, die Ihnen wichtig ist.

 # 2 – Bauen Sie Goldene Brücken
Finden Sie Wege, damit sich Ihr Gesprächspartner nicht vor anderen bloßgestellt fühlt, wenn er seine Meinung ändert.

 # 3 – Sprache
Vermeiden Sie »Du« oder »Sie« und verwenden Sie stattdessen die dritte Person oder kollaborative Sprache wie »wir« und »uns«.

 # 4 – Sie stecken fest? Deuten Sie die Situation um
Verlagern Sie das Gespräch, damit es glatt weitergeht oder wieder in die Spur kommt.

 # 5 – Ändern Sie Ihre Meinung
Verändern Sie Ihre Meinung auf Knopfdruck.

 # 6 – Führen Sie Skalen ein
Verwenden Sie Skalen, um die Effektivität einer Intervention zu messen, herauszufinden, wie sicher sich jemand hinsichtlich einer Überzeugung ist, und Probleme im richtigen Verhältnis zu sehen.

 # 7 – Betreiben Sie Outsourcing
Verwenden Sie von außen zugeführte Informationen, um die Frage »Woher wissen Sie das?« zu beantworten.

Ich habe eine andere Meinung über Politik, Religion und Philosophie nie als einen Grund angesehen, mich von einem Freund zurückzuziehen.
Thomas Jefferson an William Hamilton, 22. April 1800

Um an den Überzeugungen einer Person zu rütteln und erfolgreich zu intervenieren, benötigt man schon etwas fortgeschrittenere Gesprächstechniken. Erfolgreiche Interventionen erfordern oft mehr Disziplin und Finesse, als man für die Grundlagen braucht, und trotzdem sind diese Techniken leicht zugänglich. Die Fähigkeiten, die in diesem Kapitel vermittelt werden, sollten Ihre Gespräche effektiver machen und Ihnen helfen, die Meinung anderer zu ändern, aber der Erfolg hängt teilweise von der routinierten Anwendung des Materials ab, das in den Kapiteln 2 und 3 vorgestellt wurde. Mit anderen Worten: Sie werden die in diesem Kapitel vorgestellten Techniken mit allem zusammenbringen müssen, was Sie bis jetzt gelernt haben.

Manche der folgenden Techniken wirken im Bereich der Emotionen; um sie erfolgreich anwenden zu können, werden Sie vielleicht dem natürlichen Drang widerstehen müssen, Gegenargumente vorzubringen, sich zu rechtfertigen und den anderen zu belehren. Gleichzeitig wirken einige der Techniken außerhalb des Bereichs der Emotionen und appellieren an den Intellekt. Sie werden das Gespräch beurteilen und sich entsprechend anpassen müssen.

In diesem Kapitel werden Sie Interventionstechniken kennenlernen, also Strategien, um in die Denkprozesse des anderen einzugreifen und es ihm zu erleichtern, seine Überzeugungen zu revidieren. Wie schon erwähnt, muss man sich für manche Techniken emotional zurücknehmen. Sie werden sich vielleicht davon abhalten müssen, Ihren Gesprächspartner verbal anzugreifen, weil er eine Überzeugung hat, mit der Sie überhaupt nicht einverstanden sind. Genauso müssen Sie sich, wenn Sie eine Goldene Brücke bauen wollen, auf der Ihr Gesprächspartner sicher seine Meinung ändern kann, den Drang verkneifen, es ihm heimzuzahlen und Recht zu behalten. Die Bereitschaft und Fähigkeit, Ihre Meinung an Ort und Stelle zu ändern, falls dies nötig sein sollte, bedeutet auch, dass Sie Ihren Stolz herunterschlucken müssen.

Manche Techniken in diesem Kapitel erfordern die Entwicklung intellektueller Finesse. Bei der einfachsten Technik quantifizieren Sie Ihren Fortschritt durch die Einführung einer Skala von 1 bis 10. Zahlen können nützlich sein, um heikle Punkte zu klären oder dem anderen zu helfen, seine Überzeugungen zu ändern, aber sie können den Eindruck vermitteln, aufgesetzt oder manipulativ zu sein. Um sie effektiv anzuwenden, brauchen Sie daher mehr Fingerspitzengefühl als für die Grundlagen.

Um ein Gespräch in Echtzeit umzudeuten beziehungsweise in einen neuen Bezugsrahmen zu setzen, damit es auf Kurs bleibt, müssen Sie in der Lage sein, Zuhör- und Lerntechniken erfolgreich miteinander zu kombinieren – und clever zu agieren. Outsourcing bedeutet zu erkennen, dass es bestimmte Fakten gibt, die außerhalb Ihres Wissensbereichs liegen. Sie werden den falschen Stolz ablegen müssen, den man normalerweise zeigt, wenn man seine Unwissenheit zu kaschieren versucht. Stattdessen werden Sie das Selbstbewusstsein aufbringen und zugeben müssen, etwas nicht zu wissen.

1 – LASSEN SIE IHREN FREUNDEN IHRE MEINUNG

> *Boghossian:* Du weißt schon, dass [Jesu Auferstehung von den Toten] albern ist, oder?
> *Vischer:* [lacht] Ja.

Phil Vischer, der Schöpfer der *Veggie Tales*, ist ein guter Freund von Peter. Er ist nicht »nur ein Christ«; er schreibt auch Drehbücher für Fernsehsendungen, mit denen Kindern das christliche Glaubenssystem nahegebracht werden soll. Obwohl Peter in seinem Berufsleben viel Zeit damit verbracht hat, Leuten einen Ausweg aus ihrem Glaubenssystem zu zeigen, sind Phil und Peter Freunde.

Freundschaften sollten nicht auf Übereinstimmung beruhen

Gute Beziehungen sind für ein gesundes, glückliches Leben wichtiger *als alles andere* – auch wichtiger, als recht zu haben.[1] Sie werden von alten Menschen, die sich ihrem Lebensende nähern, auch stets als wichtigstes Element für ein gutes Leben bewertet.[2] Gesunde Beziehungen beruhen auf weit mehr, als recht zu haben – oder sich einig zu sein. Bedeutsame Beziehungen beruhen in der

Regel auf Faktoren wie Verlässlichkeit, Güte, Ehrlichkeit, Tugend, Empathie, gute Gespräche, auf Gegenseitigkeit beruhende Fürsorge und Wohlwollen, Authentizität, gemeinsame Interessen und die Wertschätzung der Beziehung.

Das meiste davon hat wenig bis gar nichts mit politischen oder religiösen Meinungen zu tun, die – das haben Jahrhunderte der Menschheitsgeschichte bewiesen – im Namen der Freundschaft oder Familie weitgehend ignoriert werden können.[3] Religiöse oder politische Übereinstimmungen können zwar anfangs helfen, eine Verbindung zu entwickeln, reichen aber selten aus, um eine dauerhafte, tiefe Beziehung zu pflegen. Freundschaften, die ausschließlich auf religiöser oder politischer Übereinstimmung beruhen, lassen sich selten aufrechterhalten, zumindest bis eine tiefere Basis gefunden werden kann, die der Beziehung mehr Gewicht verleiht. Freundschaften mit einem solchen Fundament können sogar alles andere als dauerhaft sein, weil Leute mit schwachen zwischenmenschlichen Beziehungen oft vorsichtiger und argwöhnischer werden, wenn sich im Laufe der Zeit kleine Meinungsverschiedenheiten ergeben. In einer Beziehung, die nur auf oberflächlichen moralischen Markern wie einer religiösen (zum Beispiel katholischen) oder politischen (zum Beispiel libertarischen) Identität beruht, können schon kleine Unterschiede die Grundfesten erschüttern, auf denen die Beziehung beruht. Wenn Sie darüber nachdenken, wie stark sich manche Kirchengemeinschaften abschotten, werden Sie diese einfache Tatsache über menschliche Interaktionen zu schätzen wissen.

Warum sollte man eine Freundschaft wegen einer Meinungsverschiedenheit wegwerfen, vor allem einer politischen?[4] Wenn ein Unfall passieren würde, und Sie wären krank und würden im Sterben liegen, würde es dann wirklich eine Rolle spielen, wenn die Person, die Sie versorgt und Ihre Hand hält, einer anderen politische Partei angehört?[5]

Wie sollten Sie mit dem »Problem« umgehen, nicht in jeder Hinsicht einer Meinung zu sein? Ganz einfach: *Lassen Sie dem anderen seine Meinung, auch wenn sie Ihrer Meinung nach falsch ist.*[6] Das gilt vor allem, wenn Sie miteinander befreundet sind. Lassen Sie Ihren Freund etwas Falsches sagen und diese Aussage stehen, ohne dem Drang nachzugeben, ihn zu korrigieren oder mit ihm darüber zu diskutieren. (Sie liegen bezüglich einer bestimmten Überzeugung vielleicht beide teilweise falsch, deshalb hat die Einstellung,

»dem anderen seine Meinung zu lassen«, eine tiefere und wichtigere Bedeutung – es wäre töricht, einer Beziehung zu schaden, weil wir nur *denken*, aber nicht wirklich *wissen*, dass die andere Person die Realität falsch sieht.[7])

Oft geht es nicht gut aus, wenn man versucht, den anderen davon zu überzeugen, dass er falsch liegt.[8] Viele Meinungsverschiedenheiten werden gegen das Fundament der Beziehung geführt und können die Qualität der Freundschaft mindern oder eine oberflächlichere Beziehung gänzlich ruinieren. Wenn man die Entscheidung trifft, die Überzeugungen des anderen zu kritisieren, statt sich mit ihnen auseinanderzusetzen – und das gilt besonders für moralische Überzeugungen –, muss man sich den möglichen Preis vor Augen führen, vor allem, wenn sich die Unstimmigkeit auf moralische Belange bezieht. Unterschiedliche Meinungen, auch bezüglich der Moral, sind nicht zwingend moralische Verfehlungen. Die Menschen haben für ihre moralischen Überzeugungen die unterschiedlichsten Gründe, von kultureller Vorprägung über persönliche Erfahrung bis hin zu Unwissenheit. Wenn jemand mit logischen Argumenten eine falsche moralische Ansicht zu begründen versucht, macht ihn das nicht zu einem schlechten Menschen. Es bedeutet nur, dass seine Logik falsch ist.[9]

Wenn Sie allerdings beschließen, mit einem Freund über ein Thema zu diskutieren, zu dem Sie unterschiedliche Meinungen vertreten, ist das für Sie eine Gelegenheit, Ihre Beziehung zu vertiefen. Es gibt dafür bessere und schlechtere Methoden; am besten fangen Sie damit an, dass Sie *zuhören*. Stellen Sie sicher, dass Sie *wirklich* verstehen, welchen Standpunkt Ihr Freund vertritt und wie er zu seiner Schlussfolgerung gelangt ist. (In diesem Fall wiederholen Sie seine Äußerung und fragen nach, ob Sie ihn richtig verstanden haben.) Zeigen Sie, dass Sie sich für die Werte interessieren, auf denen seine Überzeugungen beruhen. Machen Sie nicht den Fehler, die (vermeintliche oder tatsächliche) Richtigkeit Ihres Standpunkts über Ihre Freundschaft zu stellen.[10] Wenn Sie dieser Ratschlag nicht überzeugt, sollten Sie sich vor Augen führen, dass Sie jemanden mit einer anderen moralischen Position noch am besten durch Freundschaft beeinflussen.[11] Freundschaft ist, wie Aristoteles schrieb, für ein gutes Leben unerlässlich.

Wie man Freunden (und anderen) seine Meinung lässt

1a. Sagen Sie: »Ich verstehe dich«, und lassen Sie Ihren Freund reden, ohne ihn zu unterbrechen.[12]

Wenn ein brisantes Thema aufkommt, vor allem wenn es eine persönliche Kritik ist, sollten Sie Ihren Freund seine Bedenken äußern lassen, ohne ihn zu verurteilen, zu korrigieren, ihm zu widersprechen, sich zu rechtfertigen oder ihn abzulehnen. Wenn Sie offen zuhören, wird das voraussichtlich die Spannung abbauen, Ihrem Freund eine Gelegenheit geben, seine Gefühle zu äußern, und Vertrauen aufbauen.[13]

> »Ich verstehe dich« ist eine einfache und effektive Äußerung, um Ihren Freund wissen zu lassen, dass Sie zuhören. Sie ist auch nützlich, wenn Sie sich nicht sicher sind, was Sie als Nächstes sagen sollen.

1b. Wenn Sie etwas nicht verstehen, sollten Sie Ihr mangelndes Verständnis sich selbst zuschreiben. Geben sie zu: »Ich verstehe nicht«, anstatt Ihrem Freund zu sagen, dass er mit seiner Meinung falschliegt, sich irrt oder »das, was er sagt, Unsinn ist«. Sie müssen nicht die Meinung des anderen teilen, um seine Ansichten anzuerkennen.[14]

2. Wenn ein Freund eine Überzeugung hat, die für Sie völlig inakzeptabel ist, dann sollten Sie mit ihm genau darüber diskutieren.

   Suchen Sie das *vertrauliche* Gespräch, und sagen Sie ihm ehrlich, dass Sie sich über seine Überzeugung ärgern und gern darüber sprechen möchten. Es kann sein, dass die Überzeugung ein großes Loch in Ihre Beziehung reißt und Ihrer Freundschaft ein Ende setzt. In diesem Fall ist es besser, darüber zu diskutieren und sich einvernehmlich zu trennen, als wütend und nachtragend zu sein.[15] Wenn Sie die Überzeugung Ihres Freundes infrage stellen wollen, sollten Sie sich sicher sein, dass dies aus einem aufrechten Interesse an seinem Wohlbefinden erfolgt und nicht, weil Sie recht haben wollen. Am wichtigsten ist, dass Sie freundlich bleiben.

3. Erinnern Sie sich an einen Spruch, der in der Eheberatung oft zu hören ist: »Sie können recht haben, oder Sie können verheiratet sein.«

Gesunde, tiefe Freundschaften gehen oft unnötig in die Brüche, weil einer der Beteiligten das sture Bedürfnis hat, sich bestätigt zu fühlen, recht zu haben, das Verhalten des anderen zu korrigieren oder einen Disput zu gewinnen. Lassen Sie Ihren Freunden daher ihre Meinung, auch wenn sie Ihrer Meinung nach falsch ist.

2 – BAUEN SIE GOLDENE BRÜCKEN

Eine Goldene Brücke ist ein Mittel, mit dem Ihr Gesprächspartner seine Meinung ändern kann, ohne vor anderen sein Gesicht zu verlieren.[16] Goldene Brücken sind für erfolgreiche Gespräche unerlässlich.[17]

Die folgenden Aussagen sind Ansätze für den Bau Goldener Brücken: »Jeder macht mal Fehler«; »Fachwissen entwickelt man nur, wenn man viele Fehler gemacht und seine Meinung entsprechend geändert hat«; »Wir alle wollen für uns und andere nur das Beste und tun das, was wir können, mit dem, was wir für wahr halten«; »Das ist ein hochkomplexes Thema, das schon viel Verwirrung gestiftet hat.« Und zu guter Letzt eher saloppe Formulierungen wie »Alles gut« oder »Kein Ding«. Diese Aussagen zeigen Ihrem Partner einen Ausweg, der ihn vor einer öffentlichen Bloßstellung bewahrt.[18] Darüber hinaus gilt: Wenn er auf der Grundlage Ihrer vergangenen Interaktionen denkt, dass Sie mit einer Goldenen Brücke reagieren werden, wird er mit größerer Wahrscheinlichkeit seine Meinung ändern. Wenn Sie zum Beispiel eine hitzige Diskussion führen und sich Ihre Meinung als richtig erweist, wäre es das Gegenteil einer Goldenen Brücke, wenn Sie etwas sagen wie: »Das habe ich dir doch gleich gesagt« oder: »Es ist unfassbar, wie lange du gebraucht hast, um das zu verstehen«. Sagen Sie lieber: »Ich kann schon nachvollziehen, warum du das gedacht hast.«

Wenige Menschen werden sich selbst oder anderen gegenüber eingestehen, dass sie sich geirrt haben, wenn sie glauben, sich dadurch in der Öffentlichkeit bloßzustellen.[19] Dies zeigt sich am deutlichsten, wenn man zugeben muss, dass man bei einer moralischen Fragestellung falsch lag, oder wenn seine moralische Identität (das heißt, das Gefühl, ein guter Mensch zu sein) auf dem Spiel steht (siehe Kapitel 7 und 8).[20] Leute, die zum Beispiel glauben, dass Impfungen gefährlich sind und ihre Kinder daher nicht geimpft werden sollten, müssen zugeben, dass ihre Haltung unverantwortlich und potenziell lebensgefährlich ist. Das ist schwierig. Wenn man Goldene Brücken baut, setzt man den anderen nicht so stark unter Druck und macht es ihm leichter, seine Unkenntnis zuzugeben oder eine Überzeugung zu revidieren. Sagen Sie: »Ja, die Angst vor Impfungen, die Autismus verursachen, war angesichts der ersten Studie, die dazu veröffentlicht wurde, durchaus berechtigt.« Goldene Brücken sind vor allem wichtig, wenn jemand glaubt, dass er sich mit einem bestimmten Thema gut auskennt, moralisch völlig davon überzeugt ist oder die Infragestellung seiner Überzeugung als Angriff auf seine moralische Identität sieht. Statt den Fehler zuzugeben und seine Überzeugungen zu revidieren, ist er vielleicht zu stolz, verunsichert oder besorgt vor einer öffentlichen Bloßstellung, sodass er aus Prinzip eine falsche Schlussfolgerung verteidigt.[21]

Wie man Goldene Brücken baut

1. Geben Sie Ihrem Partner denselben Ausweg, den Sie gern hätten.
   Es würde Ihnen sicher auch nicht gefallen, vor anderen als dumm oder inkompetent zu erscheinen, bloßgestellt zu werden und zugeben zu müssen, dass Sie in einem Punkt falsch lagen. Verwenden Sie Begriffe, die Sie in diesem Kontext gern hören möchten und von denen Sie glauben, dass sie beim anderen auf Anklang stoßen.[22] Manchmal reicht selbst ein einfaches »Cool« als Goldene Brücke völlig aus.

2a. Fordern Sie für die Überquerung der Goldenen Brücke keinen Wegzoll.
   Bieten Sie Ihrem Gesprächspartner keinen Ausweg an, seine Meinung zu ändern, nur um ihn dann zu bestrafen, wenn er die Brücke überquert (wenn er sich also überwindet und seine Meinung ändert). Verkneifen Sie sich Äußerungen wie: »Das wurde aber Zeit« oder »Das habe ich dir doch gleich gesagt«, und sagen Sie nichts, das dem anderen zu verstehen gibt, dass er begriffsstutzig ist. Lassen Sie ihn einfach mit Würde über die Brücke schreiten.[23]

2b. Stellen Sie andere nicht bloß.
   Sagen Sie nicht so etwas wie: »Das hättest du eigentlich wissen müssen« oder »Ich kann nicht glauben, dass du nicht daran gedacht hast.« Behandeln Sie vor allem niemanden schlecht, nur weil er von etwas

überzeugt *war*, das Sie jetzt als fragwürdig betrachten. Jemanden bloßzustellen ist mit dem Werfen einer Handgranate vergleichbar. Wie das Harvard Negotiation Project bemerkt: »So etwas wie eine diplomatische Handgranate gibt es nicht.«[24] Handgranaten beschädigen oder zerstören Brücken; sie bauen sie nicht auf.

3. Bauen Sie eine Goldene Brücke, wenn Sie das Gefühl haben, angegriffen zu werden.

   Wenn jemand Sie persönlich angreift, sollten Sie den Angriff nicht auf sich selbst, sondern auf das Problem beziehen. Hören Sie zu, aber schlagen Sie nicht zurück. Übersetzen Sie die Äußerung lieber. Wenn jemand sagt: »Ich kann nicht glauben, dass du so dumm bist und nicht verstehst, wie viele Kinder durch Schusswaffen ums Leben kommen«, könnten Sie wie folgt antworten: »Meine Einstellung zum Waffenrecht erzeugt vielleicht den Eindruck, dass mir Kinder egal wären. Ich verstehe die Sorge um das Wohlergehen und die Sicherheit Minderjähriger. Wirklich. Ehrlich gesagt teile ich sie. So wie jeder andere auch, wünsche ich mir eine Lösung, die dafür sorgt, dass Kindern nichts passiert. Wie könnten wir das Problem lösen?«[25] (Dies ist eine kalibrierte Frage, Kapitel 3.) So setzen Sie das Gespräch in einen anderen Rahmen (mehr dazu im weiteren Verlauf dieses Kapitels), während Sie eine Goldene Brücke bauen, die vor Gefühlen wie Scham, Schuld und Verlegenheit bewahrt, die oft aufkommen, wenn man wütend geworden oder persönlich angegriffen worden ist.

4. Bauen Sie eine Goldene Brücke, um der Wut zu entfliehen.

   Wenn das Gespräch hitzig ist, sollten sich alle Beteiligten die Gelegenheit geben, sich zu beruhigen. Sagen Sie: »Diese Probleme sind wirklich frustrierend, ich weiß. Sie lassen mich auch nicht kalt.« (Abhängig von den Umständen könnten Sie auch etwas hinzufügen wie: »Das Thema ist mittlerweile breitgetreten. Wir sollten über etwas anderes reden.« Das sind Goldenen Brücken, die als Notausstieg fungieren und den Gesprächsteilnehmern die Gelegenheit geben, die neuen Informationen in ihrem eigenen Tempo, vielleicht für sich selbst, zu verarbeiten.[26]

5. Bauen Sie eine Goldene Brücke, indem Sie explizit zustimmen.

   Wenn Ihr Gesprächspartner sagt: »Ich möchte, dass Großverdiener keine Steuervergünstigungen bekommen und gleiches Recht für alle gilt«, dann ist die Aussage »Ich gebe Ihnen Recht. Wir haben mehr gemeinsam, als wir ursprünglich dachten« eine Goldene Brücke. So wird das Gespräch in einen kollaborativen Rahmen gesetzt, der hilfreich ist, wenn man versucht, ein Problem zu lösen.[27]

6. Bauen Sie eine Goldene Brücke, um den Druck abzubauen, alles richtig machen oder alles Wichtige über ein Thema wissen zu müssen.

   Sagen Sie: »Niemand muss alles wissen/verstehen; dafür gibt es schließlich Experten, die wir um Rat fragen können.« (Das ist eine Form der Modellierung, Kapitel 3, und kann der Einstieg ins Outsourcing sein, das nachfolgend beschrieben wird.) Diese Goldene Brücke ist besonders hilfreich, wenn Ihr Partner denkt, dass er sich möglicherweise irrt.

7. Verweisen Sie auf Ihre eigene Unwissenheit und Gründe für Zweifel.

   Sagen Sie: »Früher glaubte ich [X], [Y] und [Z]. Es stellte sich aber heraus, dass diese Überzeugungen falsch waren. Als ich [A], [B] und [C] erfuhr, änderte ich meine Meinung. Das reichte aus, um mich zu einem Umdenken zu bewegen.« Das gibt Ihrem Gesprächspartner unter Umständen eine Gelegenheit, »sein Gesicht zu wahren«, weil Sie ihn wissen lassen, dass es eine Information gibt, die *Sie* früher nicht hatten, jetzt aber schon, und wenn sie ihm vorliegt, könnte auch er möglicherweise seine Meinung ändern.[28] Das Problem ist also nicht, dass er dumm oder schlecht ist, sondern dass er das große Gesamtbild nicht kennt. Erinnern Sie sich an Sokrates' Äußerung aus Kapitel 2: »Niemand begehrt willentlich das Schlechte.«

Einige Christen entsagten zum Beispiel ihrem Glauben, als sie erfuhren, dass die Bibel die Sklaverei billigt. Sie dachten ursprünglich, dass die Bibel moralisch tadellos war, bis sie auf Gründe stießen, diesen Glauben anzuzweifeln, wie das Buch *Exodus*, das Vätern erlaubt, ihre Töchter als Sklavinnen zu verkaufen.[29] Ein ehemaliger Christ sagt einem Freund vielleicht: »Früher dachte ich, dass die Bibel moralisch einwandfrei war, bis ich Gründe fand, diese Annahme infrage zu stellen, wie der Abschnitt in *Exodus* 21, der Vätern erlaubt, ihre Töchter als Sklavinnen zu verkaufen. Nachdem ich diese Stelle nachgelesen hatte, fand ich noch weitere Gründe, um die vermeintliche moralische Tadellosigkeit der Bibel anzuzweifeln.«[30]

Eine Warnung: Manche Leute könnten »Früher glaubte ich [X], [Y] und [Z]. Es stellt sich aber heraus, dass …« als Affront auffassen. Je nach Kontext, Tonfall und persönlicher Disposition könnte eine solche Äußerung anklagend wirken. Verwenden Sie diese Technik daher mit Bedacht.

3 – SPRACHE

Die folgenden Passagen stammen aus einem Artikel von Justin Borowsky, der zeigt, wie Geiselunterhändler Sprache benutzen, um ihr Ziel zu erreichen und Geiseln in Sicherheit zu bringen. Borowsky betont, dass der Unterhändler in der Lage sein muss, dem Geiselnehmer den Eindruck zu vermitteln, dass sie beide im selben Boot sitzen und die gleichen Ziele haben. Das Gefühl der Kollaboration, das dabei entsteht, kann einen Geiselnehmer davon abbringen, die Verhandlung abzubrechen. Beachten Sie vor allem die Verwendung des Wortes *sie*, mit dem eine Abgrenzung erzielt und gleichzeitig eine Form der Zusammenarbeit angedeutet wird.

In der folgenden Interaktion droht der Geiselnehmer zum Beispiel, die Geisel zu töten, nachdem er ein Fluchtfahrzeug gefordert hat. Der Unterhändler reagiert mit der Äußerung, dass er nicht denkt, dass der Geiselnehmer der Geisel schaden will, und dass sie weiterhin zusammenarbeiten sollten, um Ideen zu entwickeln, die sie »denen« anbieten können (den Vorgesetzten des Unterhändlers).

> GEISELNEHMER: Wenn ich den Wagen nicht bekomme, bringe ich sie um. **(Drohung)**
>
> UNTERHÄNDLER: Sie haben schon mehrfach gesagt, dass Sie der Frau nichts tun wollen, und das glaube ich Ihnen auch.
>
> GEISELNEHMER: Ich tu's aber.
>
> UNTERHÄNDLER: Geben Sie mir eine Alternative, geben Sie mir etwas, das ich denen anbieten kann.[31]

Wie Borowsky erklärt, war der Unterhändler in diesem Fall in der Lage, eine Beziehung zum Geiselnehmer aufzubauen, die den Eindruck erzeugte, dass sie beide im selben Boot säßen, dass »sie gemeinsam gegen ›sie‹ (die Vorgesetzten des Unterhändlers) arbeiteten.«[32] Der Unterhändler achtete auf eine gezielte Wortwahl, um die Wahrnehmung des Geiselnehmers auf eine Weise zu steuern, die letztlich zu einem positiven Ausgang führte.[33]

Die Erschaffung eines »sie« sorgt in sprachlicher Hinsicht dafür, dass der Unterhändler und der Geiselnehmer als Team erscheinen, die gemeinschaftlich versuchen, gegen eine andere Partei zu arbeiten. Indem der Unterhändler den Eindruck von Solidarität erzeugt, bringt er sich in eine günstige Position, um den Geiselnehmer zur Aufgabe zu bewegen.[34]

Vermeiden Sie Personalpronomen: Sagen Sie nicht »deine/Ihre«, sondern »diese(r/s)«

Vermeiden Sie die Verwendung von *»deine/Ihre«*, denn das bewirkt, dass sich das Gespräch um Persönliches dreht, und das kann Ihren Gesprächspartner in die Defensive drängen.[35] Sagen Sie lieber »diese Überzeugung« statt »Ihre Überzeugung« oder »Ihre Aussage«.

Übertreiben Sie es aber nicht. Sie sollten und können die persönliche Ansprache nicht vollständig ausklammern. Sie werden vielleicht etwas sagen müssen wie: »Es tut mir leid, aber das habe ich nicht verstanden. Könnten Sie das bitte wiederholen?« oder »Können Sie mir das erklären?« (Anmerkung: Diese Sätze sind Fragen und keine Befehle wie »Erklären Sie mir das«.) Bei dieser Verwendung von »du/Sie« wird die angesprochene *Person* nicht auf den Prüfstand gestellt.

Kleine und effektive Techniken, Ihre Sprache zu verändern

Die Anwendung dieser Technik ist ziemlich einfach:

1. Verwenden Sie Sprache, die Zusammenarbeit suggeriert.
   Wir ist ein wunderbares Wort, das auf effektive Weise Zusammenarbeit suggeriert. Wie die Soziologen Weinstein und Deutschberger (1963) schreiben: »*Wir* neigt dazu, eines der verführerischsten Wörter [...] zu sein. Sein Erscheinen kündigt fast automatisch eine Beziehung

an, die auf Wechselseitigkeit und gegenseitiger Abhängigkeit beruht« (S. 459). Sie können das Wort *Sie* durch *Wir* ersetzen, zum Beispiel »Woher wissen wir das?« und »Warum denken wir nicht mehr darüber nach?«

Analog dazu ist *Uns* ein weiteres Wort, das Zusammenarbeit suggeriert und wirkungsvoll eingesetzt werden kann. »Lassen Sie *uns* herausfinden, wie wir das auf faire Weise regeln können« und »Wie können *wir* das prüfen?«[36] Im Zweifelsfall sollten Sie sich an *Wir* und *Uns* halten.[37]

Wenn dies zu hölzern klingt, nutzen Sie neutrale Formulierungen, die dritte Person und *man*. Zum Beispiel: »Wie könnte *man* das herausfinden?« Siehe hierzu auch Punkt # 2.

2. Verwenden Sie neutrale Sprache.

   Vermeiden Sie *du/Sie* und *dein/Ihr* wie in »Sie glauben« und »Ihre Überzeugung«. Verwenden Sie neutrale Formulierungen wie *diese* und *man*. Zum Beispiel »diese Überzeugung« und »wenn man die Überzeugung hat, dass …«.

3. Reden Sie über Ideen und Überzeugungen, nicht über die Personen, die sie haben.

   Hüten Sie sich vor allem davor, jemanden abzustempeln, nur weil er bestimmte Ansichten vertritt. »Bill glaubt, dass die gesetzliche Krankenversicherung für alle kostenlos sein und aus Steuergeldern finanziert werden sollte« ist viel genauer, fairer und konkreter als eine Verallgemeinerung wie »Bill ist ein Sozialist«. Genauso ist: »Maria ist dagegen, dass …« besser als: »Maria ist es egal, ob Menschen sterben, weil sie sich keine Krankenversicherung leisten können.«[38]

4. Sagen Sie nicht: »Ich widerspreche Ihnen«, sondern: »Ich bin skeptisch«.

   Eine Äußerung, die zum Ausdruck bringt, dass man anderer Meinung ist, kann eine feindselige Reaktion auslösen, während »Ich bin skeptisch« signalisiert, dass Sie sich gern überzeugen lassen, aber noch nicht an diesem Punkt angelangt sind.

4 – SIE KOMMEN NICHT WEITER? DEUTEN SIE DAS GESPRÄCH UM

Wenn Sie ein Gespräch umdeuten, heißt das, dass sie es in einen anderen Rahmen setzen und die Perspektive verändern, damit ein Problem auf eine andere – und hoffentlich produktivere – Weise betrachtet werden kann. Nahezu alle Fragen, Themen oder Gespräche können umgedeutet werden.[39]

Hier ein Beispiel. Peter und seine Frau waren einmal mit ihrer Arbeit und ihren Verpflichtungen völlig überfordert. Zufällig hatte ihre Tochter an einem Tag schulfrei. Hier ist ein Auszug aus dem Gespräch, das zu einem Zeitpunkt stattfand, als sie beide angespannt und müde waren.

Boghossian: Ich kann sie mitnehmen, wenn ich meine Besorgungen mache.
Frau: Das klingt ziemlich negativ. Es scheint beinahe so, als wäre es für dich eine lästige Pflicht, sie dabei zu haben.
Boghossian: Hmm.
[Pause.]
Boghossian: Stimmt.
[Pause]
Boghossian: Was sollte ich stattdessen sagen?
Frau: Wer darf mit ihr etwas unternehmen?

Peters Frau hatte recht. Indem er die mit seiner Tochter verbrachte Zeit nicht als »Pflicht« oder »Aufgabe« sah, sondern als Chance, würde seine Tochter empfänglicher für die Idee sein, etwas mit ihrem Vater zu unternehmen. Vor allem aber half es Peter, seine eigene Perspektive umzudeuten.

Es gibt viele Arten der Umdeutung. Eine einfache und effektive Methode besteht darin, seinen Gesprächspartner darauf hinzuweisen, eine Situation nicht als etwas Negatives wahrzunehmen, sondern als etwas Positives – so wie Peters Frau es tat. Eine andere Methode ist es, das Thema zu wechseln und über tiefer liegende Interessen, Gefühle oder Annahmen zu reden.[40] Wenn Sie ein politisches Thema wie das Waffenrecht diskutieren wollen, sollten Sie das Gespräch umdeuten und über tiefer liegende Interessen wie Sicherheit, Schutz oder Bürgerrechte reden und wie man diese Interessen am besten miteinander vereinbart. Sie haben somit ein politisiertes Thema in eine Sicherheitsfrage umgedeutet.

Obwohl wir in Kapitel 7 noch ausführlich auf die moralische Umdeutung von Gesprächen eingehen werden, ist der Appell an eine gemeinsame Identität (sogenannte »übergeordnete Identitäten«), wie »Amerikaner« oder auch »Mensch«, ein hilfreicher Ansatz, mit dem die Umdeutung gelingt.[41] Sie können das Gespräch umdeuten und auf Gemeinsamkeiten lenken, indem sie diese einfach erwähnen. Sagen Sie: »Ich weiß nicht, aber als Vater/Mutter fühle ich mich bei dem Thema Schusswaffen einfach unwohl. Wie gehen Sie damit um?« In diesem Beispiel ist der Verweis auf die Elternrolle ein Appell an eine übergeordnete Identität. Das heißt, dass beide Parteien diese Gemeinsamkeit teilen. Indem Sie den Fokus auf eine gemeinsame Identität richten (das heißt, gute Eltern sein zu wollen – die Identität ist also positiv konnotiert), können Sie ein Gespräch umdeuten und in einen neuen Kontext setzen, der möglicherweise weniger umstritten ist.

Die Umdeutung ist kein »Sich-im-Kreis-Drehen«. Sie ist ein Versuch, eine Frage oder einen heiklen Gesprächsaspekt in einem anderen Licht zu sehen. Die Umdeutung bietet Ihnen außerdem die Möglichkeit, eine Fragestellung aus einer Perspektive zu sehen, die zum offenen Dialog einlädt und eine negative, defensive Haltung abbauen hilft.

Wie Sie ein Gespräch umdeuten, wenn Sie nicht weiterkommen

1. Verändern Sie den Schwerpunkt des Gesprächs und richten Sie Ihre Aufmerksamkeit auf Gemeinsamkeiten.

   In einem Gespräch zum Thema Waffenrecht ist es gut möglich, dass Sie und Ihr Partner sich einig sind, dass Sicherheit und Freiheit wichtige Werte sind, die es zu wahren gilt. Deuten Sie die Frage so um, dass ein optimales Gleichgewicht erzielt werden kann, beziehungsweise beziehen Sie sich auf die zugrunde liegenden Motivationen, mit denen sich dieses Gleichgewicht am besten herstellen lässt. Sagen Sie: »Eigentlich sind wir doch beide daran interessiert, als Bürger in Freiheit und Sicherheit leben zu können; wir sind uns nur nicht einig darüber, wie wir dort hinkommen. Könnten wir vielleicht mehr darüber reden, wie wir das Gleichgewicht zwischen Freiheit und Sicherheit erzielen können?« Sobald die Gemeinsamkeiten und Überschneidungspunkte klar definiert sind, können Sie zu Ihrer ursprünglichen Frage zurückkehren. Das Gespräch, in dem es ursprünglich um Freiheit und Sicherheit ging, wandelt sich somit in eine Diskussion, in der partnerschaftlich erarbeitet wird, wie diese beiden positiven Werte trotz ihrer teilweisen Gegensätzlichkeit ausgeglichen werden können.

2. Formulieren Sie die Frage um, damit sie weniger strittig ist.[42]

   Sagen Sie: »Ich verstehe Sie. Ich frage mich, ob wir unsere Meinungsverschiedenheit beilegen könnten, indem wir das Thema aus einer anderen Perspektive betrachten. Vielleicht wollen wir beide einfach nur, dass den Bürgern die besten Möglichkeiten offenstehen. Was meinen Sie?« Die Umdeutung ist besonders hilfreich, wenn bei den Gesprächsteilnehmern Frustration einsetzt.[43] Einfach ausgedrückt: Übersetzen Sie das, was Sie sagen, in eine kooperativere, hilfreichere Sprache, suchen Sie nach Gemeinsamkeiten und zugrunde liegenden Interessen, und appellieren Sie an eine übergeordnete Identität.

3. Finden Sie heraus, was Sie sagen müssen, damit Ihr Gesprächspartner mit »Das stimmt« antwortet.[44]

   Passen Sie Ihre Umdeutung entsprechend an. Im Gegensatz zu einem einfachen »Ja«, das in verschiedenen Kontexten verschiedene Dinge bedeuten kann, gibt »Das stimmt« zu verstehen, dass man eine Position nachvollzieht oder einem Gedanken zustimmt. Beachten Sie, dass »Das stimmt« nicht dasselbe ist wie »Sie haben recht«. Wenn Ihr Partner Ihnen Recht gibt, »haftet« diese Äußerung mehr an Ihnen und weniger an dem Sachverhalt, um den es geht.[45] Oft erreichen Sie ein »Das stimmt«, indem Sie ein als negativ wahrgenommenes Thema so umdeuten, dass es nun in einem positiven Licht erscheint.

5 – ÄNDERN SIE IHRE MEINUNG

Als Peter in Australien unterwegs war, führte er einmal ein intensives Gespräch über die Ethik eines regierungseigenen Radiosenders, der religiöse Themen abdeckte (beispielsweise die BBC, die ein Thema behandelte, das mit der Anglikanischen Kirche zu tun hatte). Ein junger Mann warf den naheliegenden Einwand ein, dass die Berichterstattung voreingenommen sein könnte und er sich nicht sicher war, ob es Instanzen gab, die eine neutrale Berichterstattung gewährleisteten. Zum größten Ersstaunen von Peter und dem jungen Mann sagte eine Frau, die die andere Seite vertrat: »So habe ich das noch gar nicht gesehen. Ich denke, das stimmt. Ja. Das stimmt.« Peter und sein Gesprächspartner waren so verblüfft, dass eine lange Gesprächspause entstand. Lange Pausen bedeuten normalerweise, dass die Person nachdenkt und damit möglicherweise seine Meinung ändert. Pausen sind in diesen Fällen ein Gesprächserfolg.

Ändern Sie Ihre Meinung auf Knopfdruck

Wenn Sie an irgendeinem Punkt im Gespräch erkennen, dass Sie eine unrichtige Überzeugung hatten, sagen Sie ganz offen: »Ich erkenne gerade, dass meine Überzeugung falsch sein könnte. Ich habe meine Meinung geändert.« Weil das so selten passiert, wird Ihr Gesprächspartner völlig perplex sein.

Die Sache hat natürlich einen Haken. Sie sollten das *nur* sagen, wenn Sie es auch wirklich meinen. »Ich habe meine Meinung geändert« ist daher eine Art Einladung. Die Äußerung hat die Vorteile, die mit der Revision und Modellierung von Überzeugungen einhergehen, und wird damit zu einer Einladung, die den anderen dazu auffordert, es Ihnen gleichzutun. Sie ist auch die ultimative Rapportherstellung – es ist beinahe unmöglich, Sie nach dieser Äußerung nicht zu mögen.

Nehmen wir an, Sie vertreten die Meinung, dass es die Regierung nichts angeht, ob man als Motorradfahrer einen Helm trägt oder nicht. Sie glauben, dass jeder für sich selbst diese Entscheidung treffen sollte, weil jeder Unfall nur den Fahrer betrifft. Dann erzählt Ihnen Ihr Gesprächspartner, dass durch eine Abschaffung der Helmpflicht in den meisten Bundesstaaten die Gesundheitskosten für den Steuerzahler massiv ansteigen würden, die Entscheidung, keinen Helm zu tragen, also weit mehr Personen betrifft als nur den Fahrer (Steuerzahler, ebenso auch die Familie des Fahrers, seine Freunde, Mitarbeiter, Angestellte und alle anderen, die direkt oder indirekt von seinem Leben beeinflusst werden).[46] Nehmen wir außerdem an, dass diese Argumentation Sie dazu bewegt, Ihre Ansicht über die Helmpflicht zu revidieren. Sie könnten Ihren Sinneswandel wie folgt zum Ausdruck bringen: »Hmm, ja, das könnte wirklich stimmen, darüber muss ich genauer nachdenken.«

6 – EINFÜHRUNG EINER SKALA

Die Einführung einer Zahlenskala kann ein festgefahrenes Gespräch wieder in Gang bringen, zu neuem Nachdenken und der Revision alter Überzeugungen anregen und Ihnen die Möglichkeit geben, den Erfolg Ihrer Interventionen zu prüfen.

»Auf einer Skala von 1 bis 10 …«

Fragen Sie: »Wie sicher sind Sie sich auf einer Skala von 1 bis 10, dass X [die Überzeugung] wahr ist?« Indem Sie Ihren Gesprächspartner darum bitten, seine Gewissheit mit einem numerischen Wert zu belegen, erfahren Sie nicht nur, wie sicher er sich ist, dass seine Überzeugung wahr ist, sondern Sie erzielen noch zwei weitere Vorteile:

1. Der Wert zeigt Ihnen, wie effektiv Ihre Intervention ist.
2. Er hilft, das Thema oder die Fragestellung in die richtige Perspektive zu rücken.

Wir werden nachfolgend näher auf diese beiden Punkte eingehen.

Prüfen Sie Ihre Effektivität

Sobald Sie sich auf eine Diskussionsfrage geeinigt haben (siehe Kapitel 3, Stellen Sie Fragen), fragen Sie: »Wie sicher sind Sie sich auf einer Skala von 1 bis

10, dass X [die Überzeugung] wahr ist?« (Wenn Ihr Partner diese Skala nicht mag, können Sie auch einen Wert zwischen 1 und 100 vorschlagen. Wenn er sich weigert, seiner Überzeugung einen Wert zuzuordnen, müssen Sie diese Technik verwerfen.) Unmittelbar nach dem Gespräch sollten Sie die Frage wiederholen und die beiden Werte miteinander vergleichen. Wenn Ihr Gesprächspartner beispielsweise vor dem Gespräch der Aussage, dass »die Regierung Bundesstaaten bestrafen sollte, in denen Marihuana legal gekauft werden kann«, auf einer Skala von 1 bis 10 die volle Punktzahl zugewiesen hat, nach dem Gespräch aber auf 9 Punkte gesunken ist, hat er sich um 10 Prozent bewegt. Sie haben jetzt einen diskreten Messwert, der Auskunft über Ihre Fähigkeiten gibt, Einfluss auf die Denkweise Ihres Partners zu nehmen und Zweifel zu säen.

Führen Sie eine Perspektive ein

Sie haben vielleicht schon einmal von Feministinnen den Satz gehört, dass die amerikanische Gesellschaft ein Patriarchat ist. Wenn Sie sich mit dieser Ausprägung des Feminismus nicht identifizieren, kann es durchaus sein, dass Sie diese Behauptung nicht teilen. Wenn Sie Kritik äußern, wird Ihre Gesprächspartnerin höchstwahrscheinlich nicht wie folgt antworten: »Ja, Sie haben recht. Das ist eine heillose Übertreibung. Ich überzeichne diesen Punkt nur, um ihn zu veranschaulichen, aber vielleicht sollte ich mich nicht so extrem ausdrücken. Vielen Dank, dass Sie mir die Augen geöffnet haben.« Viel wahrscheinlicher ist, dass der nachfolgende Dialog wie ein Ping-Pong-Spiel verlaufen wird und aus Äußerungen wie »Nein, das stimmt nicht!« – »Doch das stimmt!« besteht. (Die patriarchalische Haltung, die in einer Gesellschaft vorherrscht, kann mehr oder weniger stark ausgeprägt sein, doch gehen solche Abstufungen durch die ursprüngliche Aussage verloren.)

Fordern Sie Ihre Gesprächspartnerin lieber dazu auf, das Problem auf einer Skala zu bewerten. Sagen Sie: »Ich bin neugierig und will verstehen, wie patriarchalisch die USA sind. Angenommen, Saudi Arabien ist als Patriarchat auf einer Skala von 1 bis 10 eine 9. Was wären dann die USA?« Selbst wenn die USA nur eine 2 von 10 wären, wäre die Behauptung, dass »Amerikaner in einem Patriarchat leben«, nicht völlig falsch, obwohl sie auch nicht völlig richtig wäre. Die Auswahl eines numerischen Werts auf einer Skala trägt dazu bei, sich von einem Alles-oder-nichts-Denken zu befreien, der »Nein, das stimmt nicht!«- – »Doch, das stimmt!«-Mentalität.[47]

Hier ein weiteres Beispiel, das man am anderen Ende des politischen Spektrums findet. Wenn Sie eine Behauptung wie »Unsere Regierung ist eine Tyrannei!« hören, könnten Sie nachhaken und Ihren Gesprächspartner fragen: »Wie tyrannisch? Wenn Maos Herrschaft in China eine 9 von 10 ist, wo lägen die USA jetzt im Augenblick?« Natürlich zeigt die US-Regierung einige Verhaltensweisen, die tyrannisch scheinen – oder in manchen Fällen sogar sind –, aber ein binäres »Ja, das stimmt« oder »Nein, das stimmt nicht« ist zu verallgemeinernd und damit nicht zutreffend.

Wie Sie numerische Skalen in Ihre Interventionen einbauen

1. Fragen Sie am Anfang und am Ende des Gesprächs: »Wie sicher sind Sie sich auf einer Skala von 1 bis 10, dass [X] wahr ist?«

   Vergleichen Sie diese Zahlen, um Ihre eigene Effektivität zu beurteilen.

   Wenn Ihr Partner sagt, dass seine Gewissheit über den Wahrheitsgehalt seiner Aussage bei 9 oder 10 liegt, werden Sie die Techniken aus den Kapiteln 6 und 7 benötigen. Moralische Überzeugungen, auf die jemand beharrlich pocht, sind oft eng mit der Identität der betreffenden Person verknüpft. Wenn Ihr Gesprächspartner sagt, dass seine Gewissheit bei 9 oder 10 liegt, ist es umso wichtiger, die Epistemologie zu ergründen, die ihn zu seiner Schlussfolgerung veranlasst (Kapitel 3, # 7: Konzentrieren Sie sich auf die Epistemologie).[48] Umgekehrt gilt: Wenn jemand einen Wert von 2 oder 3 angibt, ist er sich sehr unsicher darüber, ob eine Behauptung wahr ist. In diesem Fall könnten Sie nachfragen, warum er sich so unsicher ist.
2. Wenn Sie sich in einer Situation wiederfinden, in der Sie mit jemandem nach dem Schema »Nein, das stimmt nicht!« – »Doch, das stimmt!« streiten, zum Beispiel »Die USA sind ein rassistisches Land« – »Nein, das stimmt nicht!«, sollten Sie diese Aussage auf einer relativen, vergleichenden Skala einordnen. Fragen Sie: »Wie rassistisch sind die USA

heute im Vergleich zu den 1950er-Jahren?« Eine solche Skala sorgt für Klarheit und präzisiert pauschale Aussagen, wodurch die Perspektive des Partners verständlicher und das Gespräch wieder in produktive Bahnen gelenkt wird.[49]

3. Verwenden Sie eine Skala, um zwei Probleme miteinander zu vergleichen.
   Wenn Sie jemanden fragen, ob er denkt, dass Rassismus ein wichtiges Thema ist, könnte die Person unter Umständen wütend oder fassungslos reagieren. Wenn Sie aber fragen: »Auf einer Skala von 1 bis 10: Wie wichtig ist Rassismus im Vergleich zum Klimawandel? Wo würde Ihrer Meinung nach der Rassismus stehen, wo der Klimawandel?«, bietet das Aufschluss darüber, wie stark jemand eine Überzeugung verficht und ob es sich lohnt, sich eingehender mit dieser Meinungsverschiedenheit auseinanderzusetzen.
4. Verwenden Sie eine Skala, um Ihrem Partner zu helfen, sein Denken zu revidieren.
   Sie können die Skalafrage auch umformulieren: »Auf einer Skala von 1 bis 10, bei der 1 für Ungewissheit und 10 für absolute Gewissheit steht: Wie sicher sind Sie sich, dass diese Überzeugung wahr ist?« Nehmen wir an, dass die Antwort »Ich liege bei einer 8« lautet. Statt die Fragen zu stellen: »Warum keine 6?« oder sogar: »Was müsste passieren, damit Sie auf eine 6 fallen?«, sollten Sie sie umformulieren und nach einem *höheren* Wert fragen. Sagen Sie: »Nur aus purer Neugier: Warum haben Sie nicht 9 gesagt?« Auf diese Weise helfen Sie ihm, seine Zweifel zu offenbaren.[50]
5. Hier ist eine fortgeschrittenere Version der Einführung von Skalen: Wenn der andere auf einer Skala von 1 bis 10 über einer 6 liegt, sagen Sie: »Auf einer Skala von 1 bis 10, dass [X] wahr ist, bin ich bei einer 3. Ich bin mir nicht sicher, wie ich an den Punkt komme, an dem Sie sind, einer 9. Ich würde zu gern wissen, was ich übersehe. Können Sie mir helfen, der Sache auf den Grund zu gehen?«[51]

Wenn Skalen auf diese Weise benutzt werden, sind sie eine gute Gelegenheit, Ihren Gesprächspartner dazu zu bringen, Sie Schritt für Schritt durch seine Epistemologie zu führen. Das ist wirksam, weil der *andere* die epistemologische Differenz erklärt, ohne dass Sie darüber nachdenken und sich Fragen ausdenken müssen. Das heißt, dass *er* erklären muss, was Ihnen entgeht; dabei kann es passieren, dass seine Gewissheit ins Wanken gerät und er möglicherweise seine eigene Unwissenheit zugeben muss.[52] Mehr noch, wenn seine Gewissheit über eine Überzeugung durch den epistemologischen Prozess gerechtfertigt wird, der ihn dazu geführt hat, haben *Sie* etwas gelernt und können Ihre Gewissheit entsprechend anpassen oder festigen. Anmerkung: Diese Technik kombiniert die Konzentration auf die Epistemologie und die Verwendung kalibrierter Fragen mit der Einführung von Skalen.

6. Halten Sie Ihre Gespräche schriftlich fest.

   Schreiben Sie auf, welche Techniken die Gewissheit schmälern und welche keine Auswirkung haben. Feilen Sie daran. Lassen Sie unnütze Dinge weg. Wiederholen Sie das Ganze.

7 – BETREIBEN SIE OUTSOURCING

Die meisten Menschen vertreten Meinungen, die stärker als gerechtfertigt ausfallen.[53] Niemand kennt sich in allen Bereichen gut aus, aber wir sind uns unserer Überzeugungen oft erstaunlich sicher.[54] Ein Methode, wie man damit umgehen kann, ist die Erkundung des Effekts der ungelesenen Bibliothek (Kapitel 3). Eine andere Methode ist das sogenannte Outsourcing.

Outsourcing ist eine weit gefasste Strategie, mit der Informationen von außen bezogen werden, um die Frage »Woher wissen Sie das?«[55] zu beantworten. Das Ziel ist es, die Neugier Ihres Gesprächspartners zu wecken und herauszufinden, wie er seine Behauptung, etwas zu wissen, rechtfertigen kann; oder es hilft *Ihnen* dabei, etwas zu erkennen, das Ihnen zuvor nicht zugänglich war. Vielleicht unterhalten Sie sich mit jemandem über die Einkommenssteuer und stellen fest, dass Sie anderer Meinung sind. Ihr Gesprächspartner hasst die Einkommensteuer, während Sie denken, dass sie eine nützliche, notwendige Bedingung für die Teilnahme an einer zivilisierten Gesellschaft ist. Nach einigen Fragen erfahren Sie, warum er sie für unfair hält: Er denkt, dass jemand, der mehr Geld verdient, einen höheren Steuersatz zahlen muss, der seine Einnahmen verringert. Wie geht man am besten vor, um einer solchen Person klarzumachen, dass ihr Verständnis einer abgestuften Einkommensteuer unter Umständen fehlerhaft ist? Sie können nicht einfach sagen: »Diese Überzeugung ist falsch«, weil das Gespräch sonst in ein Ping-Pong-Spiel nach dem Schema »Nein, das stimmt nicht!« – »Doch, das stimmt!« ausarten würde.

Dieser Disput lässt sich beilegen, wenn man Informationen von außen in die Diskussion einführt. Wenn man sich mit Steuern befasst, ist das nicht besonders schwer, weil es ausreichend viele Quellen und Experten gibt, die alle die gleiche Antwort geben. Schwierig wird es erst, wenn man versucht, sich durch komplexere Fragen zu navigieren, vor allem über Moral und Ethik. Bevor Sie Ihr Smartphone zücken und anfangen, im Internet zu recherchieren, sollten Sie versuchen, die Frage »Wo könnten wir die Antwort finden?« gemeinsam zu beantworten.[56]

Diese Frage könnte das Gespräch auf die Frage »Welchen Quellen, Experten usw. sollte man vertrauen und warum?« bringen.[57] Sie könnte auch Auskunft darüber geben, woher Ihr Gesprächspartner seine Informationen bezieht, wodurch es Ihnen leichter fällt, seine Epistemologie zu verstehen. Wenn Sie sich auf eine externe Quelle einigen, ist das toll. Wenn nicht, werden Ihnen Versuche des Outsourcings vermutlich zu verstehen helfen, warum der andere eine bestimmte Quelle für autoritativ hält, oder Ihnen einen neuen (Wissens-)Bereich aufzeigen, aus dem Sie schöpfen können.[58] Schließlich kann selbst die Frage, welche Art von Fachwissen relevant sein könnte, zu einem Umdenken beitragen und Ihrem Gegenüber vor Augen führen, dass er vielleicht doch nicht so viel weiß, wie er denkt.[59]

Goldene Regeln, um externe Informationen in Ihre Gespräche einzubringen

1. Setzen Sie Outsourcing gegen Ende des Gesprächs ein.

   Sagen Sie: »Ich bin mir diesbezüglich unsicher. Wenn Sie mir verlässliche Daten zeigen könnten, bin ich durchaus bereit, meine Meinung zu ändern. Könnten Sie sie bitte das nächste Mal mitbringen? Wenn Sie mich überzeugen, werde ich meine Meinung ändern.« In dieser Äußerung kommen mehrere Techniken auf einmal zum Einsatz: Die Konzentration auf die Epistemologie, Modellierung, Lernen, der Aufbau Goldener Brücken und der partnerschaftliche Umgang. (Jemanden darum zu bitten, Beweise vorzulegen, ist nicht dasselbe, wie seine eigenen Beweise einzubringen. Siehe Kapitel 5: Legen Sie nur dann Beweise vor, wenn Ihr Partner ausdrücklich danach verlangt – selbst dann sollten Sie nachfragen und sicherstellen, dass der andere Ihre Beweise auch wirklich sehen will.)

Der schwarze Musiker Daryl Davis benutzt diese Technik gelegentlich – vor allem dann, wenn er zu wissen meint, dass die Gedanken der anderen falsch sind –, um Mitglieder des Ku-Klux-Klans von ihrem Rassismus abzubringen.[60] Davis trifft sich oft mit Klansleuten und gibt ihnen den Auftrag, Informationen zu suchen, die ihre Behauptungen unterstützen könnten; er ist davon überzeugt, dass es sie nicht gibt, und so nutzt er den Zweifel, den die Klansleute durch ihre eigenen Recherchen säen.[61]

2. Wenn Sie in einem Gespräch nicht weiterkommen, fragen Sie: »Wie würde ein unabhängiger, neutraler Beobachter herausfinden, welcher Informationsquelle er vertrauen kann?«[62] Sie könnten auch fragen: »Wenn wir einen Experten, der diese Meinung vertritt, fragen würden, welchen Gegenexperten es gibt, den wir konsultieren müssten, wen würde er nennen?« Dies ist eine Art von »Frage eines Außenstehenden« (Kapitel 3).
3. Hier sind einige alternative Möglichkeiten, wie Sie Fragen des Outsourcings (und der Widerlegung, Kapitel 5) formulieren können:
   - »Welchen konkreten Beweis könnten wir finden, der diese Frage klären würde?«[63]
   - »Welche Beweise sollten ausreichen, um einen unabhängigen Beobachter zu überzeugen?«
   - »Welche Beweise gibt es, die *jede* vernünftige Person überzeugen könnten?«[64]
   - »Was ist das beste Gegenargument dafür, warum jemand Schlussfolgerungen hinterfragen sollte, die aus diesem Beweis resultieren?« Gefolgt von der Frage: »Was ist das beste Argument von zwei bekannten Experten, und warum sind diese Argumente unrichtig?«
4. Kombinieren Sie das Outsourcing mit dem Bau Goldener Brücken.

Sagen Sie: »Legen wir diese Differenz vorläufig beiseite, und befassen wir uns später wieder damit, wenn wir mehr Informationen haben.« (Man beachte die Verwendung des Wortes *wir* anstelle von *du* oder *Sie*. Siehe # 3 Sprache weiter oben.) Drängen Sie Ihren Gesprächspartner nicht dazu, seine Sichtweise zu verändern. Es ist in Ordnung, das Problem ruhen zu lassen, sich später wieder damit zu befassen und dabei eine Goldene Brücke zu bauen.[65] Die Kombination von Outsourcing und dem Bau Goldener Brücken kann eine angespannte Situation entschärfen. Auf diese Weise geben Sie Ihrem Gegenüber die Möglichkeit, die neuen Informationen in seinem eigenen Tempo zu analysieren, zu verifizieren und zu assimilieren, ohne das Gefühl zu haben, sich eine Blöße zu geben oder den Druck zu spüren, seine Meinung sofort ändern zu müssen.

5. Wenn Sie bei dem Versuch des Outsourcings Ihren Partner dazu auffordern, Beweise für seine Überzeugungen vorzulegen und er mit »Es bringt nichts, Beweise zu suchen, weil es keine Beweise gibt, die meine Meinung ändern würden« antwortet, beruht seine Überzeugung nicht auf Beweisen.
   - Eine Überzeugung zu haben, die auf Beweisen beruht, bedeutet per Definition, die Möglichkeit in Betracht zu ziehen, dass es Gegenbeweise geben könnte, die zu einer Änderung der Meinung führen. Wenn es keine Beweise gibt, die dies leisten können, beruhen die Überzeugungen nicht auf stichhaltigen Beweisen. In diesem Fall bringt ein Outsourcing nichts. Dieser Fall wird in Kapitel 5 ausführlicher besprochen, suchen Sie nach Widerlegungen.
6. Outsourcing funktioniert nur bei empirischen Fragen.

   Outsourcing funktioniert nur bei verifizierbaren, überprüfbaren Aussagen über die Welt. Es heißt nicht »moralisches Outsourcing«, weil Outsourcing bei moralischen Fragen nicht funktioniert, die sich in der Regel nur schwer beantworten lassen.

   Dementsprechend sollten Sie kein moralisches Outsourcing versuchen, indem Sie sich auf »Experten für Moralfragen« beziehen, beispielsweise den Papst, ihren Lieblingstheologen, Ihre Mutter, einen weisen alten Mann, den Sie einmal kannten, oder den Moderator einer Fernsehsendung. Wenn Ihr Partner sich trotzdem auf seine Experten beruft und damit moralische Fragen auslagert, stehen Ihnen mehrere Optionen zur Verfügung:

- Sagen Sie: »Ich erkenne X als moralische Instanz nicht an.« (Passen Sie jedoch auf, weil eine solche Aussage leicht eine defensive Haltung provoziert. Ihr Partner könnte daraus schließen, dass Sie ein moralisches Defizit haben, weil Sie seinen Experten nicht anerkennen.)
- Sagen Sie: »Mein Problem ist, dass sich verschiedene Leute als moralische Experten bezeichnen und oft Ansichten vertreten, die einander widersprechen. Was uns zu unserer ursprünglichen Frage zurückbringt, wie wir eine Antwort finden können.«
- Wenn Sie ein eher philosophisches Gespräch führen, könnten Sie sagen: »Das Problem mit der Nennung moralischer Experten ist, dass man sich bereits mit dem moralischen System identifiziert, wenn man diese Person als Autorität anerkennt. Wir sind zum Beispiel keine Scientologen, deshalb können wir beide nichts mit den moralischen Werten anfangen, die Ron Hubbard propagiert hat.«

7. Fragen Sie: »Welche Expertenmeinung kann ich nachlesen, um weitere Informationen darüber zu erhalten?« Entweder wird Ihr Gesprächspartner Ihnen (a) keine relevanten Autoritäten nennen können, sodass ihm seine eigene Unwissenheit klar wird; oder (b) er nennt jemanden, der für seine begrenzte Ansicht bekannt ist – an dieser Stelle könnten Sie die Frage stellen, warum er diese Quelle für aussagekräftig hält; oder (c) er nennt einen echten Experten, von dem Sie lernen können.
8. Fragen Sie: »Wer sind die drei besten Experten, die dieser Position widersprechen?«
   - Dies ist eine nützliche Frage, um die Illusion der Erklärungstiefe zu offenbaren (Kapitel 3).
9. Wenn Ihr Gespräch stagniert, sagen Sie: »Wir scheinen nicht weiterzukommen. Wie wäre es, wenn wir nur Aussagen/Informationen/Beweise verwenden, mit denen sowohl Sie als auch ich einverstanden sind?«

FAZIT

In Platons *Gorgias*-Dialog sagt Sokrates, dass es besser ist, überführt zu werden, als selbst zu überführen. Er meint damit, dass es besser ist, selbst nicht mehr an etwas Falsches zu glauben, als jemandem dabei zu helfen, etwas Falsches nicht mehr zu glauben. Genau das passiert in einigen Interventionen – man versucht, Einfluss auf die Denkweise des anderen zu nehmen, was aber nur dazu führt, dass man seine eigenen Überzeugungen hinterfragt und überdenkt. Dies ist die höchste Form der Intervention, und wenn dieser Fall eintritt, sollte man sich nicht dagegen wehren, sondern sich darauf einlassen. Sie haben gerade eine Chance erhalten, nicht mehr an etwas Falsches zu glauben.

Aber nicht jeder wird die Aufdeckung einer falschen Überzeugung als Chance sehen. Die meisten werden sich dagegen sträuben und sich an ihre Überzeugungen klammern. Viele werden aufgebracht sein. Vielleicht werden *Sie* sogar verbal angegriffen. In diesen Fällen sollten Sie Goldene Brücken bauen und eine Sprache verwenden, die Kooperation und nicht Konfrontation signalisiert. Sie sollten Ihr Vorgehen von der Situation abhängig machen – manchmal ist es am besten, einfach nur seinen Freunden zuzuhören, ihnen ihren (falschen) Glauben zu lassen und die Sache auf sich beruhen zu lassen.

Wenn Sie im Gesprächsverlauf erkennen, dass Sie falsch liegen, müssen Sie das auch so sagen. »Ich habe meine Meinung geändert« ist eine unglaublich wirksame Formulierung, mit der Sie zeigen, dass Sie lernfähig und reflektiert sind. Es ist das perfekte Modellierungsverhalten, das Ihre Freundschaft zu Ihrem Gesprächspartner potenziell vertieft, und wenn Sie mit jemandem reden, den Sie nicht mögen, wird diese Äußerung ihn garantiert überraschen und Ihrer Beziehung eine neue Grundlage verleihen, auf der Sie aufbauen können.

Fortgeschrittene: Fünf Fähigkeiten für heikle Gespräche

Wie Sie Ihre Gesprächsgewohnheiten überdenken

 # 1 – Halten Sie sich an die Rapoport'schen Regeln
Wiederholen und zählen Sie die Punkte auf, in denen Sie mit Ihrem Gesprächspartner übereinstimmen, erwähnen Sie, was Sie gelernt haben, und führen Sie erst dann Gegenbeweise an.

 # 2 – Vermeiden Sie Fakten
Klammern Sie Fakten aus dem Gespräch aus.

 # 3 – Suchen Sie nach Widerlegungen
Wie könnte diese Überzeugung falsch sein?

 # 4 – Ja, und …
Verbannen Sie das Wort *aber* aus Ihrem aktiven Wortschatz.

 # 5 – Wie Sie mit Zorn umgehen
Erkenne dich selbst.

Langweiler, Subst.: Ein Mensch, der redet, wenn man wünscht, dass er zuhört.

Ambrose Bierce

Die folgenden Seiten werden Ihnen fünf Werkzeuge und Techniken vermitteln, mit denen Sie erfolgreich die Untiefen heikler Gespräche umschiffen. Zuerst werden Sie lernen, wie Sie die Rapoport'schen Regeln anwenden, wenn Sie und Ihr Gesprächspartner unterschiedlicher Meinung sind. Hierfür müssen Sie nicht nur *wirklich zuhören*, sondern auch die Position Ihres Gesprächspartners mindestens genauso gut oder sogar besser formulieren als er selbst, *bevor* Sie ihm offen widersprechen. Dann lernen Sie zwei kontraintuitive Fähigkeiten kennen: die Vermeidung von Fakten und die Konzentration auf die Widerlegung statt auf die Bestätigung. (Sie konzentrieren sich also auf die Bedingungen, unter denen eine Überzeugung falsch sein könnte, statt der Frage nachzugehen, welche Beweise sie als wahr identifizieren würden.[1])

Wir raten Ihnen auch dazu, das Wort *aber* aus Ihrem aktiven Wortschatz zu verbannen. Das ist schwieriger, als man denkt. Die natürliche Tendenz, seinem Gesprächspartner halbherzig recht zu geben, indem man »Ja, aber …« sagt, obwohl man seine Meinung in Wirklichkeit nicht teilt, ist nur schwer abzulegen. Schließlich erteilen wir konkrete Ratschläge, wie Sie mit Zorn umgehen, der viele Gespräche zum Entgleisen bringt. Sie werden wichtige Dinge über Zorn, Frustration und Provokationen erfahren. Sie werden lernen, wie Sie Ihren Zorn bändigen und am besten reagieren, wenn Ihr Gesprächspartner wütend wird.

Sie müssen wissen, wie Sie mit negativen Gefühlen – vor allem Zorn – umgehen, *bevor* sie im Gespräch in Erscheinung treten. Um souverän zu reagieren, müssen Sie zuhören und Ihre Gefühle in Echtzeit im Griff behalten. Sollte dies in einer angespannten Diskussion nicht möglich sein, müssen Sie so diszipliniert sein, die Situation zu beenden und wegzugehen.

Die Fähigkeiten in diesem Kapitel gelten deshalb als fortgeschritten, weil Sie dafür einige Gesprächsgewohnheiten ändern und Ihre Gefühle (in einem weit größeren Ausmaß als für die im letzten Kapitel vorgestellten Fähigkeiten) kontrollieren müssen. Diese beiden Fähigkeiten sind schwer zu meistern, sind aber entscheidend, um über politische und moralische Gräben hinweg effektive Diskussionen führen zu können. Diese fortgeschrittenen Fähigkeiten können auf den ersten Blick kontraintuitiv wirken, weil sie dem Verhalten zuwiderlaufen, auf das man normalerweise zurückgreifen würde, wenn man mit anderen interagiert. Trotzdem kann man sie lernen und üben, und früher oder später wird sich ihre Anwendung ganz natürlich anfühlen, so wie bei jeder anderen Fähigkeit auch.

Wenn Sie einen Fehler machen und die Techniken, die in diesem Kapitel beschrieben werden, unsachgemäß anwenden, können sie nach hinten losgehen und Ihnen schaden. Lassen Sie sich daher Zeit. Wir empfehlen, sich zuerst mit den einfacheren Ansätzen aus den vorigen Kapiteln vertraut zu machen und sie zu beherrschen, bevor Sie den Versuch unternehmen, fortgeschrittene Fähigkeiten in Ihr Repertoire einzubauen.

1 – HALTEN SIE SICH AN DIE RAPOPORT'SCHEN REGELN

In diesem kurzen Dialog unterhält sich Anthony Magnabosco (AM), der Straßen-Epistemologe aus Kapitel 2, mit einer Frau namens Kari (K). Sie reden über den Glauben, religiöse Überzeugungen und Gott:

> *AM:* Wenn es nicht Gott war, der Ihnen in dieser schweren Zeit geholfen hat, sondern Sie selbst, wie hätten Sie das feststellen können?
>
> *K:* Ich denke, da kommt der Glaube ins Spiel.
>
> *AM:* Ihr Glaube würde Ihnen helfen festzustellen, dass Gott nichts damit zu tun hat?
>
> *K:* Nein, ich denke, dass man durch seinen Glauben die Gewissheit erhält, dass Gott seine schützende Hand über einen hält.
>
> *AM:* Ich formuliere das mal um, und bitte korrigieren Sie mich, wenn ich etwas durcheinanderbringe. Ich möchte Ihre Position nicht falsch interpretieren, aber wollen Sie damit sagen, dass Sie sich deshalb so sicher sind, dass Gott Ihnen aus dieser Situation herausgeholfen hat, weil Sie den Glauben haben, dass es so ist?
>
> *K:* Ich glaube an eine höhere Macht, die stärker ist als ich. Ich bin davon überzeugt, dass es sie gibt.[2]

Bevor Sie Kritik üben …

Der russisch-stämmige amerikanische Spieltheoretiker Anatol Rapoport entwickelte eine Liste mit Regeln, wie man in Gesprächen Kritik üben oder eine gegenteilige Meinung zum Ausdruck bringen kann.[3] Diese Regeln sind als Rapoport'sche Regeln bekannt, die der amerikanische Philosoph Daniel C. Dennett als »das beste Gegenmittel [gegen die] Tendenz, seinen Gegner zu karikieren« beschrieb.[4] Dennett fasst die Rapoport'schen Regeln in seinem Buch *Intuition Pumps and Other Tools for Thinking* zusammen. Wenn Sie erfolgreich mit jemandem interagieren wollen, müssen Sie die folgenden Schritte in einer festen Reihenfolge vornehmen:

1. Versuchen Sie, die Position Ihres Ziels so klar, lebhaft und fair zu beschreiben, dass Ihr Ziel sagt: »Danke, ich wünschte, ich hätte es genauso gut formulieren können.«
2. Zählen Sie alle Punkte auf, in denen Sie übereinstimmen (vor allem wenn über diese Punkte normalerweise kein Konsens herrscht).
3. Erwähnen Sie alles, was Sie von Ihrem Ziel gelernt haben.
4. Nur dann dürfen Sie Tadel äußern oder Kritik üben.[5]

Die Einhaltung der Rapaport'schen Regeln kann schwierig sein, vor allem in einer hitzigen Diskussion, aber sie werden die Höflichkeit und Effektivität Ihrer Gespräche *erheblich* verbessern.

Erstens: Wenn Sie sich an Regel 1 halten, wird Ihr Gesprächspartner wissen, dass Sie einen ehrlichen Versuch unternommen haben, seine Position zu verstehen.

Zweitens: Indem Sie sich an Regel 2 halten, zeigen Sie, dass Sie etwas miteinander verbindet. Das ist vor allem wichtig, wenn Sie eine andere politische, religiöse oder moralische Ansicht vertreten, weil Regel 2 hilft, sich auf einer gemeinsamen Basis innerhalb eines partnerschaftlichen Rahmens zu bewegen. Regel 2 weist auch explizit auf gemeinsame Punkte hin, das heißt, wenn das Gespräch ins Stocken gerät oder die Gemüter sich erhitzen, können Sie zu diesen Punkten zurückkehren, um das Gespräch durch die Herstellung von Rapport voranzubringen.

Drittens: Regel 3 trägt dazu bei, eine Grundhaltung aufzubauen, die sich durch gegenseitiges Lernen und Respekt auszeichnet. Wenn Sie von Ihrem Partner etwas Neues erfahren haben, kann der Verweis darauf dazu beitragen, dass er dasselbe tut. In der Pädagogik und Erziehungslehre wird dies als »prosoziale Modellierung« bezeichnet.[6] Die prosoziale Modellierung zeigt das Verhalten, zu dem Sie andere gern anregen möchten; im Fall der Rapoport'schen Regeln versuchen Sie, eine Atmosphäre des gegenseitigen Respekts und der Offenheit zu erzeugen. Selbst wenn Ihr Partner nicht darauf reagiert, wird Regel 3 helfen, den Anschein von Zusammenarbeit zu wahren, während Sie Ihrem Partner zeigen, dass Sie seinen Input schätzen.

Die Rapoport'schen Regeln sind ein Amalgam verschiedener Fähigkeiten, Strategien und Themen, die in den Kapiteln 1 bis 3 vorgestellt wurden (Modellierung, Zuhören, den Boten töten, Lernen usw.). In Kombination mit anderen Ansätzen tragen sie dazu bei, Konversationen effektiv, interaktiv und produktiv zu machen. Die Regeln sind auch ein Schutz vor Sorglosigkeit und Gedankenlosigkeit, weil sie Sie dazu zwingen, eine Position zu verstehen, bevor Sie sie kritisieren, infrage stellen oder ablehnen. Sie sind in letzter Instanz eine Prophylaxe gegen Unhöflichkeit.

2 – VERMEIDEN SIE FAKTEN

Der christliche Fundamentalist und Kreationist Ken Ham zeichnet für das sogenannte »Ark Encounter« verantwortlich – ein 155 Meter langer Nachbau der Arche Noah, die in Grant County, Kentucky, steht. Ham ist das Musterbeispiel eines Menschen, der sich durch Fakten nicht überzeugen lässt. Er glaubt, dass die Sintflut, die im Buch Genesis beschrieben wird, ein reales Ereignis war.

Bei einer Podiumsdiskussion mit Bill Nye, der ein beliebtes Wissenschaftsmagazin im Fernsehen moderiert, wurden Ham und Nye im Februar 2014 gefragt, was ihre Meinung über den Kreationismus und die Evolution ändern würde. Nye antwortete mit »Beweise«, während Ham »Nichts« sagte. Ham gab somit zu, dass es keine Beweise gibt, die ihn dazu veranlassen würden, seine Überzeugungen zu revidieren.[7]

Es ist nicht so, dass Beweise fehlen, die Ham dazu veranlassen würden, seine Meinung zu ändern; vielmehr kann er durch Beweise nicht umgestimmt werden, einschließlich streng geprüfter wissenschaftlicher Abhandlungen.[8] Für ihn ist die Sache erledigt. Ham glaubt, dass seine Überzeugung nicht entkräftet werden kann (siehe # 3 –Suchen Sie nach Widerlegungen). Keine einzige der vielen Tatsachen, die Nye während (und auch nach) der Diskussion vorlegte, hatte Einfluss auf Hams Meinung. Wenn Sie es mit jemandem wie Ham zu tun bekommen, müssen Sie daher Fakten vermeiden.

Das bedeutet nicht, dass Sie Beweise ignorieren oder es anderen einreden sollten. Es bedeutet nur, dass die Einführung von Fakten in ein Gespräch voraussichtlich kontraproduktiv ist beziehungsweise nur dann wirkt, wenn sie im richtigen Augenblick und mit großer Sorgfalt erfolgt.

Fakten als Stolpersteine

Wer sich selbst große Mühe gibt, seine Überzeugungen auf Beweisen zu gründen, dem fällt es in der Regel schwer zu akzeptieren, dass nicht jeder seine Überzeugungen auf diese Weise bildet. Der Fehler ist, dass man von sich auf andere schließt – man denkt, dass die Person, mit der man sich gerade unterhält, seine Meinung ändern würde, wenn sie nur dieselben Beweise hätte wie man selbst. Viele Menschen glauben das, was sie glauben, gerade deshalb, weil sie ihre Überzeugungen nicht auf der Grundlage von Beweisen formulieren – und *nicht*, weil ihnen selbige fehlen. Dasselbe gilt für die Bildung von Überzeugungen, die auf logischen Argumenten beruhen. Nur wenige bilden ihre Überzeugungen auf der Grundlage sorgfältig abgewogener, logischer Argumente. Die Sache wird noch dadurch erschwert, dass die meisten Menschen glauben, dass sie *durchaus* Beweise haben, die ihre Überzeugungen unterstützen (Ken Ham verdient seinen Lebensunterhalt damit, sich das einzureden), weil sie nur die Punkte berücksichtigen, die das unterstützen, was sie glauben.

Die meisten von uns sind nicht gut darin, ihre Überzeugungen auf Beweisen zu gründen (weil wir uns mehr darauf konzentrieren, das, was wir glauben, zu bestätigen, statt zu widerlegen). Dabei geht es weniger darum, dass wir begrenzten Zugang zu Beweisen hätten. Wir neigen dazu, unsere Überzeugungen auf der Grundlage handverlesener Beweise zu bilden, die das unterstützen, was wir ohnehin schon glauben oder glauben wollen.[9] Praktisch jeder formuliert zuerst den Großteil seiner Überzeugungen und sucht dann nach unterstützenden Beweisen und überzeugenden Argumenten, um sie zu untermauern.[10]

Kreationismus ist das perfekte Beispiel dafür. Der Beweis für die Evolution ist in jeder Hinsicht überwältigend und wissenschaftlich längst belegt, und doch lehnen 34 Prozent der Amerikaner die Evolution kategorisch ab, und nur 33 Prozent der Amerikaner »bringen die Überzeugung zum Ausdruck, dass Menschen und andere Lebewesen sich *ausschließlich* aufgrund biologischer Prozesse entwickelt haben«.[11] Mit einigen wenigen Ausnahmen liegt das nicht daran, dass sie keine Beweise für die Evolution erhalten oder keine relevanten Argumente gehört haben, die dafür sprechen. Es liegt an einer Vielfalt nichtevidenzbasierter Faktoren wie der Moral (man denkt, dass man tugendhaft ist, wenn man an den Kreationismus glaubt oder zumindest vorgibt, daran zu glauben) oder an sozialen Faktoren (jeder in der Gemeinde glaubt daran oder gibt vor, daran zu glauben, und das Bedürfnis, sich in die Gruppe einzufügen, ist größer als der Drang, die Wahrheit zu ergründen).[12] In allen diesen Fällen siegen moralische und soziale Erwägungen über die Vernunft.[13]

Das Anbieten von Beweisen – Fakten – führt fast nie zur Revision von Überzeugungen, die etwas mit Moral, Gesellschaft oder Identität zu tun haben. (Denken Sie an den Backfire-Effekt, bei dem man umso fester zu seinen Überzeugungen steht, nachdem man mit Beweisen konfrontiert wurde, die das Gegenteil belegen. Siehe Kapitel 2, Anmerkungen 34 und 47. Der Backfire-Effekt verdoppelt die Entschlossenheit, mit der man seine Überzeugungen vertritt, wodurch man seinen Partner frustriert und oft eine Gesprächsgelegenheit verschenkt. Für den Backfire-Effekt verantwortlich sind hauptsächlich Fakten.[14]) Es gibt viele psychologische und soziale Gründe, warum Beweise nicht überzeugend sind, aber der Hauptgrund ist, dass es den Menschen sehr wichtig ist, »gut« zu sein. Das impliziert, dass das Feedback von anderen Gruppenmitgliedern und Personen, deren Meinung sie schätzen, viel größeren Einfluss auf ihre Überzeugungen nimmt als Fakten.[15]

Impfgegner zum Beispiel wollen gute Eltern sein, und ihre irrigen Überzeugungen über Impfstoffe basieren auf einer Fülle anderer Überzeugungen – beispielsweise dem Glauben, dass »natürlich« mit gut und »künstlich« mit schlecht gleichzusetzen ist –, die sie zu der Schlussfolgerung veranlasst, dass man nur dann ein guter Vater oder eine gute Mutter ist, wenn man seine Kinder nicht impft. (Was wäre, wenn man sein Kind impfen lässt und etwas schiefginge? Wie könnte man damit leben, diese Entscheidung getroffen zu haben? Schlimmer noch: Was wäre, wenn man sich irrt und seinen Kindern eine potenziell lebensrettende Maßnahme vorenthält?) Daher erreicht man mit der Darlegung von Fakten nie das, was man erzielen will: nämlich eine Meinung zu verändern.

Zuerst dürfen Sie keinen Schaden anrichten

Sie sollten keine Fakten oder Beweise einführen, weil Sie Ihrem Gesprächspartner damit einen Grund geben, seine Position zu verteidigen. Das gilt vor allem dann, wenn er sich öffentlich bloßgestellt fühlen und die Unterhaltung als »Niederlage« wahrnehmen würde. (Debatten stehen freilich auf einem anderen Blatt, aber die meisten Gespräche sind keine Debatten und sollten daher auch nicht als solche behandelt werden.) Das gilt aber auch dann, wenn man viel Zeit, Energie und Geld in eine Überzeugung investiert hat und Mitglied einer Gruppe ist, die diese Überzeugung unterstützt (Religion, das Renommee seiner Alma Mater).

Wenn es Ihr Ziel ist, Ihren Partner dazu zu bringen, seine Meinung zu ändern – und das ist wahrscheinlich der Fall, wenn Sie bereit sind, in den Debattenmodus zu schalten und Fakten, Beweise und sorgfältig ausgesuchte Gegenargumente anzubringen –, dann führt Ihr Versuch, ihm bestimmte Überzeugungen auszureden, vermutlich dazu, dass er sich erst recht darauf versteift. Die Einführung von Fakten gibt ihm einen Grund, seine Überzeugungen zu verteidigen. Er wird nach Argumenten suchen, die Ihre Fakten entkräften, und selektive Fakten vorbringen, die seine Meinung untermauern.

Die Einführung von Fakten mit der Absicht, Ihren Gesprächspartner umzustimmen, gibt ihm einen Grund, umso hartnäckiger an seinen Überzeugungen festzuhalten – die einzige Ausnahme bildet der äußerst seltene Umstand, dass die Umstimmung nicht als Angriff auf moralische und soziale Werte oder auf die Identität aufgefasst wird (hierauf werden wir in Kapitel 7 noch näher eingehen). Sie hilft ihm auch dabei, Verteidigungsstrategien gegen Kritik zu entwickeln und einzuüben, die dazu führen können, dass er tatsächlich glaubt, dass seine irrigen Überzeugungen auf handfesten Beweisen und logischer Argumentation beruhen.

Was sollten Sie also tun?

Was sollten Sie also tun, wenn Sie keinen Rat erteilen sollen? Es gibt verschiedene Antworten auf diese Frage, die alle je nach Umständen effektiv sein können.

1. Stellen Sie Fragen, die Probleme und Widersprüche offenlegen. Wenn Sam zum Beispiel glaubt, dass die Seele drei Kilogramm wiegt, könnten Sie ihn fragen: »Glaubst du, dass selbst Babys, die an sich dreieinhalb Kilogramm wiegen, eine Seele haben, die drei Kilogramm wiegt?«[16]
2. Konzentrieren Sie sich auf die Epistemologie. Sobald Sie genau wissen, warum Ihr Partner eine bestimmte Überzeugung hat, können Sie gezielte Fragen stellen, die die Verbindung zwischen seiner Schlussfolgerung (die Seele wiegt 3 kg) und der Art und Weise, wie er angeblich zu seiner Schlussfolgerung gelangt ist (»Ein deutscher Wissenschaftler wog Menschen im Augenblick des Todes und stellte fest, dass sie drei Kilogramm verloren.«), kappt.
3. Kombinieren Sie diese beiden Ansätze mit widerlegenden Fragen (siehe # 3 – Suchen Sie nach Widerlegungen). Fragen Sie also, welche Beweise Ihren Gesprächspartner dazu veranlassen würden, seine Meinung über das Gewicht der Seele und die Verlässlichkeit, mit der er wissen kann, dass die Seele ein bestimmtes Gewicht hat, zu ändern. Sagen Sie: »Was wäre, wenn sich das Experiment nicht wiederholen lässt – würden Sie Ihre Meinung dann ändern?«

Es gibt nur eine einzige Situation, in der es angeraten ist, Fakten in Ihr Gespräch einzuführen: wenn Ihr Gegenüber ausdrücklich danach verlangt. Selbst in diesem Fall sollten Sie Ihr Wissen ein zweites Mal prüfen. Vermeiden Sie es, Fakten vorzulegen, beziehungsweise tun Sie das nur, wenn Sie sich absolut sicher sind, dass sie stimmen, und laden Sie Ihren Partner dazu ein, sie selbst einer Prüfung zu unterziehen.

Wenn Fakten in das Gespräch eingeführt werden, sollten Sie Bescheidenheit modellieren und Ihre Vorbehalte äußern. Sagen Sie: »Ich könnte mich irren, aber wenn ich es richtig verstehe, ist [X]« (Kapitel 3, Modellierung). Viele

Leute fragen nicht aus Neugier nach den Fakten, sondern um eine Debatte einzuleiten oder zu versuchen, Sie als unwissend bloßzustellen (um die Debatte zu gewinnen, die sie anzufangen versuchen). Diese Falle kann teilweise vermieden werden, wenn Sie Ihre Äußerung mit den Worten »Ich könnte mich irren, aber …« oder »Soweit ich weiß …« einleiten.

Wie Sie in Ihren Gesprächen mit Fakten umgehen sollten

1. Führen Sie keine Fakten in Ihr Gespräch ein.
   Machen Sie aus Ihrem Gespräch keine Grundsatzdiskussion, indem Sie Ihrem Gesprächspartner einen Grund geben, seine Überzeugungen zu verteidigen. Das gilt vor allem dann, wenn es Ihr Ziel ist, ihn zum Zweifeln zu bringen.
2. Wenn Sie sich nicht bändigen können und den Drang haben, Fakten ins Gespräch einzuführen, sollten Sie widerlegende Fragen über Fakten stellen. Wenn Sie Fakten einführen, ist es fast immer besser, diese in Frage- statt in Aussageform zu präsentieren, weil Fragen zu Antworten einladen, Aussagen hingegen zu Argumenten.
   Fragen Sie: »Welche Fakten oder Beweise würden Sie umstimmen?« Sie werden dann wissen, welche Fakten Sie einführen sollten, aber noch wichtiger ist, dass Sie verstehen werden, wie jemand das Problem konzeptualisiert. Jemanden, der glaubt, dass der Körper im Augenblick der Empfängnis beseelt wird (eine Überzeugung, aus der Einwände gegen Abtreibung und Stammzellenforschung entstehen), könnten Sie zum Beispiel fragen, welche Beweise diese Überzeugung verändern würden. Wenn er mit »Ein Beweis dafür, dass der Körper im Augenblick der Empfängnis nicht beseelt wird« antwortet, könnten Sie Fragen über die Fakten stellen, die eineiige Zwillinge definieren, die religiösen Traditionen zufolge zwei Seelen haben, die im Augenblick der Empfängnis aber ein Ei sind, das von einem Spermium befruchtet wird.[17] Sie könnten nach Ihrer Äußerung über eineiige Zwillinge die Frage stellen, ob der von Ihnen vorgelegte Beweis seine Überzeugung verändert hat.
   Wenn Sie die Fakten vorlegen können, nach denen Ihr Gesprächspartner sucht, sollten Sie Vorsicht walten lassen. Anderenfalls sollten

Sie sagen: »Mir liegt diese Information nicht vor. Ich werde der Frage nachgehen, und dann können wir wieder darüber reden.«

3. Wenn Sie dazu eingeladen werden, Fakten einzuführen, sollten Sie diese prüfen und sicherstellen, dass sie das sind, wonach Ihr Gesprächspartner gesucht hat.

   In diesem Fall sollten Sie diesen Satz voranstellen: »Ich irre mich vielleicht, aber wenn ich es richtig verstehe …« Diese Äußerung modelliert Bescheidenheit und zeigt, dass Ihre Überzeugung auch widerlegt werden kann.

#3 – SUCHEN SIE NACH WIDERLEGUNGEN

widerlegen, *Verb*

[ˌviːdɐˈleːgn̩]

Etymon: wider *Präfix*, legen *Verb*

Etymologie: wider *Präfix* + legen *Verb*

Zeigen, dass (eine Behauptung, Hypothese usw.) wahr sein kann, aber nicht muss; entkräften, annullieren

Widerlegung, *Substantiv, feminin*

[ˌviːdɐˈleːgung]

Etymologie: wider – *Präfix* + Legung *Nomen*, nach widerlegen *Verb*

Der Akt oder das Ergebnis der Widerlegung einer Hypothese usw.; ein Beispiel dessen.[18]

Ich (Peter) hatte die folgende Konversation mit DB, der ein Freund meines Vaters ist. DB war Anfang 60, war in ökonomischer und sozialer Hinsicht konservativ eingestellt und lebte in einem Wohnpark für Senioren in Las Vegas. Der folgende Gesprächsauszug beginnt *in medias res*:

DB: Es ist doch offensichtlich, dass die Medien Trump gegenüber voreingenommen sind. Mir ist bloß nicht klar, ob du das nur nicht zugeben oder nicht glauben willst.

Boghossian: Weder noch. Ich versuche nur, das beste Beispiel dafür zu finden. Was ist dein bestes Beispiel dafür?

DB: Das sagte ich doch schon, den gesamten Quatsch mit Russland. Das ist alles ein Haufen Schwachsinn. Wirklich alles. Die [das liberale Medienestablishment] sind doch nur darauf aus, ihm eins auszuwischen.

[Er redete noch einige Minuten darüber, warum diverse Anschuldigungen gegen Trump haltlos waren.]

Boghossian: Okay, womit ließest du dich umstimmen? Ich meine, welche Beweise müsste man dir vorlegen, die dich davon überzeugen würden, dass er vor der Wahl mit den Russen einen Deal ausgehandelt hat?

DB: Ich habe doch gerade erklärt, warum das alles nicht stimmt.

Boghossian: Ich meine ja auch nur rein theoretisch. Welche Beweise würden dich überzeugen? Ich sage nicht, dass ich dir diese Beweise vorlegen kann; ich versuche nur herauszufinden, wie sie aussehen müssten.

DB: Nun, es gibt keine Beweise, weil die Anschuldigungen nicht stimmen.

Boghossian: Okay, vielleicht drücke ich mich unklar aus. Probieren wir es mal so. Wenn die WikiLeaks ergeben würden, dass es E-Mails von jemandem weit oben in Trumps Lager gibt, in denen der Deal detailliert beschrieben wird, würdest du den Anschuldigungen dann glauben?

DB: Nein, ich würde dann glauben, dass die Mails fingiert worden sind.

Boghossian: Was wäre, wenn die besagten Mails durch andere Mails von anderen Quellen bestätigt werden würden?

DB: Habe ich doch gerade gesagt, sie wären gefälscht.

Boghossian: Was wäre, wenn Putin im russischen Fernsehen auftreten und öffentlich bekennen würde, dass er vor der Wahl einen Deal mit Trump ausgehandelt hat. Würde dich das überzeugen?

[kurze Pause]

DB: Nein, das würde er nur deshalb tun, weil er dem Ruf der Vereinigten Staaten schaden will. Wie …

Boghossian: Entschuldigung, aber da muss ich nachhaken. Was wäre, wenn er seine Aussage unter Eid ablegen würde? Würdest du ihm dann glauben?

DB: Weiß nicht.

Unter welchen Bedingungen könnte die Überzeugung falsch sein?

Die effektivste Technik, um Zweifel zu säen und jemanden dazu zu bringen, seine Meinung zu ändern, ist die Frage: »Unter welchen Bedingungen könnte [Überzeugung] falsch sein?«[19] Dies wird Widerlegung genannt.[20]

Wenn hypothetisch oder prinzipiell eine Überzeugung widerlegbar ist, bedeutet das, dass sie entkräftet werden kann; dass es also Bedingungen gibt, unter denen sie sich als falsch erweisen könnte. Wenn eine Überzeugung *nicht* widerlegbar ist, gibt es keine Bedingungen, unter denen sie falsch sein könnte. Sie ist dann eine absolute, unveränderliche Wahrheit.[21] Die Aussage: »Es gibt intelligentes Leben auf anderen Planeten« ist zum Beispiel widerlegbar, weil wir – um Carl Sagan zu paraphrasieren – die Ersten sein könnten. Jemand muss schließlich der Erste sein.[22]

Es wird generell anerkannt, dass die Wahrheiten der Logik und Mathematik nicht widerlegbar sind. Es gibt zum Beispiel keine Bedingungen, unter denen 7 + 5 nicht 12 ergibt. In ähnlicher Weise sind gewisse Aussagen per Definition wahr. Zum Beispiel ist die Aussage »Ein Junggeselle ist ein unverheirateter Mann« nicht widerlegbar, weil ein »Junggeselle« als »unverheirateter Mann« definiert wird. Es gibt keine Bedingungen, unter denen ein Junggeselle ein verheirateter Mann sein könnte, so wie es keine Bedingungen gibt, unter denen 7 + 5 etwas anderes als 12 ergeben könnte.

Wenn Ihr Gesprächspartner Bedingungen anerkennt, unter denen seine Überzeugung falsch sein *könnte*, ist diese Überzeugung widerlegbar.[23] Wenn er denkt, dass es *keine Bedingungen* gibt, unter denen seine Überzeugung falsch sein könnte, ist diese Überzeugung nicht widerlegbar, und er betrachtet diese Überzeugung als absolute, unumstößliche Wahrheit. Menschen mit Überzeugungen, die (zumindest in ihrer Vorstellung) nicht widerlegt werden können – wie »Das Klonen von Menschen ist moralisch verwerflich«, »Abtreibung lässt sich moralisch rechtfertigen« und »Homosexuelle sollten keine Kinder adoptieren dürfen« –, denken, dass sie an zeitlose, bedingungslose Wahrheiten glauben.

Wir versuchen oft, jemanden umzustimmen, indem wir versuchen, ihm etwas beizubringen (normalerweise durch das Vorlegen eines Beweises) oder ihn zu einer alternativen Überzeugung zu überreden. Wir überbringen in diesem Fall eine Botschaft (Kapitel 2, # 5: Den Boten töten). Das ist ein Fehler. Wenn Sie Ihrem Gesprächspartner helfen wollen, seine Überzeugungen zu revidieren, gelingt Ihnen das *am einfachsten und sichersten*, wenn Sie widerlegende Fragen stellen.[24]

Außerirdische entführen einen Bierlaster

Sie fahren mit einem Freund die Straße entlang, und vor Ihnen ist ein Bierlaster. Ihr Freund bemerkt beiläufig: »Der Lkw transportiert Bier.« Auf Ihre Frage: »Woher weißt du das?«, antwortet er: »Weil auf dem Laster groß BIER steht, der Fahrer eine entsprechende Jacke trägt und helllichter Tag ist.«

Hier ist eine Häresie: »Woher weißt du das« ist eine starke, aber *nicht die beste Frage*, um Ihren Gesprächspartner zum Nachdenken anzuregen. Die beste Frage lautet: »Wie könnte diese Überzeugung falsch sein?« Und zwar deshalb: »Woher weißt du das?« funktioniert nicht so, wie Sie es gern hätten. Wenn Sie mit Ihrem Freund die Straße entlangfahren und Sie etwas sehen, das wie ein Bierlaster wirkt, er »Der Lkw transportiert Bier« sagt und Sie mit »Woher weißt du das?« antworten, wird er Sie entweder ansehen, als hätten Sie den Verstand verloren, oder er wird naheliegende Gründe wie »Weil groß BIER draufsteht, du Trottel« nennen. »Woher weißt du das?« hat also seine Epistemologie skizziert, trug aber nicht dazu dabei, seine Überzeugungen zu verändern. Vergessen Sie nicht: Die Menschen neigen dazu, Beweise zu suchen, die ihre bestehenden Überzeugungen bestätigen, während sie Beweise, die dagegen sprechen, geflissentlich übersehen; deshalb sind sie normalerweise in der Lage, die (selektiven) Beweise zu nennen, die sie verwenden, um ihre Überzeugungen zu unterstützen. Mann muss oft in den epistemologischen blinden Fleck intervenieren, um Zweifel zu säen.[25] (Ein verwandtes Phänomen trifft auf kompliziertere Probleme wie moralische, politische oder ökonomische Themen zu.)

In ähnlicher Weise hilft die Nennung eines Gegenbeispiels wenig und kann den anderen in seiner Überzeugung sogar noch festigen. Wenn Sie sagen: »Vielleicht hat der Fahrer den Lkw entführt«, wäre eine nachvollziehbare Antwort: »Ach, komm schon. Nichts weist darauf hin, dass der Lkw entführt wurde, warum sollte ich diese Spekulation also ernst nehmen?« Wenn Sie »Woher weißt du das?« fragen und Gegenbeispiele nennen, wird Ihr Gegenüber Gründe nennen, die ihn davon überzeugen, dass seine bestehende Überzeugung wahr ist. In diesem Fall haben Sie eine umgekehrte Intervention durchgeführt. Statt Zweifel zu säen, bestärken Sie den anderen darin, dass seine Überzeugungen wahr sind.

Erfahrene Gesprächsführer wissen es besser. Während die Frage, woher man weiß, was man zu wissen glaubt, durchaus wichtig ist, greifen sie auf die Technik zurück, *widerlegende Fragen* zu stellen. Das heißt, dass jemand, der versiert darin ist, in die Kognitionen seines Gesprächspartners zu intervenieren, eine Frage stellt wie beispielsweise: »Unter welchen Bedingungen könnte diese Überzeugung falsch sein?« In diesem Beispiel ist eine offene widerlegende Frage: »Wie könnte die Überzeugung, dass der Laster Bier transportiert, inkorrekt sein? Unter welchen Bedingungen könnte diese Überzeugung also falsch sein?«[26] Nehmen wir an, dass Ihr Freund eine der folgenden vier Antworten gibt:

1. »Meine Überzeugung kann nicht falsch sein.«
2. »Meine Überzeugung könnte falsch sein, wenn Außerirdische den Laster entführt und das Bier weggekippt haben und stattdessen Laserkanonen transportieren.« (höchst unplausibel)
3. »Sie könnte falsch sein, wenn der Fahrer das Bier schon ausgeliefert hat und auf dem Rückweg ist, um den Laster neu zu beladen.« (plausibel)
4. »Ich weiß nicht.«

Wenn er (1) »Meine Überzeugung kann nicht falsch sein« sagt, kann seine Überzeugung nicht widerlegt werden. Es gibt keine Beweise, die ihn dazu bewegen könnten, seine Meinung zu ändern. Wichtig: »*Seine* Überzeugung kann nicht widerlegt werden« ist nicht gleichzusetzen mit »*Die* Überzeugung kann nicht widerlegt werden«. Wir beziehen uns lediglich auf seine individuelle Überzeugung.

Obwohl (2) höchst unplausibel ist, hat Ihr Freund eine Bedingung genannt, unter der seine Überzeugung falsch sein könnte. Daher kann seine Überzeugung widerlegt werden, obwohl er die Messlatte extrem hoch setzt.

(3) ist wesentlich plausibler als (2). Bei (3) kann seine Überzeugung widerlegt werden.

Wenn er (4) »Ich weiß nicht« sagt, ist beides möglich: Seine Überzeugung könnte widerlegt werden oder auch nicht. Sie müssen weiter mit ihm interagieren, um herauszufinden, was zutrifft. Wir werden an dieser Stelle nicht auf diese Reaktion eingehen, weil weitere Fragen Aufschluss darüber geben, unter welche Kategorie seine Überzeugung fällt.

Es gibt also drei grundsätzliche Kategorien widerlegbarer Überzeugungen:

1. Nicht widerlegbar.
2. Widerlegbar, aber nur unter höchst unplausiblen Bedingungen.
3. Widerlegbar.[27]

Werfen wir nun einen Blick auf die relevanten Gesprächsstrategien, die Sie in jedem der drei Fälle anwenden können.

1. Überzeugungen sind nicht widerlegbar: »Ich kann nicht falsch liegen!«

   Wenn jemand eine Wissensbehauptung macht, bedeutet das, dass er zugibt, etwas zu wissen. Ob eine Überzeugung widerlegbar ist oder nicht, ist eine Form von Wissensbehauptung. Wenn man sagt, dass eine Überzeugung nicht widerlegt werden kann, es also keine Bedingungen gibt, unter denen sie sich als falsch erweisen könnte, behauptet man, absolutes Wissen über eine relevante Domäne der Realität zu besitzen. Wenn Emily behauptet, dass die Aussage: »Es gibt im Weltall nicht nur auf unserem Planeten intelligentes Leben« selbst hypothetisch nicht widerlegbar ist, behauptet sie gleichzeitig, mit absoluter Gewissheit spezifische Bedingungen des Weltalls zu kennen.

   Das ist ein entscheidender Punkt, den wir noch einmal wiederholen möchten: Wenn jemand sagt, dass seine Überzeugung nicht widerlegbar ist, behauptet er, sich über einen Aspekt der Realität, in dem seine Überzeugung wirksam ist, *absolut sicher* zu sein. Er behauptet zu wissen, dass bestimmte Zustände auf keinen Fall existieren können. In diesem Beispiel behauptet Emily zu wissen, dass es im Weltall anderes intelligentes Leben gibt. Ihre Überzeugung ist epistemologisch besiegelt und kann nicht revidiert werden. Philosophen bezeichnen dies abhängig vom Kontext als »epistemische Schließung«.

Wie kann man produktiv mit einem Gesprächspartner interagieren, der sagt, dass seine Überzeugung nicht widerlegt werden kann? So geht es auf jeden Fall *nicht*: indem Sie Gegenbeweise liefern (erinnern Sie sich an den vorigen Abschnitt »Vermeiden Sie Fakten«). Denken Sie an das Gespräch über Präsident Trump am Anfang dieses Abschnitts. Die Anführung von Gegenbeweisen oder Fakten hätte DB eine Gelegenheit gegeben, sich ins Zeug zu legen und zu argumentieren, dass Peter ihn davon zu überzeugen versucht, dass Trump möglicherweise mit den Russen gemeinsame Sache gemacht hat. Und so sollten Sie mit einem Gesprächspartner umgehen, der zugibt, eine nicht widerlegbare Überzeugung zu haben: Stellen Sie in Frageform einen möglichen Zustand oder Grund vor – ohne Beweise zu liefern –, wie die Überzeugung falsch sein könnte. In unserem Bierbeispiel könnten Sie fragen: »Was ist, wenn der Bierlaster gerade seine letzte Lieferung ausgefahren hätte?« Die Nennung einer Bedingung, unter der eine Überzeugung falsch sein könnte, ist ein wirksames Mittel, um aus einer vormals unwiderlegbaren Überzeugung eine widerlegbare zu machen.

Wenn mehrere widerlegende Fragen ins Leere laufen (»Was wäre, wenn der Laster einen Platten hatte und gerade aus der Werkstatt kommt? Oder was wäre, wenn die Kühlung kaputt gegangen ist und der Laster gerade auf dem Weg in die Werkstatt ist?«), sollten Sie Ihre Gesprächsziele überdenken. Es könnte sein, dass der andere seine Überzeugung mit unerschütterlicher Zuversicht vertritt und sie nicht widerlegbar ist (zumindest für ihn). Es ergibt wenig Sinn, eine Diskussion über die Bedingungen zu führen, unter denen eine Überzeugung falsch sein könnte, wenn Ihnen jemand ausdrücklich und eindringlich sagt, dass es *auf keinen Fall* Bedingungen gibt, unter denen diese Überzeugung falsch sein kann, und er jede mögliche Bedingung ablehnt, die Sie anführen.[28] Wenn Sie herausfinden wollen, ob die Überzeugung wirklich widerlegbar ist, müssen Sie mögliche Widerlegbarkeitsfragen/-bedingungen vorstellen und seine Reaktion abschätzen.

Solche Gespräche führen normalerweise nur dann in die gewünschte Richtung, wenn man sich von der Epistemologie löst, das heißt, wie jemand weiß, was er zu wissen glaubt, und sich Fragen über die Identität und Moral zuwendet (die in Kapitel 7 ausführlich behandelt werden), zum Beispiel: »Welche persönlichen Eigenschaften würden jemanden dazu veranlassen, diese Ansicht zu unterstützen? Was ist mit jemandem, der sie ablehnt?« (Identität), »Was würde es für Sie bedeuten, diese Ansicht aufzugeben? Wie würde das aussehen?« (Identität und Moral), und »Warum wäre jemand ein guter/schlechter Mensch, wenn er diese Überzeugung nicht hätte?« (Moral). Es findet also ein Wechsel von widerlegenden Fragen auf kalibrierte Fragen nach dem Muster »Was bedeutet es, wenn …?« statt.

Dieser Wechsel ist signifikant, denn der Großteil der nicht widerlegbaren Überzeugungen wird vertreten, weil sie einen Bezug zum Verständnis dessen haben, was es heißt, ein guter Mensch zu sein. (Das Beispiel mit dem Bierlaster hilft zwar, das Konzept der Widerlegbarkeit zu veranschaulichen, ist aber nicht realistisch. Praktisch niemand hat eine Überzeugung, die den Inhalt eines Bierlasters betrifft und nicht widerlegt werden kann, weil die Frage, ob ein Laster Bier transportiert oder nicht, für niemanden eine direkte *moralische* Relevanz hat.) Daniel Dennett bezeichnet die zugrunde liegende Überzeugung, dass man durch eine bestimmte Überzeugung ein besserer Mensch ist, als »Glauben an den Glauben.«[29] Die zugrunde liegende Überzeugung (dass man [X] glauben sollte, weil gute Menschen nun einmal [X] glauben und man durch die Ablehnung von [X] ein schlechterer Mensch wird) hält davon ab, angemessene Widerlegungskriterien zu sehen und anzuerkennen.

Diese Gespräche scheinen sich auf der Ebene der Hypothesen (»Was wäre, wenn neben der Erde auch auf dem Mars Leben entstehen würde?) oder Fakten (»Der Mars ist zu weit von der Sonne entfernt, weshalb dort kein Leben entstehen kann«) zu bewegen, aber in Wirklichkeit handeln sie davon, was es jemandem bedeutet, ein guter (gute Menschen revidieren *diese* Überzeugung nicht) oder schlechter Mensch (schlechte Menschen haben *diese* Überzeugung nicht) zu sein (in diesem Fall könnte die Überzeugung sein, dass »Gott nur auf der Erde Leben geschaffen hat, und das ist eine Grundüberzeugung meiner Religion, an die gute Menschen glauben«).

Dementsprechend ist es unwahrscheinlich, dass jemand etwas revidiert, woran er glaubt – nicht weil es keine Bedingungen gäbe, unter denen seine Überzeugung falsch wäre, sondern weil die Revision dieser Überzeugung seine (moralische) Identität infrage stellen würde.[30] Manchmal ist die Umstimmung einer Person kein intellektuelles oder epistemologisches Problem, sondern ein moralisches. (Das ist ein weiterer Grund dafür, warum es selten hilft, Fakten in eine Diskussion einzubringen, um den anderen dazu zu bringen, seine Überzeugungen zu revidieren.) Wenn man sich weigert, sich widerlegende Fragen zu stellen, fühlt man sich in der Regel moralisch im Recht, weil man seine Überzeugungen verteidigt.[31] Denken Sie an jemanden, der Spritzentausch-Programme ablehnt. Wenn eine solche Person ihre Meinung ändert, müsste sie sich damit auseinandersetzen, dass sie eine Maßnahme abgelehnt hat, die vielen Hilfsbedürftigen unnötiges Leid erspart hätte.

2. Widerlegbar, aber nur unter höchst unplausiblen Bedingungen: »Die Knochen Christi!«

Wenn man widerlegende Fragen stellt, stößt man manchmal auf Leute, die etwas an den Haaren Herbeigezogenes sagen, das Sie sprachlos macht.[32] Wenn Sie sich selbst bei der Frage ertappen: »Wie könnte jemand nur so etwas Verrücktes glauben? Das ist einfach bizarr. Das ist die unwahrscheinlichste Bedingung, die es gibt. Warum würde sich jemand überhaupt die Mühe machen, so etwas zu sagen, geschweige denn zu denken?«, dann befinden Sie sich in diesem Bereich. Bevor Sie mit dem Gespräch fortfahren, sollten Sie die Diskussion und Ihre Ziele beurteilen. Ihr Gesprächspartner könnte psychisch labil sein, und in diesem Fall wäre es unter Umständen besser, das Gespräch zu beenden. Im Zweifelsfall sollten Sie gehen.

Beispiele für extrem unplausible Widerlegungsbedingungen, die ansonsten vernünftig denkende Menschen stellen, sind vor allem bei theologischen Fragestellungen zu finden. Wenn Sie die widerlegende Frage

»Unter welchen Bedingungen würden Sie Ihre Überzeugung revidieren, dass Jesus von den Toten auferstanden ist?« stellen, wäre eine höchst unplausible Antwort: »Zeigen Sie mir die Gebeine Christi.«[33] Wenn Sie einen Sack mit den sterblichen Überresten Jesu Christi vorlegen würden, würde Ihr Gegenüber also aufhören zu glauben, dass Jesus der Sohn Gottes war, weil er dann nicht in den Himmel aufgefahren sein kann. Jeder, der diese Antwort gibt, ist sich allerdings sehr wohl der Tatsache bewusst, dass es rein technisch (also nicht aus religiösen Gründen) völlig ausgeschlossen ist, die Gebeine Christi vorzulegen. Wichtiger noch, wenn Sie oder jemand anderes menschliche Knochen präsentieren und behaupten würden, dass es sich hierbei um die Gebeine Christi handelt, würde Ihr Gesprächspartner diese Behauptung sicher ablehnen.[34]

An diesem Beispiel ist interessant, dass Ihr Gesprächspartner *alles* in seiner Macht Stehende unternähme, um zu beweisen, dass die Knochen nicht die Gebeine Christi sind. Er würde dafür jedes ihm zur Verfügung stehende Mittel nutzen. Er würde wissen, wie man die Knochen untersuchen kann (und sie an die Experten einer größeren Universität verweisen), was eine ausreichende Entkräftung zur Folge hätte (»Die Knochen könnten von jedem stammen!«), und welche weiteren Recherchen nötig wären, um ihre Authentizität zu belegen. Dieses hypothetische Beispiel zeigt eindeutig: Wenn es um bestimmte Behauptungen geht, haben Menschen, die höchst unplausible Widerlegungsbedingungen stellen, kein Problem damit, das Prinzip der Widerlegung, Epistemologie oder die Anwendung wissenschaftlicher Mittel zu verstehen.

Daraus kann man noch mehr lernen. Angenommen, im Sack befänden sich tatsächlich die Gebeine Christi. Nehmen wir also an, dass es eindeutige wissenschaftliche Beweise dafür gäbe. Selbst nachdem Ihr Gesprächspartner jeden Gegenbeweis in seinem Arsenal hervorgebracht hätte, ist es unwahrscheinlich, dass er (der zuvor diese Bedingung gestellt hat) seinen Glauben an die Wiederauferstehung aufgeben würde; vielleicht würde er sagen, dass es nicht möglich ist, sich der Richtigkeit einer wissenschaftlichen Entdeckung absolut sicher zu sein. Wir stellen diese Behauptung nicht leichtfertig auf, um jemanden zu beleidigen: Trotz der Unmöglichkeit einer globalen Sintflut und anderer

Details der Geschichte, tun Millionen von Christen genau dasselbe hinsichtlich der tatsächlichen Existenz der Arche Noah, die in Genesis 6–9 erwähnt wird.[35] Höchst unplausible Widerlegungsbedingungen werden fast immer aus moralischen und nicht aus epistemologischen Gründen genannt.

Wenn höchst unplausible Widerlegungsbedingungen angeboten werden, kann die Überzeugung der Person widerlegbar erscheinen, was aber nicht der Fall ist. Das liegt daran, dass sie nicht auf der Ebene der Fakten und Beweise wirkt, sondern vielmehr moralisch motiviert ist. Das Problem, das Sie jetzt ansprechen müssen, ist *nicht* die Überzeugung oder sogar, wie die Person zu dieser Überzeugung gelangt ist; es ist die Überzeugung, dass sie diese besondere Überzeugung haben (oder nicht haben) sollte. Es ist ihr »Glaube an den Glauben«.

In den meisten Fällen wissen Leute, die höchst unplausible Widerlegungsbedingungen anbieten, dass ihre Überzeugung objektiv nicht widerlegbar ist, aber sie bieten ihre Antwort an, um sich selbst – entweder vor sich selbst, vor Ihnen oder anderen – als fair, vernünftig und aufgeschlossen darzustellen. Es ist schwierig und frustrierend, mit Leuten zu interagieren, die höchst unplausible Widerlegungsbedingungen bieten. Das liegt daran, weil sie (auf einer gewissen Ebene) oft wissen, dass die Gewissheit, mit der sie an einer Überzeugung festhalten, nicht auf Beweisen beruht, sie sich aber moralisch verpflichtet fühlen, sich weiter an diese Überzeugung zu klammern. Sie sind in dieser Hinsicht nicht nur unaufrichtig, sondern müssen einen Weg finden, die Kluft zwischen ihrer Gewissheit und dem (objektiven) Mangel an Beweisen zu kompensieren, um ihre alte, lieb gewonnene Überzeugung aufrechtzuerhalten.

Diese Kompensation könnte sich als moralische Überreaktion äußern (die Behauptung, dass man sich provoziert fühlt oder empört ist, oder der Vorwurf, Sie seien ein Sünder, Ketzer, Ungläubiger, Scheinheiliger oder Rassist, weil Sie die widerlegende Frage gestellt haben), als epistemologische Mogelei (die künstliche Rechtfertigung seiner Gewissheit, beispielsweise durch einen Appell an den Glauben; die Behauptung, geheimes, aufgedecktes oder verborgenes Wissen zu besitzen, oder die Erfindung einer völlig neuen, maßgeschneiderten Epistemologie, die seine bevorzugten Schlussfolgerungen begünstigt) oder als soziale Manipulation (die Drohung, Sie sozial zu ächten oder einen Keil in Ihre Gemeinde oder Familie zu treiben).[36]

Die Dinge werden noch dadurch verkompliziert, dass es durchaus möglich ist, dass Ihr Gesprächspartner eine Art von Ausbildung erhalten hat, in der ihm einstudierte Antworten auf Fragen beigebracht wurden, etwa die christliche Apologetik oder Indoktrination bei einigen Formen des politischen/ideologischen Aktivismus. Wie benutzen Sie nun also widerlegende Fragen, um mit jemandem zu interagieren, dessen Überzeugungen nur unter höchst unplausiblen Bedingungen widerlegbar sind?

Sie könnten beispielsweise fragen, *warum* seine Widerlegungsbedingungen so sind, wie sie sind. Bitten Sie ihn um eine möglichst detaillierte Erklärung, warum andere Kriterien nicht funktionieren können. Wenn zum Beispiel die Widerlegungsbedingung Ihres Partners für die Existenz Bigfoots darin besteht, jedes Tier in der gesamten Region zu fangen und zu untersuchen und sich kein Bigfoot darunter befindet, fragen Sie: »Es fällt mir schwer, das zu verstehen. Wie kommt es, dass Sie Ihre Messlatte für Zweifel so hoch setzen? Ich frage mich, warum ein einfacheres Problem – zum Beispiel die Frage, wie es sein kann, dass nach all der Zeit kein einziger toter Bigfoot entdeckt wurde – nicht reicht, um Zweifel zu schüren?« (Wenn Sie wie in Kapitel 4 Skalen eingeführt haben und Ihr Gesprächspartner eine 10 angibt, könnten Sie die Frage stellen: »Warum reicht es nicht aus, um die Gewissheit Ihrer Überzeugung auf 9,9 zu senken?«) Das Ziel ist es nicht nur, den anderen zum Reden zu bringen, sondern ihn auch dazu anzuregen, über vernünftigere Widerlegungskriterien nachzudenken. Das gelingt Ihnen mit der Frage: »Was glauben Sie, warum Ihre Messlatte für die Widerlegung dieser Behauptung deutlich höher ist als für andere Dinge?«

Wenn das Reden über vernünftigere Widerlegungskriterien keine Neugier oder Zweifel weckt, sollten Sie Ihren Partner dazu auffordern, Sie nach Ihren Widerlegungskriterien zu fragen, wenn Sie dieselbe Überzeugung erforschen würden (Kapitel 3, Modellierung). Sagen Sie: »Könnten Sie mich bitte fragen, was meinen Glauben an die

Existenz Bigfoots widerlegen würde? Wenn Sie meine Meinung hören möchten, werde ich sie Ihnen sagen.« (Übrigens: Die Dokumentationsreihe *Finding Bigfoot* auf dem Sender Animal Planet geht mittlerweile in die neunte Staffel. Wenn die unerschrockenen und unermüdlichen Forscher Bigfoot immer noch nicht gefunden haben, ist nur schwer vorstellbar, welche Widerlegungskriterien hartgesottene Bigfoot-Enthusiasten vorbringen würden.)

Wenn keiner dieser Wege irgendwo hinführt, sollten Sie die Gangart wechseln und direkte Fragen über Moral, Werte oder Identität stellen, die unter der Oberfläche schlummern. Fragen Sie: »Welchen Nutzen hat es, an Bigfoot zu glauben, im Vergleich dazu, nicht an ihn zu glauben?« (Diese Frage scheint bei Bigfoot etwas seltsam, aber seltsame Überzeugungen beruhen oft auf tieferen Hoffnungen, Werten oder Identitätssorgen. Viele Leute glauben zum Beispiel an Geister, weil die Existenz von Geistern ein Beleg dafür wäre, dass es ein Leben nach dem Tod gibt. Selbst der Glaube an Bigfoot könnte stellvertretend für die Hoffnung stehen, dass es auf der Welt noch viele unerforschte Dinge gibt.) Oder, um zu dem vorigen Beispiel zurückzukehren: »Wie würde es jemanden zu einem besseren oder schlechteren Menschen machen, wenn er hinreichende Beweise für die Nichtauferstehung Jesu Christi anerkennen und seine Haltung zum Christentum ändern würde?« Wenn Ihr Gesprächspartner die Frage als zu heikel empfindet, könnten Sie stattdessen den Islam, Hinduismus oder Scientology verwenden (stellen Sie mit anderen Worten Fragen von Außenstehenden, Kapitel 3). Zum Beispiel: »Wie würde es jemanden zu einem besseren oder schlechteren Menschen machen, wenn er hinlängliche Beweise anerkennen würde, die die Wahrheit der Hauptlehren des Hinduismus leugnen, und daraufhin seine Haltung zum Hinduismus ändern würde?«

Wenn Sie Fragen über die Beziehung zwischen tieferen Problemen und ihrer Widerlegung stellen oder wenn Sie eine andere Religion thematisieren (und wie im vorigen Beispiel statt über das Christentum über den Hinduismus reden), werden Sie voraussichtlich auf deutlich geringeren Widerstand stoßen und mit größerer Wahrscheinlichkeit eine nicht einstudierte Antwort erhalten. Darüber hinaus kennt Ihr Gesprächspartner möglicherweise umgängliche, anständige und liebevolle Menschen, die einen anderen Glauben haben. Diese Art des Fragens bewirkt, dass widerlegende Fragen wirksam werden, indem sie dem Gesprächspartner hilft, eingehender über die Bedingungen nachzudenken, die Überzeugungen verankern, welche unter höchst unplausiblen Bedingungen widerlegbar sind.

3. Überzeugungen sind widerlegbar: »Das müsste passieren, damit …«

Wenn jemand widerlegbare Überzeugungen hat und vernünftige Bedingungen nennen kann, unter denen er seine Meinung ändern würde, müssen Sie nur noch herausfinden, ob diese Bedingungen Bestand haben beziehungsweise wie wahrscheinlich sie Bestand haben. Bevor Sie jedoch damit anfangen, müssen Sie klären, was genau passieren müsste, damit jemand seine Meinung ändert.

Nehmen wir an, Ihr Gesprächspartner vertritt die Meinung, dass das iranische Atomprogramm ausschließlich friedlichen Zwecken dient; dass es, wie der iranische Präsident Hassan Rouhani wiederholt bekräftigt hat, als ökonomischer Schutz vor einem Einbruch der Ölpreise dient.[37] Fragen Sie: »Was müsste passieren, damit Sie Ihre Meinung ändern? Welchen Beweis könnte ich – rein hypothetisch – liefern, der Sie dazu bewegen würde, Ihre Überzeugung zu revidieren?« Wenn Ihr Gesprächspartner mit »Wenn ein hochrangiger iranischer Beamter zugeben würde, dass das Atomprogramm nicht ausschließlich friedlichen Zwecken dient« antwortet, könnten Sie im Anschluss die folgenden Fragen stellen: »Wie hochrangig müsste der Beamte sein?« und »Von welchen Personen, vom Präsidenten einmal abgesehen, würden Sie eine Äußerung akzeptieren? Von jemandem, der im Wächterrat sitzt? Von mehreren Leuten im Wächterrat? Wie viele hochrangige iranische Funktionäre müssten es sein?« Sie müssen *genau* klären, welche Bedingungen erfüllt sein müssen, weil Sie sonst nicht sagen können, ob die Bedingungen ausreichend waren oder nicht.

Sobald Sie und Ihr Partner sich darüber einig sind, was passieren müsste, damit er seine Meinung ändert, lenken Sie das Gespräch auf die Frage, wie Sie herausfinden könnten, ob die Quelle oder die Information gültig ist (Kapitel 4, Outsourcing). Um den Prozess in Gang zu bringen, fragen Sie Ihren Partner, an wen Sie sich wenden sollen.[38] Sagen Sie: »Nun, ich habe X in Y darüber gelesen, und wenn das stimmt, würde das ausreichen?« Wenn er mit »Ja, das tut es« antwortet, sollten Sie eine weitere Frage stellen, nämlich: »Klasse, haben Sie Ihre Meinung also geändert?« Wenn er »Nein, das reicht nicht aus« oder »Diese Nachrichtenquelle ist unzuverlässig!« sagt, können Sie das Gespräch auf die Frage lenken, woher Sie die notwendigen Informationen beziehen können. Wenn Sie nichts über den Iran wissen und keine Ahnung haben, wo das Land auf der Weltkarte liegt, sollten Sie im Gespräch in den Lernmodus schalten und Fragen stellen, die Ihren Gesprächspartner dazu veranlassen könnten, seinen eigenen Effekt der ungelesenen Bibliothek zu offenbaren.

Wenn eine Überzeugung nicht widerlegt werden kann, ist es wichtig, *nicht* in die Rolle des Boten zu schlüpfen. Überbringen Sie keine Fakten oder – wichtiger noch – Ihr Glaubensbekenntnis. Damit würden Sie den Widerlegungsprozess aufs Spiel setzen, weil Ihr Gesprächspartner die Fähigkeit verliert, über seine Überzeugungen nachzudenken und sich selbst davon zu überzeugen, was wahr ist – was *deutlich* effektiver ist, als ihm zu sagen, was wahr ist. Wenn sich Ihr Partner Ihnen gegenüber öffnet und sich angreifbar macht, dürfen Sie diese Offenheit nicht missbrauchen und Ihre Botschaft überbringen. Denn so versuchen Sie, *Ihre* Überzeugungen an den Mann zu bringen, statt bei Ihrem Partner Zweifel zu säen und ihm zu helfen, seine Überzeugungen kritisch zu hinterfragen. Dieser Ansatz, der von Predigern und Verkäufern gern benutzt wird, um ihre Zuhörer beziehungsweise Kunden unter Druck zu setzen, ist ethisch höchst fragwürdig.[39]

Wie Sie widerlegende Fragen in Ihre Gespräche integrieren

1. Sobald eine Diskussionsfrage feststeht (Kapitel 3, Stellen Sie Fragen), fragen Sie Ihren Gesprächspartner, wie sicher er sich ist, dass seine Überzeugung wahr ist (Kapitel 4, Führen Sie Skalen ein).
   a. Wenn er mit »10« antwortet, ist seine Überzeugung nicht widerlegbar, aber vergewissern Sie sich mit der Frage: »Nur damit wir uns nicht

missverstehen: Es gibt selbst hypothetisch *keinen* Beweis, der Sie dazu bringen würde, Ihre Meinung zu ändern? Trifft das zu?« Wenn er Ja sagt, stehen Ihnen folgende Optionen zur Verfügung: Schalten Sie in den Lernmodus und stellen Sie weitere widerlegende Fragen, um mehr über seine Überzeugung zu erfahren; fragen Sie, warum er diese Überzeugung hat, und versuchen Sie, hinter seine Epistemologie zu kommen, lenken Sie das Gespräch auf Moral und Identität, intervenieren Sie mit der Frage, »ob gute Menschen bereit sein sollten, ihre Überzeugungen zu revidieren oder nicht«, oder beenden Sie das Gespräch.

b. Wenn er mit »9 auf einer Skala von 1 bis 10« antwortet, ist seine Überzeugung widerlegbar. Fragen Sie gleich darauf: »Okay, Sie haben 9 und nicht 10 gesagt, deshalb bin ich neugierig: Warum haben Sie nicht 10 gesagt?«, oder »Welche Informationen würden Sie dazu veranlassen, Ihre Überzeugung auf eine 8 oder sogar eine 7 zu senken?«[40]

c. Wenn er eine Zahl nennt, die sich im mittleren Bereich befindet, einschließlich einer 9, können Sie fragen, was seine Gewissheit verringern würde wie oben in (b), oder Sie können die nichtintuitive Frage stellen: »Warum ist Ihre Überzeugung keine [ein höherer Wert]?« Wie in Kapitel 6 noch besprochen wird (Altercasting), helfen Sie Ihrem Partner, über die Gründe nachzudenken, weshalb er seine Überzeugung *anzweifeln* sollte, statt Gründe vorzubringen, von denen er ohnehin schon überzeugt ist. Diese Strategie richtet ihren Fokus nicht auf Bestätigung, sondern auf Widerlegung.

d. Wenn seine Überzeugung nur unter höchst unplausiblen Bedingungen widerlegt werden kann, müssen Sie entscheiden, ob Sie das Gespräch fortsetzen möchten oder nicht. Wenn Sie es fortsetzen möchten, sollten Sie widerlegende Fragen oder Fragen von Außenstehenden stellen. Wenn Sie sich in der Situation wohl genug fühlen, sollten Sie Ihre Bedenken bezüglich der Aufrichtigkeit Ihres Gesprächspartners äußern, falls Sie die Vermutung haben, dass er nicht ganz ehrlich zu Ihnen ist. In diesem Fall ziehen wir es vor, unserem Partner die Rolle des rationalen Menschen zuzuweisen (Kapitel 6, Altercasting) und das Gespräch auf die Frage zu lenken, was rationale Menschen glauben sollten.

2. Wenn Sie ein Gespräch mit jemandem führen möchten, der eine nicht widerlegbare Überzeugung hat, sollten Sie die folgenden Fragen (mit kurzen Nachfragen) in der folgenden Reihenfolge stellen:

   Epistemologische Fragen

   »Dann beruht die Überzeugung nicht auf Beweisen, richtig?«

   »Lehnen Sie andere Überzeugungen grundsätzlich ab, oder nur diese? Was macht diese Überzeugung so besonders?«

   »Gibt es Beispiele für andere Überzeugungen, die Sie ebenfalls nicht zu ändern bereit sind?«

   Moralische Fragen

   »Inwiefern ist es eine Tugend, diese Überzeugung nicht zu revidieren?«

   »Wären Sie ein guter Mensch, wenn Sie diese Überzeugung nicht hätten?«

   »Gibt es Beispiele für Leute, die diese Überzeugung nicht haben und trotzdem gute Menschen sind?«

   Der Wechsel von Epistemologie auf Moral gewährt Ihnen einen kleinen Ausblick auf die wirklichen Gründe, warum jemand eine bestimmte Ansicht hat. Praktisch alle unwiderlegbaren Überzeugungen werden moralisch begründet, obwohl epistemologische Gründe vorgegeben werden.

   Nehmen Sie bitte zur Kenntnis, dass diese Fragen Ihnen helfen, über Ihre Überzeugungen zu reden, ohne die spezifische Überzeugung direkt ansprechen zu müssen, wodurch sich Ihr Gesprächspartner bedrängt fühlen könnte. Es ist gut möglich, dass dies der Anfang eines produktiven Gesprächs ist, weil Sie einen Einblick in die psychologischen, moralischen und epistemologischen Mechanismen erhalten, die einen Menschen an feste Ansichten über die Realität fesseln.

3. Wenn Sie vergeblich versucht haben, widerlegende Fragen an jemanden zu richten, der auf der Überzeugungsskala eine 10 angegeben hat und nicht offen dafür ist, seine Überzeugung zu revidieren, sollten Sie diese folgende Gesprächsvorlage verwenden:

   a. »Erinnern Sie sich daran, wie es vor zehn Jahren war.« (Wenn Ihr Gesprächspartner ein jüngeres Semester ist, reduzieren Sie die Anzahl der Jahre.)

b. Fragen Sie: »Haben sich Ihre Überzeugungen, nicht zu diesem, aber zu einem anderen Thema, in den letzten zehn Jahren geändert? Ich meine, sind alle Ihre Überzeugungen völlig unverändert geblieben?«

c1. Wenn er sagt, dass sich seine Überzeugungen in den letzten zehn Jahren in keiner Weise geändert haben, sollten Sie den Zeitrahmen vergrößern, fünfzehn oder sogar zwanzig Jahre zurückgehen, und die Frage erneut stellen.

c2. Wenn er sagt, dass er eine oder mehrere Überzeugungen geändert hat, machen Sie folgende Feststellung: »Vor zehn Jahren haben Sie etwas geglaubt, das Sie jetzt nicht mehr glauben. Dies lässt doch Raum für die Annahme, dass Sie in zehn Jahren auf Ihr heutiges Leben zurückblicken und dasselbe sagen, oder? Ich meine, dass Sie in zehn Jahren erkennen, dass Ihr zehn Jahre jüngeres, heutiges Ich an etwas glaubte, was sich im Nachhinein als unwahr herausgestellt hat?« (Anmerkung: Das Wort *unwahr* klingt nicht so hart wie *falsch*. Im Allgemeinen sollten Sie *unwahr* benutzen, weil dies den Gesprächspartner in eine weniger defensive Haltung bringt. Falls es die Situation erfordert, müssen Sie aber eindrücklicher werden und *falsch* benutzen.)

d1. Wenn Ihr Gesprächspartner einräumt, dass er in zehn Jahren zurückblicken und verstehen wird, dass er eine falsche Überzeugung hatte, sollten Sie Ihre Aufmerksamkeit auf die Überzeugung richten, um die es gerade geht. Fragen Sie: »Woher wissen Sie, dass diese spezielle Überzeugung nicht zu den Überzeugungen zählen wird, die Sie später als falsch betrachten werden?«

d2. Wenn er sagt, dass er schon immer *genau* dieselben Überzeugungen hatte, belügt er entweder Sie oder sich selbst, oder er leidet an einer Extremform von epistemologischer Schließung. Das heißt, dass sein Überzeugungsleben abgeschlossen ist und keiner Revision unterzogen wird. In diesem Ausnahmefall werden Sie evaluieren müssen, ob Sie das Gespräch fortsetzen möchten.

Nach dieser Sequenz sollte er sensibilisiert und weiteren widerlegenden Fragen gegenüber aufgeschlossener sein. Ein letzter Tipp: Sie sollten nicht gewohnheitsmäßig auf diese leicht anwendbare

Technik zurückgreifen, weil Sie sonst nicht gut darin werden, widerlegende Fragen zu stellen.

4 – JA, UND …

Werfen wir einen Blick auf die Welt des Improvisationstheaters:

Im Kontext der Bühnenimprovisation, bei der es kein Skript gibt, das den Szenenverlauf steuert, funktioniert »Ja, und« wie folgt: Ein Schauspieler bietet auf der Bühne eine Idee an, die die anderen Schauspieler bestätigen und mit eigenen Vorschlägen ausbauen.

Einer sagt zum Beispiel: »Wow, ich habe noch nie so viele Sterne am Himmel gesehen.«

Der Schauspieler, der ebenfalls in der Szene auftritt, hat zu diesem Zeitpunkt nur eine Aufgabe: Dieser Aussage zuzustimmen und sie durch eine eigene Äußerung zu ergänzen, zum Beispiel: »Ich weiß. Hier oben auf dem Mond sehen die Dinge ganz anders aus.«

Diese einfache Aussage bestätigt das, was der erste Schauspieler gesagt hat, und führt eine neue Idee ein (nämlich dass sie von der Stadt weit entfernt sind – so weit, dass sie tatsächlich auf dem Mond sind). Diese Bestätigung gibt dem ersten Schauspieler eine Information, auf der er aufbauen kann, und gibt dieser Szene eine Vielzahl von Entwicklungsmöglichkeiten.

Wenn der zweite Schauspieler das Angebot des ersten Schauspielers mit einer Aussage wie »Ich kann keinen einzigen Stern sehen … es ist helllichter Tag« ausgeschlagen hätte, wäre die sich entfaltende Szene sofort beendet gewesen, und der erste Schauspieler hätte unter Zugzwang gestanden, eine Antwort zu finden, um die Szene zu retten und die Aufmerksamkeit des Publikums nicht zu verlieren. Wir haben die Erfahrung gemacht, dass das Publikum sehen will, wie sich auf der Bühne eine originelle Handlung entwickelt; sie sind nicht daran interessiert, den Schauspielern dabei zuzusehen, wie sie endlos über die wesentlichen Fakten einer Szene monologisieren – das ist wahnsinnig langweilig.[41]

Auf Nimmerwiedersehen »Aber«

Löschen Sie das Wort *aber* aus Ihrem aktiven Wortschatz. Verwenden Sie stattdessen *und.* Wenn Sie Ideen miteinander verknüpfen, sollten Sie möglichst immer *und* verwenden.

Forscher des Harvard Negotiation Projects nennen diese Gewohnheit die Einnahme des »Und-Standpunkts«, die auch eine beliebte Technik der Improvisationskomödie ist.[42] »Ja, und« ist eine Art, Themenpunkte zu organisieren, indem man sie mit dem Wort »und« verknüpft. Mit »Ja, und« können Sie anerkennen, dass *sowohl* die Meinung Ihres Gesprächspartners *als auch* Ihre eigene gültig ist, auch wenn ein offenkundiger Konflikt besteht.[43]

Das Wort *aber* ruft in der Regel eine defensive Haltung hervor, vor allem wenn Sie und Ihr Gesprächspartner unterschiedliche Ansichten vertreten. *Aber* dient im Gespräch als eine Art Bremsschwelle, die den Ideenfluss behindert. *Aber* negiert auch eine oberflächliche Anerkennung. Die Einleitung der Antwort mit »Ja, aber …« ist keine authentische Art, seinen Partner anzuerkennen. Sie stellen damit vielmehr infrage, was Ihr Partner gerade gesagt hat, und stimmen ihn darauf ein, alles abzulehnen, was Sie anschließend noch zu sagen haben.[44]

Vergleichen Sie:

»**Ja, und** wie sollten wir mit den Kindern illegaler Einwanderer umgehen?«

mit

»**Ja, aber** wie sollten wir mit den Kindern illegaler Einwanderer umgehen?«

Wenn Sie nicht mit »Ja« anfangen, können Sie das »aber« immer noch weglassen, indem Sie auf »und« wechseln. Vergleichen Sie:

»**Das ist eine gute Idee, und** was ist mit Straftätern, die Schusswaffen erwerben wollen?«

mit

»**Das ist eine gute Idee, aber** was ist mit Straftätern, die Schusswaffen erwerben wollen?«

Wenn Sie völlig anderer Meinung sind und nicht mit »ja« anfangen wollen, sollten Sie das Wort »interessant« verwenden, worauf »und« folgt. Zum Beispiel:

»**Interessant, und** was ist mit den Steuereinnahmen, die durch den Verkauf von illegalem Marihuana verloren gehen?«

»**Interessant, und** wie sollten wir damit umgehen, wenn jemand in der Öffentlichkeit eine Fahne verbrennt?«

(Beachten Sie, dass dies kalibrierte *Wie*- und *Was*-Fragen sind, die sich für Ja- und Nein-Antworten nicht anbieten.[45])

Werfen wir einen Blick auf den Flow in diesen Aber- beziehungsweise Und-Sätzen. In beiden Beispielen erkennt der erste Satz die Position des anderen an, ohne ihn auszugrenzen. Dies steht im Zentrum des »Ja, und«-Sagens und ist erstaunlich effektiv. »Ja, aber …« erzeugt hingegen den Eindruck eines Einwands. Dieser Satzanfang fordert Ihren Partner indirekt auf, seine Ansicht zu verteidigen, während »Ja, und« ihn dazu einlädt, seine Überzeugungen näher zu erklären, was sich positiv auf beinahe jeden Aspekt einer produktiven Konversation auswirkt. (Kleiner Tipp: Kombinieren Sie die Rapoportschen Regeln mit »Ja, und …«. Dadurch verstärken Sie Ihre Anerkennung *und* zeigen gleichzeitig, dass Sie zuhören und lernbereit sind. Sagen Sie: »Ja, ich verstehe, dass Sie [X] sagen, und begreife, was Sie meinen, *und* ich frage mich, was Sie über Straftäter denken, die Schusswaffen erwerben wollen.«) Ausschlaggebend ist, dass Sie »Ihre Ansichten als Ergänzung und nicht als direkten Widerspruch der Ansichten Ihres Gegners darstellen«, bemerkt William Ury, Mitgründer des Harvard Negotiation Projects.[46]

Abschließend eine Anmerkung zum Wort »interessant«. Wenn Sie sagen, dass Sie etwas interessant finden, heißt das nicht, dass Sie die Meinung Ihres Gegenübers teilen. »Interessant« ist ein sehr dehnbares Wort, das lediglich bedeutet, dass Sie das, was der andere gesagt hat, für außergewöhnlich oder besonders halten. Wenn Sie entschieden anderer Meinung sind, sollten Sie »interessant, und« sagen oder den »und-Standpunkt« einnehmen, um höflich zu widersprechen, bevor Sie Ihre Ansicht erklären. Ury nennt als Beispiel: »Ich verstehe, warum Sie diesen Punkt so leidenschaftlich vertreten, und ich respektiere Ihre Meinung. Ich möchte Ihnen die Situation allerdings gern aus meiner Perspektive schildern.«[47] Indem Sie »allerdings« im zweiten Satz durch eine Einladung ersetzen, zum Beispiel »wenn es Ihnen nichts ausmacht«, wirkt dieser Ansatz noch weniger aggressiv.

Wie Sie zum »Und« kommen

Auf Wiedersehen »aber«:

1. Entfernen Sie »aber« aus Ihrem Gesprächsvokabular.
   Sagen Sie anstelle von »Ja, aber …« oder »Nein, aber …«: »Ja, und …«. Wenn Sie mit der Aussage Ihres Gegenübers nicht einverstanden sind, könnten Sie »Interessant, und …« oder »Ich verstehe, was Sie meinen, und …« sagen.
   Es ist erstaunlich schwer, sich diese Gewohnheit anzueignen. Üben Sie sie.
2. Wenn *sowohl* Ihre Ansicht *als auch* die Ansicht Ihres Gesprächspartners wahr sein kann, sollten Sie das auch sagen.
   Ketten Sie im selben Satz oder in aufeinanderfolgenden Sätzen mehrere »und« aneinander.[48] Sagen Sie: »Wenn ich Sie richtig verstehe, sagen Sie X, **und** ich sage Y. **Und** wenn ich die Dinge aus Ihrer Perspektive sehe, begreife ich, warum X wahr ist, **und** wenn ich sie aus meiner Perspektive sehe, begreife ich, warum Y wahr ist.« Zum Beispiel: »Ich verstehe, warum die Abschaffung der Kapitalzuwachssteuer hinsichtlich der Defizite schlecht sein könnte, **und** ich kann auch verstehen, warum sie hinsichtlich der Zunahme von Arbeitsplätzen gut sein könnte.«

5 – WIE SIE MIT ZORN UMGEHEN

Der Psychologe Paul Ekman, der seit den 1970er-Jahren bahnbrechende Forschung zu Gefühlen betreibt, stellt lapidar fest, dass Zorn »seinerseits Zorn hervorbringt […]«.[49] Das heißt, dass Zorn oft in einem sich immer schneller drehenden Teufelskreis innerpsychisch oder in der Interaktion mit anderen in Erscheinung tritt. Dieser Teufelskreis führt in der Regel dazu, dass Gespräche mit mindestens einem wütenden Teilnehmer eskalieren. Wenn bei jemandem das Temperament durchgeht, ruiniert das nicht nur das Gespräch, sondern auch die Beziehung, was wiederum zu niedergebrannten Brücken, irreparabel beschädigten Freundschaften und sogar der Bedrohung der körperlichen Unversehrtheit führen kann.[50]

Manche Gespräche – und manche Zeitgenossen – werden Sie frustrieren, provozieren oder sogar zur Weißglut treiben. Wenn ein Gespräch so aufreibend ist, dass Sie sich nicht wie ein erwachsener Mensch benehmen können, müssen Sie die Notbremse ziehen und die Situation beenden. Im Zweifelsfall lassen Sie den anderen einfach stehen. Wie der Komiker Groucho Marx einst witzelte: »Reden Sie, wenn Sie wütend sind – und Sie werden die beste Rede halten, die Sie jemals bereuen werden.«[51]

Um sich vom Zorn zu distanzieren oder diesen sogar zu überwinden, müssen Sie die Einsicht haben, dass Sie und Ihre Gesprächspartner wütend sind – und je früher Sie das erkennen, umso besser. Zum Glück gibt es einige Optionen für den effektiven Umgang mit Zorn. Vor allem, wenn man über Gräben hinweg kommunizieren will, ist es besonders wichtig zu verstehen, wie Zorn funktioniert.

Zorn tritt oft auf, wenn man frustriert ist oder sich angegriffen fühlt. Im Fall der Frustration werden wir wütend, weil zwischen uns und unserer Absicht eine Interferenz steht. Vielleicht wollen Sie die Meinung Ihres Partners verändern oder ihn dazu bringen, Ihren Standpunkt anzuhören und zu verstehen (oder vielleicht auch nur zur Kenntnis zu nehmen), doch er wehrt sich dagegen. Es wird ein moralischer Stolperdraht gezogen, und bevor Sie begreifen, was geschehen ist, lodern die Temperamente auf. Wenn wir glauben, dass eine Interferenz oder ein Angriff absichtlich erfolgt ist, wächst unser Zorn.[52] (Was Sie daran erinnern sollte, stets anzunehmen, dass Ihr Partner gute Absichten verfolgt.)

Das scheint offensichtlich zu sein – in einem hitzigen Gespräch ist es aber schwer, sich daran zu erinnern.

Ekman schreibt, dass Zorn uns sagt, dass wir etwas ändern müssen. Wenn wir diese Änderung möglichst effektiv herbeiführen wollen, müssen wir die Quelle unseres Zorns kennen.[53] In diesen Fällen müssen *Sie* Ihre Gangart wechseln und dürfen nicht auf dem Problem beharren. Und ja, *Sie sind es, der sich ändern muss*, wenn Ihr Partner zornig ist – oder einfach nur völlig falsch liegt –, weil Sie andere Leute nicht kontrollieren können; Sie können nur sich selbst kontrollieren. Wenn sich Ihr Partner ärgert, liegt das vielleicht daran, dass Sie zu sehr auf Ihrem Standpunkt beharren, zeigen, dass Sie ihm nicht zuhören, oder eine emotional aufgeladene Sprache verwenden; oder sein Zorn hat rein gar nichts mit Ihnen zu tun. In jedem Fall gilt: Sobald sich Zorn ins Gespräch eingeschlichen hat, ist etwas schon sehr schiefgelaufen.

Vier Fakten über Zorn

Hier sind vier Fakten über Zorn:

1. Zorn macht Sie blind und bringt Gespräche zum Entgleisen.[54] Sicher haben Sie schon einmal von »blinder Wut« gehört, aber selbst ein leichter Wutanfall macht Sie bereits zum Opfer Ihres eigenen Nervensystems. Emotionen, vor allem Ärger und Zorn, schränken das Wissen, die Überzeugungen und die Informationen ein, auf die Sie zugreifen und die Sie verarbeiten können.[55]
2. Zorn sucht nach seiner eigenen Rechtfertigung.[56] Betrachten Sie den Zorn als starke kognitive Verzerrung, die Sie dazu veranlasst, Ihren Zorn als gerechtfertigt zu bestätigen. Zorn bringt Sie dazu, Informationen falsch zu deuten, die Sie vielleicht dazu veranlassen würden, alles andere als zornig zu sein. Dieser Effekt ist besonders schädlich, weil er Sie zu der Annahme verleitet, dass Ihr Partner schlechte Absichten verfolgt oder unmoralisch ist.[57] »Das sagst du doch nur, um mich zu provozieren!«, ist ein Beispiel für eine solche Annahme.
3. Alle Emotionen, darunter auch der Zorn, bergen etwas in sich, was als Refraktärphase bezeichnet wird. In einer Refraktärphase wirken sich Ihr Nervensystem und kurzzeitige emotionale Verzerrungen in starkem Maß auf Ihre Informationsverarbeitung aus. Es gibt nichts, was Sie tun können, außer die Situation auszusitzen.[58] Je intensiver die Emotion ist, umso länger kann diese Wirkung anhalten, und das kann zwischen einigen Sekunden und Minuten bis hin zu mehreren Stunden dauern.[59]
4. Indem Sie verstehen, wie Zorn funktioniert, und sich darum bemühen, ihn gar nicht erst aufkommen zu lassen, können Sie seine Wirkung auf Ihre Gespräche und Ihr Leben minimieren.

Aus diesen vier Fakten lassen sich die folgenden Ge- und Verbote ableiten:

Unterlassen Sie dies

Vergelten Sie nicht Gleiches mit Gleichem. Wenn Ihr Partner anfängt, zornig zu werden, dürfen Sie seinem Beispiel nicht folgen. Verlieren Sie nicht die Geduld. Das gilt vor allem, wenn Sie persönlich angegriffen werden – zahlen Sie es ihm nicht mit gleicher Münze zurück. Wenn jemand Sie beleidigt, dürfen Sie ihn nicht auch beleidigen. Sonst kann die Situation leicht eskalieren.

Machen Sie keine Schuldzuweisungen (siehe Kapitel 3, # 6: Nehmen Sie keine Schuldzuweisungen vor, sondern diskutieren Sie Beiträge). Vor allem in einer angespannten Konversation dürfen Sie kein Urteil fällen oder Ihrem Gegenüber die Schuld geben. Sagen Sie nicht: »Ich versuche doch nur, ein vernünftiges Gespräch mit dir zu führen, und was tust du? Du regst dich auf.« Auf diese Weise werfen Sie Ihrem Partner vor, das Gespräch vom Kurs abzubringen, und das ist das genaue Gegenteil vom Bau einer Goldenen Brücke.

Machen Sie keine negativen Annahmen über die Absichten und Motive Ihres Partners, und stellen Sie keine Spekulationen über die Ursachen seines Zorns an. Sie wissen nicht, was ihn zornig macht, beziehungsweise wissen es nur dann, wenn er es Ihnen explizit sagt (und wie viele Ehepaare Ihnen bestätigen werden, werden Sie es selbst dann nicht wirklich wissen). Er ist vielleicht zornig auf Sie, auf eine Äußerung, die Sie gemacht haben, auf das Thema im Allgemeinen, auf sich selbst oder auf seine eigene Reaktion, oder er ist wütend auf etwas, das rein gar nichts mit Ihnen oder Ihrem Gespräch zu tun hat.[60]

Am wichtigsten ist: V**erlassen Sie die Gesprächssituation, wenn Sie sich unsicher fühlen.** Gehen Sie. Denken Sie sich notfalls eine Ausrede aus, und suchen Sie das Weite.[61]

Tun Sie das während des Gesprächs

Suchen Sie sich und Ihren Partner nach Zeichen für Ärger und Zorn ab. Erkennen Sie, ob Ihr Gegenüber frustriert ist, sich angegriffen fühlt oder zornig ist, und handeln Sie, *bevor* Ihnen die Situation entgleitet. Wenn es darum geht, Ihre Wut zu kontrollieren, stehen Ihnen nicht viele Optionen zur Verfügung. Sie können entweder deeskalierend einwirken oder die Situation beenden.[62] Sie werden vielleicht nur einige Minuten brauchen, um die Refraktärphase zu überwinden, sich zu beruhigen und das Thema auf produktivere und höflichere Weise zu besprechen. Oder auch nicht.

Sie können sich beruhigen, indem Sie das Thema wechseln, das Gespräch umdeuten, wohlwollende Absichten annehmen und sich darauf konzentrieren (manche Leute sagen sich immer wieder: »Er will nur helfen. Er will nur helfen. Er will nur helfen …«, um sich zu beruhigen), sich dafür interessieren, warum Ihr Partner sich so verhält (vgl. Kapitel 3, # 7: Konzentrieren Sie sich auf die Epistemologie), oder indem Sie diese Vorschläge miteinander kombinieren und neugierig der Frage nachgehen, warum das Gespräch *Sie* zornig macht und was Sie tun können, um die Situation zu entschärfen.

Machen Sie eine Pause. Wenn Sie merken, dass Sie oder Ihr Partner zornig werden, sollten Sie innehalten und schweigen. Lassen Sie die Stille einige Augenblicke einwirken (selbst einige Sekunden können sehr lang und angespannt sein). Wie Ury bemerkt, hat die Pause in der Hitze des Gefechts das Ziel, »die automatische Kopplung von Gefühl und Handlung aufzuheben«.[63] Das gelingt Ihnen laut Ury und FBI-Geiselunterhändler Voss, wenn Sie sich an die Devise »In der Ruhe liegt die Kraft« halten.[64]

Hören Sie zu. Wenn Ihr Gesprächspartner zornig wird, ist es meist am besten, alles andere stehen und liegen zu lassen und *zuzuhören*. Es ist sehr schwer, wütend auf jemanden zu bleiben, der geduldig und aufrichtig interessiert zuhört, und wenn Sie den Kreislauf des frustrierenden Dialogs durchbrechen, indem Sie in den Zuhör- und Lernmodus schalten, können Sie einen Großteil des aufsteigenden Zorns Ihres Partners stoppen, bevor er ausbricht. Es ist auch nützlich, die Perspektive Ihres Partners anzuerkennen, weil dies dazu beitragen kann, seine Frustration zu lindern. Nutzen Sie *jede* Übereinstimmung und konzentrieren Sie sich nicht auf die Differenzen, sondern auf die Gemeinsamkeiten, zumindest bis der erste Zorn verraucht ist. Vergessen Sie nicht: Jemanden ausreden zu lassen und seine Perspektive anzuerkennen ist nicht mit einer Zustimmung gleichzusetzen.[65]

Erkennen Sie den Zorn, der auch in Ihnen aufsteigt, und entschuldigen Sie sich dafür. Das kann entwaffnend wirken, vor allem bei aggressiven oder rechthaberischen Menschen. Wenn jemand bereits zornig ist, werden seine

Aggression und sein Drang zur Selbstbehauptung größer als gewohnt sein, unterschätzen Sie daher nicht die Macht einer schnellen Entschuldigung für *alles*, was Sie zu der Situation beigetragen haben.[66] Leiten Sie Ihre nächste Äußerung mit »Es tut mir leid« ein, und wiederholen Sie Ihre Entschuldigung, wenn Sie das Gespräch von Zorn und Feindseligkeit weg in ruhigeres Fahrwasser bringen.[67]

Gehen Sie, wenn es nötig sein sollte.

Tun Sie dies vor Ihrem Gespräch

Lernen Sie, aufkeimenden Zorn zu erkennen, damit Sie sich schnellstmöglich darum kümmern können.

Um den Zorn abzufangen und umzulenken, bevor er für das Gespräch zum Risiko wird, hilft es, die Wutsignale und ersten Warnzeichen zu erkennen. Der nächste Tipp klingt vielleicht abgedroschen, ist aber sehr wirksam: Wenn Sie Zeit und Muße haben, suchen Sie einen sicheren, ruhigen Ort auf (nicht während der Konversation) und erinnern sich möglichst genau an eine Situation, in der Sie zornig waren. Stellen Sie sich die Szene genau vor, bis Sie merken, wie langsam der Zorn in Ihnen aufsteigt, und spüren Sie in sich hinein, wie er sich anfühlt. Vielleicht fühlen Sie eine innere Anspannung, oder Ihre Atmung verändert sich. Vielleicht runzeln Sie die Stirn und pressen die Zähne zusammen. Vielleicht wird Ihnen heiß, oder Sie entwickeln den Drang, sich zu bewegen. Lassen Sie diese Gefühle etwa dreißig Sekunden in sich aufsteigen, entspannen Sie sich, und gehen Sie das eben Erlebte gedanklich erneut durch. Wenn Sie die Gefühle und Empfindungen identifizieren können, während sie in Ihnen aufsteigen, wird es Ihnen leichter fallen, aufkeimenden Zorn zu identifizieren und entsprechend zu reagieren.[68]

Lernen Sie, die ersten Vorboten des Zorns zu identifizieren. Sobald Sie diese Gefühle verlässlich erkennen, können Sie anfangen, sie zu entdecken, wenn sie in anderen Situationen in Erscheinung treten, beispielsweise in anstrengenden Gesprächen. Je früher Sie erkennen können, dass Sie sich aufregen, umso früher können Sie eingreifen und die Tendenz stoppen.

Erinnern Sie sich an die emotionale Refraktärphase, und respektieren Sie sie. Kombinieren Sie Ihr Bewusstsein des aufsteigenden Zorns mit Ihrem

Wissen um die emotionalen Refraktärphasen. Sobald Sie Zorn spüren, müssen Sie ihn anerkennen und sich daran erinnern, dass Sie vielleicht nicht in der Lage sein werden, sich sofort zu ändern. Bis die Refraktärphase zu Ende geht, sind Sie ein Gefangener Ihrer eigenen Neurobiologie, und bis sich Ihre Neurobiologie und Ihr psychologischer Zustand normalisieren, ist Ihre Fähigkeit, sich effektiv an schwierigen Gesprächen zu beteiligen, kompromittiert. Dies führt möglicherweise dazu, dass Diskussionen abgleiten und hässlich werden.[69]

Wichtig ist, dass Sie Ihre Zornauslöser im Vorfeld identifizieren. Ekman gibt einen Tipp, wie man den Zorn von Gesprächen fernhält: Bevor Sie in ein Gespräch geraten, das Sie zornig machen könnte, müssen Sie darauf hinarbeiten, Ihre Zornauslöser zu identifizieren und sie im Vorfeld zu entschärfen.[70] Wenn bestimmte Themen Sie zornig machen – beispielsweise moralische Auslöser wie Rassismus, Vergewaltigung, Blasphemie, Flaggenschändung usw. –, müssen Sie diese Tendenz anerkennen, bevor Sie der Versuchung erliegen und Ihren Zorn in ein ansonsten höfliches Gespräch einbringen.

Identifizieren Sie Schlagwörter, die Sie wahrscheinlich aufbringen werden, und finden Sie einen Weg, diese Auslöser zu umgehen. Bedenken Sie, dass Ihr Gesprächspartner vermutlich sein Bestes gibt, um seine Gedanken zum Ausdruck zu bringen. Vielleicht verwendet er eine Sprache, die Sie nur deshalb als provokant empfinden, weil er etwas nicht versteht oder ihm andere sprachliche Mittel fehlen. Vielleicht tun Sie genau dasselbe. Die Erinnerung an diesen Punkt kann Ihnen dabei helfen, kleinere Verstöße einfach auf sich beruhen zu lassen.[71]

Wenn Sie bestimmte moralische Auslöser entdecken, die so heikel sind, dass Sie einfach nicht anders können, als an die Decke zu gehen, müssen Sie wissen, um welche es sich handelt – und werden Sie dann aktiv. Sie brauchen vielleicht die Hilfe eines guten Freundes oder Therapeuten, um einen bestimmten Auslöser zu verarbeiten. In der Zwischenzeit ist es unter Umständen am besten, Gespräche über diese Themen zu vermeiden. Wenn Ihr Auslöser im Gespräch in Erscheinung tritt, könnten Sie es sich überlegen, den anderen darauf hinzuweisen. Sagen Sie: »Ich verstehe nicht, warum, aber dieses Thema bringt mich immer auf die Palme. Da mir eine gepflegte, entspannte Gesprächsatmosphäre wichtig ist, möchte ich das Thema jetzt lieber wechseln.«

Sie können nicht wissen, ob im Gespräch bestimmte Auslöser auftreten werden, Sie sich rechtzeitig davor schützen oder andere Leute davon abhalten können, ihre Meinung zu sagen; deshalb müssen Sie stets wachsam sein, damit Sie sich die Fähigkeit bewahren, emotionale Auslöser rechtzeitig zu erkennen und zu entschärfen. Wenn Sie das Gefühl haben, nicht dazu fähig zu sein, dürfen Sie keine Gespräche über Themen beginnen, die Sie provozieren, oder mit Leuten reden, die Sie als frustrierend empfinden.

Eine besondere Anmerkung zur Anerkennung von Zorn

Wenn Sie Ihren Gesprächspartner auf seinen Zorn hinweisen, kann dies von ihm als Vorwurf angesehen werden, der ihn noch mehr in Rage versetzt.[72] Vielleicht versucht sich der Zorn auf diese Weise zu rechtfertigen, oder vielleicht reagieren wir deshalb so vehement, weil wir uns schämen, unsere Gefühle nicht im Griff zu haben.[73] Dieses Problem lässt sich leicht umgehen, indem man den Zorn umbenennt und als »Frustration« bezeichnet.

Sagen Sie nicht: »Sie werden gerade zornig, deshalb sollten wir das Thema wechseln.« Besser wäre es, die Dynamik zu benennen und sie zu beschreiben.[74] Sagen Sie: »Wir scheinen sehr unterschiedliche Meinungen zu haben, und ich merke, dass das für beide Seiten ziemlich frustrierend ist. Vielleicht sollten wir das Thema vorerst auf sich beruhen lassen.« Die Wortwahl ist nicht nur offen und kollaborativ (»wir«), sondern auch subtil (»scheinen« anstelle von »haben«) und einladend (Kapitel 4, # 3: Sprache).[75]

Wenn Sie zornig sind, steigt die Wahrscheinlichkeit, dass Sie Ihrem Partner böse Absichten unterstellen, was dazu führen kann, dass Sie es später bereuen werden, bestimmte Dinge gesagt, Ihren Partner absichtlich verbal angegriffen, die Fassung verloren oder seine Worte falsch aufgefasst zu haben.[76] Außerdem sinkt die Wahrscheinlichkeit, dass Sie sich sofort entschuldigen, einen Gang zurückschalten, Ihre Meinung ändern oder Ihren Partner ausreden lassen. Wenn Sie zornig sind, hören Sie sehr wahrscheinlich nicht, was Ihr Partner in Wirklichkeit sagt, und steigern sich in Ihren Zorn hinein.[77]

Schließlich gilt: Sie müssen lernen, die Situation aus der Sicht Ihres Gesprächspartners zu betrachten, was »eine der wichtigsten Fähigkeiten ist, die ein Unterhändler besitzen kann«, sagen Roger Fisher, Professor für Jura in

Harvard, und seine Mitarbeiter. In *Das Harvard-Konzept: Die unschlagbare Methode für beste Verhandlungsergebnisse* schreiben sie: »Wenn Sie sie beeinflussen wollen, müssen Sie sich auch der Stärke dieses Standpunktes öffnen und die emotionale Macht erfühlen, mit der die Gegenseite daran hängt. Da hilft es nicht, sie wie Käfer unter dem Mikroskop zu studieren; Sie müssen wissen, wie ein Käfer fühlt.«[78]

Goldene Regeln für den Umgang mit Zorn

1. Beißen Sie sich auf die Zunge.[79]

   Verzichten Sie auf einen Gegenschlag.[80] Sosehr Sie es dem anderen auch heimzahlen möchten, tun Sie es nicht. Gewalt erzeugt nur Gegengewalt, Ihr Ziel sollte es hingegen sein, die Situation zu *entschärfen*.[81]

   Ganz gleich, was jemand sagt – ob er Sie beleidigt, beschimpft, Ihnen unflätige Worte an den Kopf wirft –, zahlen Sie es ihm nicht mit gleicher Münze zurück. Wenn jemand Sie als dumm bezeichnet, verschlimmern Sie die Situation nur, wenn Sie ihn ebenfalls als dumm bezeichnen. *Verzichten Sie auf einen Gegenschlag.*
2. Antworten Sie *niemals* auf E-Mails oder Kommentare in den sozialen Medien, wenn Sie zornig, provoziert oder aufgebracht sind.

   Warten Sie. Regen Sie sich ab.[82] (Sie sind außerdem in keiner Weise verpflichtet, auf Kommentare in den sozialen Medien zu antworten. Jemand, der Sie in den sozialen Medien beleidigt, hat Ihre Aufmerksamkeit nicht verdient.)
3. Hören Sie zu. Immer und immer wieder.[83]

   Wenn sich die Atmosphäre im Gespräch anspannt, müssen Sie zuhören. Wenn Sie damit fertig sind, hören Sie noch weiter zu. Stellen Sie anschließend klärende Fragen. Hören Sie wieder zu. Dann dürfen Sie antworten – und keinen Augenblick früher.[84]
4. Leugnen Sie nicht, dass die Situation angespannt ist.

   In manchen Situationen kann es nötig sein, Anspannung und negative Gefühle wie Stress oder Nervosität anzuerkennen.[85] Wenn Sie Ihre Frustration leugnen, wird sie nicht verschwinden.
5. Vermeiden Sie das Wort *Zorn*.

Wenn Sie Ihrem aufgebrachten Gesprächspartner sagen, dass er zornig ist, kann Ihre Äußerung wie ein Vorwurf klingen.[86] Sie sind besser damit beraten, das Gespräch als *frustrierend* zu bezeichnen beziehungsweise zu sagen, dass Sie *Frustration* spüren.

6. Machen Sie langsam.
   Wenn Sie den gesamten Vorgang verlangsamen, beruhigen Sie ihn gleichzeitig.[87]
7. Unmittelbar nach einem angespannten Augenblick sollten Sie eine empathische Aussage machen.[88]
   Denn dann ist die Gelegenheit günstig, eine tiefere Verbindung herzustellen. Sagen Sie: »Das ist schwer«, »Das muss sehr ärgerlich sein«, »Ich verstehe Sie« oder »Das regt mich auch auf«.
8. Stellen Sie Ihre Sicherheit an oberste Stelle.
   Nehmen Sie die Zornausbrüche des anderen nicht hin. Lassen Sie ihn stehen, und gehen Sie weg.[89]

FAZIT

Mit diesen Mitteln und Techniken sollten Sie jetzt in der Lage sein, sich an Gesprächen zu beteiligen, in denen es um heikle Themen geht, die eine starke moralische Resonanz haben, etwa Religion, Politik und ethisches Verhalten. Sobald Sie ausreichend geübt und eine gewisse Routine entwickelt haben, werden Ihnen die in diesem Kapitel vorgestellten Themen helfen, viele Schwierigkeiten zu umgehen, die in Gesprächen sonst auftreten können, während Sie gleichzeitig Ihren Partner behutsam dazu bringen, über seine Überzeugungen nachzudenken und sie zu hinterfragen.

Das Erreichen dieses Punktes stellt einen Meilenstein in der Lektüre dieses Buches dar. Die Kapitel 2 und 3 widmeten sich den Grundlagen, und in den Kapiteln 4 und 5 ging es um den Umgang mit schwierigeren Gesprächen – also den Konversationen, die nicht unbedingt glatt verlaufen. Wir werden uns nun den weiterführenden Techniken für Könner und Experten zuwenden.

Sechs

Können: Sechs Fähigkeiten für den Umgang mit bornierten Personen

Wie man Gesprächsbarrieren durchbricht

 # 1 – Synthese
Beziehen Sie Ihren Partner aktiv ein, um Ihre Positionen zu verbessern und zu synthetisieren.

 # 2 – Helfen Sie, Dampf abzulassen
Überwinden Sie emotionale Hindernisse, indem Sie auf sie eingehen.

 # 3 –Altercasting
Weisen Sie Ihrem Partner eine Rolle zu, die ihm hilft, anders zu denken und sich anders zu verhalten.

 # 4 – Geiselverhandlungen
Wenden Sie die neuesten Forschungsergebnisse über Geiselverhandlungen an.

 # 5 – Loten Sie die Grenzen aus
Interagieren Sie mit jemandem, der eine Überzeugung zugibt, die nicht gelebt werden kann.

 # 6 – Gegeninterventionsstrategien
Was sollten Sie tun, wenn jemand versucht, in Ihre Überzeugungen zu intervenieren?

Unwissenheit ist keine Schande,
mangelnde Lernbereitschaft dagegen schon.

Benjamin Franklin

Dieses Kapitel konzentriert sich auf Gespräche, die Sie mit einer bornierten, verschlossenen Person führen. Es sei an dieser Stelle darauf hingewiesen, dass es sich hier um Fähigkeiten für Könner handelt. *Wir raten unseren Lesern eindringlich dazu, sich erst mit den Techniken der vorigen Kapitel vertraut zu machen und sie zu beherrschen, bevor Sie versuchen, die nachfolgenden in ihr Repertoire aufzunehmen.* Dies spiegelt unseren Ratschlag für alle Kompetenzstufen wider, die in diesem Buch beschrieben werden, aber er ist besonders wichtig, wenn man Fähigkeiten auf Könnerniveau entwickelt. Wir stellen sechs Fähigkeiten für Könner vor, mit denen Sie Gesprächsbarrieren überwinden können.

Zuerst werden Sie die Synthese kennenlernen. Synthese ist eine Art philosophischer Gedankenaustausch, der von Berufsphilosophen verwendet wird. Sie und Ihr Partner einigen sich darauf, sich gegenseitig zu helfen und den Standpunkt des anderen zu verstehen, um anschließend die eigene Position auszudifferenzieren. Dies erfordert Mut und Neugier.

Zweitens werden Sie lernen, dem anderen zu helfen, auf strategische Weise Dampf abzulassen. Wenn Sie es zulassen, dass der andere – am besten Freunde und Bekannte, mit denen Sie gut vertraut sind – Dampf ablässt, ist das ein Akt der Geduld, bei dem Sie die Techniken aus den vorigen Kapiteln anwenden müssen (zuhören, lernen, dem Partner seine Meinung lassen, mit Zorn umgehen, Goldene Brücken bauen usw.). Vielleicht werden Sie Dinge hören, die Sie lieber nicht hören würden, aber wenn Sie geduldig genug sind, werden durch das Dampfablassen mit größerer Wahrscheinlichkeit Hindernisse beseitigt, die einer effektiven Kommunikation im Weg stehen.

Drittens werden Sie lernen, wie Sie Ihrem Partner helfen, durch Altercasting oder »erleichtertes Brainstorming« andere Überzeugungen in Betracht zu ziehen. Durch Altercasting helfen Sie Ihrem Gesprächspartner dabei, sich in neue Ideen und Verhaltensweisen einzufinden, indem Sie ihm eine bestimmte Rolle zuweisen, der er gerecht zu werden versucht. Altercasting wird manchmal als aggressive Verkaufstaktik und Überredungstechnik verwendet, weshalb es als ethisch fragwürdig gilt. Daher werden wir auch die damit verbundenen ethischen Bedenken ansprechen.

Viertens werden wir einen Blick auf die aktuelle Forschung über Geiselverhandlungen werfen. Dieser Abschnitt gibt Ihnen Tipps, wie Sie Ihre

Grundsätze anwenden, um Ihre Erfolgsaussichten zu verbessern, wenn Sie sich mit einer bornierten Person unterhalten.

Fünftens werden wir zeigen, wie man Gespräche mit Leuten führt, die Überzeugungen haben, nach denen sie unmöglich handeln können. Wir führen Sie Schritt für Schritt durch einen Prozess, der Ihnen zeigt, was Sie sagen sollten, falls Sie sich jemals in einer solchen Situation wiederfinden sollten.

Schließlich decken wir Strategien und Techniken ab, mit denen Sie Interventionen abwenden können. Was sollten Sie tun, wenn jemand versucht, die in diesem Buch vorgestellten Techniken bei Ihnen anzuwenden? Wir stellen eine Fülle möglicher Reaktionen vor, die vom Mitspielen bis zur (mehr oder weniger subtilen) Abwehr der Intervention reichen.

1 – SYNTHESE

Die Synthese setzt sich aus der Einhaltung der Rapoport'schen Regeln und der Suche nach Widerlegung zusammen. Synthetisierung bedeutet, seine Überzeugungen zu modifizieren, indem man die Überzeugungen seines Partners und dessen Aussagen, mit denen er Ihre Überzeugungen zu widerlegen versucht, verwendet. Das Ziel ist es, Ihre Position zu verdeutlichen und zu bekräftigen und sich wahren Überzeugungen zu nähern; es geht also nicht darum, einen Konsens zu finden. Eine Synthese zeichnet sich dadurch aus, dass man gemeinschaftlich ein besseres Verständnis des Themas erarbeitet und eine differenziertere, nuancenreichere Perspektive einnimmt. Diese Technik wird am besten benutzt, wenn beide Gesprächspartner auf der Überzeugungsskala einen Wert unter 8 angeben oder eine Position einnehmen, die sich »der Diskussion wegen« nicht unbedingt mit ihren Überzeugungen deckt. Sie und Ihr Partner einigen sich zum Beispiel darauf, andere Standpunkte zu einem Thema einzunehmen und diese zu vertreten, um die verschiedenen Perspektiven besser nachzuvollziehen, auch wenn Sie in Wirklichkeit eine völlig *andere* Meinung haben. Das Ziel ist die Entwicklung eines besseren Verständnisses. Mindestens einer von Ihnen – idealerweise aber beide Partner – muss nicht hinter seinen Überzeugungen stehen. Eine nützliche und interessante Art, um die Synthese zu üben, besteht darin, die Gegenposition einzunehmen, die Sie nun nach bestem Wissen und Gewissen zu vertreten versuchen.[1]

Solange Sie oder Ihr Gesprächspartner nicht über spezielles Fachwissen verfügen und das Thema nicht klar umrissen ist – und manchmal selbst dann –, können unterschiedliche Meinungen als Hebel genutzt werden, um zur Wahrheit zu gelangen. Philosophen bezeichnen dieses Vorgehen als »Dialektik«, womit eine verbale Interaktion bezeichnet wird, die auf einem wechselseitigen Geben und Nehmen beruht, mit dem Überzeugungen ausgearbeitet werden können.[2] Dieser Prozess kann auch als Versuch betrachtet werden, eine konstruktive, kontrollierte Meinungsverschiedenheit auszutragen: Nehmen Sie Ihre Ansichten und verwenden Sie die Ansichten Ihres Partners, um zu einer besseren, durchdachteren und nuancenreicheren Position zu gelangen, während Sie Ihrem Gegenüber die Chance geben, dasselbe zu tun.[3]

Wie man in fünf »einfachen« Schritten eine Synthese erzielt

Der Weg zur Synthese ist zwar schwierig, aber geradlinig. Hier sind fünf grundlegende Schritte:

1. Stellen Sie eine Idee vor. Dies kann nach einer Aufforderung erfolgen oder indem Sie Ihre Idee weiterentwickeln. (Für die folgenden Schritte nehmen wir an, dass Sie eine Idee weiterentwickelt haben.)
2. Laden Sie den anderen ein, und hören Sie seine Gegenargumente an.
3. Wenden Sie diese Gegenargumente an, um Ihre Überzeugung zu *widerlegen* (Kapitel 5, # 3: Suchen Sie nach Widerlegungen). Das heißt: Nutzen Sie gezielt die Meinung Ihres Partners, konzentrieren Sie sich auf die Schwächen Ihrer Position und erkunden Sie Wege, wie Sie *Ihre eigenen* Ideen widerlegen können.
4. Benutzen Sie Beispiele für (mögliche) Widerlegungen, um an Ihrer ursprünglichen Position zu feilen und sie zu verbessern. Modifizieren Sie Ihren Standpunkt, indem Sie Gegenargumente einbeziehen.
5. Wiederholen Sie diesen Vorgang. Fangen Sie mit Ihrer neuen, verbesserten Position an und machen Sie einen weiteren Durchlauf.[4]

Der erste Schritt, die Weiterentwicklung einer Idee, ist der einfachste: Nennen Sie eine Idee, die Sie gerne ausarbeiten möchten, oder fordern Sie Ihren Partner dazu auf. Sie nutzen diesen Prozess am besten, wenn Sie eine Idee ausarbeiten, die Ihrer Meinung nach durch Ihre Identität, Moralvorstellungen, Ihren Glauben oder Ihre politische Haltung beeinflusst wird (zum Beispiel, wenn Sie dem liberalen oder konservativen Lager angehören und Ihre Überzeugungen dazu neigen, sich mit den Positionen zu decken, die von Ihrer Partei vertreten werden). Die Wahl einer moralischen Überzeugung erschwert das Gespräch, bietet aber auch den größten Vorteil, weil moralische Überzeugungen fast immer mit epistemologischen blinden Flecken einhergehen, die sich durch eine Synthese aufdecken lassen.[5]

Der zweite Schritt – die Aufforderung, Gegenargumente vorzubringen – ist am schwierigsten. Weil Sie um eine Perspektive bitten, die Ihre Überzeugung infrage stellen soll, müssen Sie damit rechnen, dass Ihre Überzeugung untergraben wird. Das kann schwierig sein, weil Sie möglicherweise den Eindruck gewinnen, intellektuell nicht mithalten zu können und vielleicht sogar Ihre politische Identität zu verlieren.[6] Wenn Sie darauf beharren, recht zu behalten, müssen Sie sich emotional und mental auf Herausforderungen einstellen, vor allem wenn Ihre besten Bemühungen zur Erzielung einer Synthese scheitern.[7]

Um die Synthese optimal zu nutzen, muss Ihr Partner mindestens einen eindeutigen Fehler in Ihrer Argumentation aufdecken *und* Wege aufzeigen, wie Ihre moralischen Verzerrungen zu diesem Fehler geführt haben könnten. Sagen Sie: »Wenn ich es richtig verstehe, ist diese Ansicht wegen [X] inkorrekt. Ist meine konservative/liberale/usw. Haltung für diesen Fehler verantwortlich?« Erinnern Sie sich an die erste Rapoport'sche Regel: Bleiben Sie so lange beim zweiten Schritt, bis Sie die Kritik Ihres Partners an Ihrer Idee genau wiedergeben und idealerweise aufzeigen können, warum er glaubt, dass Ihre Parteilichkeit Sie beeinflusst. Achten Sie darauf, dass er bestätigt, dass Sie seine Kritikpunkte vollständig verstehen, bevor Sie weitermachen.

Den dritten Schritt – die Anwendung von Gegenargumenten, um Ihre Überzeugung zu widerlegen – erarbeiten Sie gemeinschaftlich. Bitten Sie Ihren Gesprächspartner, Ihnen zu helfen und in klaren Worten zu formulieren, inwiefern Ihre Überzeugung falsch sein könnte. Idealerweise sollte er konkrete Beispiele nennen und klarmachen, warum Ihre Überzeugung falsch ist, wenn diese Bedingungen erfüllt sind. Sie könnten zum Beispiel einwenden, dass »Wahlkreisgeschenke« zeigen, wie korrupt die Regierung ist, weshalb sie verboten werden sollten; Ihr Partner könnte dann vielleicht darauf hinweisen, dass die finanzielle Unterstützung lokaler Prestigeprojekte für alle Wähler positive Auswirkungen haben kann und gleichzeitig die partnerschaftlichen Beziehungen unter den Abgeordneten fördert.

Der vierte Schritt – die Verwendung der Widerlegung zur Weiterentwicklung Ihrer ursprünglichen Position – benutzt das, was Sie im vorigen Schritt gelernt haben, um Ihren ursprünglichen Standpunkt zu differenzieren.

Schließlich sollten Sie dieses Vorgehen wiederholen. Nehmen Sie Ihre ausdifferenzierte, verbesserte Position, und fangen Sie von vorne an. Natürlich kann es sein, dass Ihr Gesprächspartner – abhängig von der Kritik, die er beim ersten Mal vorgebracht hat, und abhängig vom Ausmaß der Verbesserung Ihrer Überzeugung – nicht sofort ein nützlicheres Feedback bietet. In diesem Fall ist es hilfreich, das Gespräch zu vertagen oder dem Gesprächspartner anzubieten, denselben Prozess mit einer seiner Überzeugungen zu durchlaufen.

Sie können die Synthese auf nahezu alle unterschiedlichen Sichtweisen anwenden, die keine logischen Widersprüche (zum Beispiel die Behauptung, dass Quadrate rund sind) oder Meinungsverschiedenheiten über grundlegende Fakten sind (in diesem Fall ist das Outsourcing aus Kapitel 4 das richtige Hilfsmittel). Selbst wenn Sie und/oder Ihr Gesprächspartner sich bezüglich Ihrer Überzeugungen irren, gibt es immer noch Raum für Synthese. Selbst Atheismus und der Glaube an Gott können synthetisiert werden, wenn man sein Verständnis des Wortes *Gott* modifiziert.[8]

Wie man Gespräche wie ein Philosoph führt

Die Synthese verlässt sich in starkem Maß auf einen sicheren Rahmen, in dem man lernen und zusammenarbeiten kann, und auf die Bereitschaft, seine Überzeugungen zu revidieren. Eine Synthese ist nicht möglich, wenn Ihr Partner keine Widerlegungsbedingungen schaffen kann. Um erfolgreich zu sein, muss man Ideen so betrachten, wie Sokrates es einst getan hat: Beurteilen Sie Widerlegungsbedingungen nach ihrer Plausibilität und bestehen Sie nicht darauf, recht zu haben.[9]

Für die Synthetisierung müssen Sie die fünf Schritte durchlaufen, die wir weiter oben genannt haben und die Ihnen zunehmend leichter fallen werden, während Sie diese Fähigkeit entwickeln:

1. Stellen Sie eine Idee vor.
2. Laden Sie den anderen dazu ein, seine Meinung zu sagen, und hören Sie sich seine Gegenargumente an.

   Bitten Sie Ihren Partner im Gespräch, Ihnen zu helfen, besser zu verstehen, was Ihnen seiner Meinung nach entgeht. Sagen Sie: »Was übersehe ich? Ist meine Argumentation fehlerhaft, oder fehlt mir eine Information?« Erinnern Sie sich daran, dass Sie nicht Ihre Überzeugungen sind.[10]
3. Formulieren Sie Widerlegungsbedingungen.
4. Verwenden Sie Beispiele für (mögliche) Widerlegungen, um Ihre ursprüngliche Position zu differenzieren.

   Modifizieren Sie Ihren Standpunkt, indem Sie die genannten Gegenargumente einbeziehen. Formulieren Sie ausdrücklich Ihre neue Position.
5. Wiederholen Sie diesen Vorgang.

   Fangen Sie mit Ihrer verbesserten Position an, und wenden Sie den Prozess der Synthetisierung ein zweites Mal an. Wenn Sie ihn erneut durchlaufen haben oder Zeit zum Nachdenken brauchen, bedanken Sie sich bei Ihrem Partner und beenden das Gespräch.

2 – HELFEN SIE, DAMPF ABZULASSEN

Diskutieren Sie es durch

Manchmal müssen Freunde Dampf ablassen. Sie können einen Freund dazu auffordern, sich alles von der Seele zu reden, was ihn belastet, während Sie ihm zuhören, sich darauf konzentrieren, seinen Standpunkt zu verstehen,

Goldene Brücken bauen, ihm seine Meinung lassen (auch wenn er sich irrt), keinen Anstoß an seinen Aussagen nehmen, ihn nicht unterbrechen und weiter zuhören. Warum? Manchmal braucht man einfach nur jemanden, der zuhört, während man sich seinen Frust von der Seele redet. Wenn Ihr Gesprächspartner fertig ist, sollten Sie sogenannte »Gesprächsvertiefer« (die eine Idee eingehender untersuchen) und »Gesprächsverlängerer« (die dafür sorgen, dass sich das Gespräch weiterentwickelt) benutzen. Sagen Sie »Erzähle mir mehr« als Aufforderung, ins Detail zu gehen und das Gespräch zu erweitern.[11] Und hören Sie weiter zu.

Das Dampfablassen wird am besten bei Freunden angewendet, die sich nicht wesentlich in ein Gespräch einbringen können, weil ihre Gefühle zu intensiv sind oder weil ihre Emotionen das Gespräch zu stark beeinflussen und dadurch behindern.[12] Nur wenige Minuten nach der Festlegung eines Gesprächsthemas werden Sie in der Regel merken, ob das Dampfablassen in dieser Situation hilfreich ist. Einige Hinweise darauf sind: wenn Ihr Freund wiederholt ein hartes Urteil fällt, die Dinge falsch beschreibt und Anschuldigungen macht; jemandem Schuld zuweist; unverhältnismäßig energische Versuche unternimmt, ein Problem zu lösen; sichtbares Unbehagen oder Reizbarkeit zum Ausdruck bringt.[13] Diese Verhaltensweisen können Gefühle signalisieren, die zur Sprache gebracht werden müssen.[14] (Und Ihnen zu verstehen geben, dass ein Gespräch zurzeit nicht möglich ist und Ihr Freund einfach jemanden braucht, der ihm zuhört; abhängig von Ihrer Beziehung sind sie vielleicht auch ein Hinweis darauf, dass Sie das Gespräch besser beenden.) Fangen Sie an, indem Sie die folgende kalibrierte Frage stellen: »Welche Gefühle hat diese Situation in dir ausgelöst?«

Schweigen Sie dann und hören Sie zu. Äußern Sie keine Einwände, Gegenargumente, Kritik oder Verbesserungsvorschläge. Hören Sie einfach nur zu. Wenn Sie jemandem erlauben, Dampf abzulassen, ist es unmöglich, zu viel oder zu intensiv zuzuhören. Sobald er alles gesagt hat, was er loswerden wollte, sollten Sie einen Gesprächsvertiefer oder -erweiterer benutzen und etwas sagen wie: »Erzähle mir mehr darüber.« Wenn der andere explizit sagt: »Das ist alles«, antworten Sie mit: »Bist du dir sicher?« und hören gegebenenfalls weiter zu. Erst dann sollten Sie Fragen stellen – und diese Fragen sollten das Ziel verfolgen, seine Sorgen besser zu verstehen.

Wenn Sie Gesprächsvertiefer oder -erweiterer benutzen und sich *absolut sicher* sind, dass Ihr Freund alles gesagt hat, sollten Sie sofort mit den ersten drei Rapoport'schen Regeln weitermachen. Paraphrasieren Sie das, was Ihr Freund gesagt hat, und fragen Sie ihn, ob Sie ihn richtig verstanden haben (Regel 1). Hören Sie ihm dann zu. Wenn Ihre Paraphrasierung korrekt ist, listen Sie die Punkte auf, in denen Sie mit Ihrem Freund übereinstimmen (oder für die Sie Verständnis haben) (Regel 2). Abschließend sollten Sie sagen, was Sie gelernt haben (Regel 3). *Verzichten Sie* auf Regel 4: Tadel oder Kritik. Wenn Sie jemandem erlaubt haben, Dampf abzulassen, dürfen Sie ihn nicht tadeln oder kritisieren. Sie können das Dampfablassen als erweitere und anspruchsvollere Variante der Rapportherstellung betrachten (Kapitel 2, # 3: Rapport). Es ist oft am besten, wenn Sie eine Pause machen, damit Ihr Partner vorgeben kann, in welche Richtung sich das Gespräch bewegen soll.

Wenn Sie Ihrem Freund eine Gelegenheit geben, seine emotionalen oder ideologischen Gefühle zum Ausdruck zu bringen, kann es durchaus passieren, dass Zorn oder Frustration zum Vorschein kommen. Stellen Sie sich darauf ein, sich mit seinem Zorn auseinandersetzen zu müssen, oder gehen Sie notfalls weg. (Wenn diese Technik eine Ähnlichkeit mit dem therapeutischen Prozess zu haben scheint, den klinische Psychologen und Psychotherapeuten anwenden, liegt das daran, dass beide Ansätze eng verwandt sind. Anmerkung: Wenn Sie kein Psychotherapeut sind, sollten Sie nicht so tun, als wären Sie einer. Damit würden Sie dem Gespräch, Ihrer Beziehung und möglicherweise dem Wohlbefinden einer oder mehrerer Gesprächsteilnehmer schaden. Seien Sie einfach nur ein fürsorglicher, empathischer und geduldiger Zuhörer.)

Vielleicht öffnet sich Ihr Freund Ihnen gegenüber und bespricht einige seiner Hindernisse (die vielleicht seinen Effekt der ungelesenen Bibliothek oder Identitätsprobleme offenbaren, die hinter seinen Überzeugungen stehen). Vielleicht öffnet er sich auch nicht. Diese Technik dient dazu, Ihrem Freund das Gefühl zu geben, dass Sie ihm zuhören, seine Not und Rechtfertigungen ernst nehmen und verstehen, was seine (seelische) Not verursacht. Es geht darum, seinen Gefühlen Raum zu geben. Vielleicht sind Sie nicht in der Lage, auf seine Bedenken einzugehen, aber Sie sollten eine glasklare Vorstellung davon haben, wie sie beschaffen sind, damit Sie wissen, wie Sie helfen können.

Wie Sie jemandem helfen, Dampf abzulassen

Wenn Sie Ihrem Freund die Gelegenheit geben, Dampf abzulassen, sollte das Ihre Freundschaft sehr vertiefen. Wenn Sie sich unwohl fühlen, wenn jemand seinem Ärger Luft macht und zornig reagiert, sollten Sie diese Technik nicht anwenden.

1a. Sagen Sie als Einstieg: »Erzähle mir mehr« und »Welche Gefühle löst das bei dir aus?«

Hören Sie dann zu. Immer und immer weiter.

1b. Erkennen Sie die Gefühle Ihres Freundes an, indem Sie konkrete Fühlworte wiederholen, die er zuvor benutzt hat.

Wenn er Worte wie »frustriert« oder »ungeheuerlich« benutzt, sollten *Sie* sie aufgreifen und ebenfalls benutzen. Sagen Sie: »Ja, das muss extrem *frustrierend* sein!«, »Ja, das ist *ungeheuerlich*!« Schaffen Sie eine Gesprächsatmosphäre, in der sich Ihr Freund sicher fühlt, indem Sie ein sympathischer Zuhörer sind.[15]

1c. Falls er aufhört zu reden, sollten Sie einige Sekunden schweigen, bevor Sie etwas sagen.

Beeilen Sie sich nicht, Gesprächspausen zu füllen. Lassen Sie die Stille, die unangenehm erscheinen kann, einen Großteil der Arbeit erledigen.

1d. Wenn Ihr Freund ausreichend Dampf abgelassen hat, hören Sie ihm weiter zu.

1e. Verwenden Sie Gesprächsvertiefer und Gesprächserweiterer. Sagen Sie: »Erzähle mir mehr« und »Wie kommst du damit zurecht?«

2. Fordern Sie Ihren Freund behutsam dazu auf, seine Gefühle zu *beschreiben* und nicht nur zu äußern.

Helfen Sie ihm, seine Ideen auf eine weniger rechtfertigende Weise zum Ausdruck zu bringen, indem Sie seine Gefühle möglichst genau *beschreiben* und dabei Nuancen ergänzen.[16] Fordern Sie ihn dazu auf, zwischen *wütend*, *sauer* und *frustriert* zu differenzieren oder Worte wie *aufgebracht* zu erklären. Lassen Sie *ihn* die Worte für seine Gefühle identifizieren und vermeiden Sie es, sie zu benennen, wenn er noch nicht damit fertig ist, Dampf abzulassen.

3. Schließen Sie Ihre Interaktion mit einem ehrlich gemeinten Hilfsangebot ab.

   Sagen Sie: »Wie kann ich dir jetzt oder künftig helfen? Was kann ich für dich tun?«[17] Wenn Sie wissen, wie Sie helfen können, sollten Sie es – sofern es Ihnen möglich ist – auch tun. Geben Sie Rückmeldung, und lassen Sie ihn wissen, was Sie im Einzelfall getan haben.

4. Wenn Ihr Freund damit fertig ist, Dampf abzulassen, belassen Sie es dabei.

   Versuchen Sie nicht, ihm ein Gespräch aufzuzwingen, das ihn in Stress versetzt. Falls es wichtig sein sollte, greifen Sie das Thema wieder auf, nachdem Sie beide die Gelegenheit hatten, das Gesagte zu überdenken.

3 – ALTERCASTING

Das Altercasting ist eine Überredungstechnik, die 1963 von den Soziologen Eugene Weinstein und Paul Deutschberger eingeführt wurde. Hier ein Beispiel für seine Anwendung in der Krankenpflege:

Nehmen wir für einen Augenblick an, dass ein Herzpatient auf den Beinen ist, obwohl ihm ausdrücklich gesagt wurde, dass er im Bett bleiben soll. Die Krankenschwester hat nun drei Handlungsoptionen, um den Patienten dazu zu bringen, sich wieder ins Bett zu legen: (a) Sie kann ihm einen Befehl erteilen: »Gehen Sie ins Bett«; (b) sie kann auf eine höhere Instanz verweisen: »Der Doktor hat gesagt ...«, oder (c) sie kann dem Patienten eine Rolle zuweisen: »Jemand, der so krank ist wie Sie, sollte ...« Im dritten Fall hat sie dem Patienten kommuniziert, dass er krank ist und mit dieser Position die Verpflichtung verbunden ist, im Bett zu bleiben.[18]

In diesem Beispiel wies die Krankenschwester dem Patienten die Rolle des Bettlägerigen zu, der sich aufgrund seiner körperlichen Verfassung auf eine bestimmte Weise zu verhalten hat. Die Logik ihres Altercastings könnte auf diese drei Aussagen reduziert werden:

- Jemand, der in einer solchen körperlichen Verfassung ist, sollte im Bett bleiben.
- Sie sind in dieser körperlichen Verfassung.
- Deshalb sollten Sie im Bett bleiben.

Hier sind einige andere Beispiele …

Peter besuchte die Grundschule seiner Tochter, um den Präsentationen ihrer Lehrer zuzuhören, die den Unterrichtsstoff für das nächste Schuljahr vorstellten. Eine Lehrerin äußerte sich negativ über die Gentrifizierung und hatte vor, ihren Schülern Lektüre zu geben, die ihre Folgen verurteilte. Am Ende des Vortrags trat Peter an die Lehrerin heran und sagte: »Danke, dass Sie uns davon erzählt haben. Sie wirken auf mich wie eine faire Lehrerin, die kritisches Denken fördern und bestimmte Themen aus verschiedenen Perspektiven beleuchten will. Werden Sie auch andere Perspektiven unterrichten, unter denen sich die Gentrifizierung ebenfalls betrachten lässt?« Sie antwortete mit: »Ja, auf jeden Fall. Es gibt ein Buch, das das Thema von der andere Seite betrachtet und das die Kinder lesen können.«

Es sei an dieser Stelle darauf hingewiesen, dass sie in ihrem Vortrag nichts über Fairness, kritisches Denken oder unterschiedliche Perspektiven gesagt hat. Peter versetzte sie in diese Rolle, weil er wollte, dass sie auf verschiedene Aspekte der Gentrifizierung (und auch anderer Themen) einging.

Hier ein anderes Beispiel: Wenn Sie jemandem, der auf seinem Smartphone Kurznachrichten tippt, anerkennend sagen: »Wow, du bist aber ein schneller Tipper«, haben Sie ihm die Rolle des schnellen Tippers zugewiesen. Er wird diese Rolle dann gern übernehmen und noch schneller tippen wollen.

Zuweisung einer Rolle

Altercasting ist eine effektive, aber dennoch umstrittene Technik, die eingesetzt werden kann, um eine Verhaltensänderung hervorzurufen.[19] Der Person wird eine andere Rolle zugewiesen, die besser geeignet ist, um sie zu beeinflussen. Es geht also darum, jemandem eine (sozial) relevante Rolle zuzuschreiben – indem Sie ihm helfen, sich als moralische Person, umsichtigen Denker oder souveränen Kommunikator zu sehen –, um ihn dazu zu bringen, innerhalb dieser Rolle eigenständig Lösungen oder Verhaltensweisen zu erarbeiten. Die Technik verwendet einen selbst verinnerlichten, erzeugten Druck, der zugewiesenen Rolle gerecht zu werden, und kann dazu führen, dass die Person meint, auf eine bestimmte Art handeln oder denken zu müssen.

Die Ethik des Altercastings kann potenziell manipulativ und damit fragwürdig sein. Außerdem können Individuen in ein negatives Licht gesetzt werden, das sie dazu anhält, die negative Rollenzuweisung zu erfüllen.[20] Sie könnten jemandem zum Beispiel als faule oder bornierte Person darstellen. Darüber hinaus gilt: Wenn Sie beim Altercasting einen Fehler machen, kann der Schuss nach hinten losgehen, weil die mit der Rolle verbundenen Pflichten nicht unbedingt die Pflichten sind, die der andere seiner Meinung nach erfüllen muss. Wenn Sie jemandem zum Beispiel die Rolle des Lehrers zuweisen, der für soziale Gerechtigkeit kämpft, könnte er das als Aufforderung auffassen, seine Schüler mit Werten zu indoktrinieren, die Sie gar nicht teilen.

Diese ethischen Bedenken können umgangen werden, indem Sie Ihr Altercasting auf zwei konservative Techniken beschränken:

1. Beseitigen Sie die Lieblingslösung Ihres Gegenübers.
2. Verwenden Sie für die Rollenzuweisung nur Tugenden wie Anstand, Fairness und Aufgeschlossenheit.

Diese Techniken sollten kein ethisches Dilemma hervorrufen und trotzdem wirksam genug sein, um Zweifel zu säen, die üblichen Lösungen zu beseitigen, auf die Ihr Gesprächspartner gern zurückgreift, und ein höfliches Gespräch zu führen.

Beseitigen Sie seine/ihre Lieblingslösung

Nehmen wir an, Sie führen ein Gespräch über illegale Einwanderer, und Ihr Gesprächspartner spricht sich entschieden für eine Zwangsabschiebung aus. Nehmen wir außerdem an, dass Sie diese Meinung nicht teilen und Ihr Partner keine anderen Optionen besprechen möchte. Sagen Sie: »Ich verstehe, was Sie meinen. Ich bin neugierig, wie Ihre Meinung dazu ist. Sagen wir, Sie wären ein Senator im Ausschuss für Einwanderung und haben den Auftrag, eine Lösung für die Zuwanderung zu finden. Sie sind in dem Ausschuss, weil Sie ein guter Problemlöser sind und die anderen Ausschussmitglieder Ihre Meinung schätzen. Nehmen wir an, Sie wüssten, dass der Senat eine Zwangsabschiebung kategorisch ablehnen würde. Sie haben die Aufgabe, die beste Lösung zu finden, die ohne eine Zwangsabschiebung zurechtkommt beziehungsweise diese nur in Extremfällen zulässt, zum Beispiel bei Mördern. Welche Empfehlung würden Sie aussprechen, wenn man Sie um Ihren Rat fragen würde und Zwangsabschiebung als Option nicht infrage käme? Und warum?«

Hier ist gerade viel passiert. Sie erkennen den Standpunkt Ihres Partners an (»Ich verstehe, was Sie meinen«) und verwenden kalibrierte Fragen. Dann stellen Sie Ihren Gesprächspartner als einen guten Problemlöser dar, der erfahren und wichtig genug ist, um Lösungen zu entwickeln (»Sie sind ein guter Problemlöser, und die anderen Ausschussmitglieder schätzen Ihre Meinung«). Dann haben Sie die Situation eingeschränkt, wodurch er nicht auf seine bevorzugte Lösung zurückgreifen kann (»Nehmen wir an, Sie wüssten, dass der Senat eine Zwangsabschiebung kategorisch ablehnen würde«), und fordern ihn dazu auf, sich andere Möglichkeiten auszudenken (»Sie haben die Aufgabe, die beste Lösung zu finden, die ohne eine Zwangsabschiebung zurechtkommt«).[21] Sie haben ihm eine Rolle zugewiesen, in der er sich bemühen muss, das Problem mit anderen Augen zu sehen oder die (positive) Rolle abzulehnen, die Sie ihm zugewiesen haben.

Wenn sich Ihr Partner auf das Gedankenexperiment einlässt, führt das unter Umständen dazu, dass er weniger drastische Lösungen für das Problem der illegalen Einwanderung entwickelt als die Zwangsabschiebung. Nach dem Altercasting ist er möglicherweise eher bereit, seine Meinung zu ändern, als durch eine emotionale oder selbst eine logische Diskussion. Er hat seine bevorzugten Lösungen schließlich selbst entwickelt – statt sich von Ihnen sagen zu lassen, warum seine Ansicht falsch ist (was eine Botschaft wäre).

Wenn er sich nicht in die Rolle einfügen will, die Sie ihm zugewiesen haben, oder nicht dazu in der Lage ist (manche Leute tun sich mit hypothetischen Fragestellungen schwer, vor allem wenn sie sich auf alte, lieb gewonnene Überzeugungen beziehen), empfehlen wir Ihnen, auf das Altercasting zu verzichten und stattdessen auf Techniken zurückzugreifen, die leichter anwendbar sind. Wenn Ihr Partner verschiedene Ideen vorbringt, können Sie diese Ideen als Fragen im Gespräch aufgreifen. Sie könnten die Fragen zum Beispiel benutzen, um zu zeigen, dass er dem Effekt der ungelesenen Bibliothek unterliegt, oder Sie könnten sie als Sprungbrett für die Synthese verwenden (siehe oben).

Um diese Methode des Altercastings zusammenzufassen:

1. Erkennen Sie die Perspektive Ihres Partners an.
2. Schreiben Sie Ihrem Partner eine besondere, relevante Rolle zu, und stellen Sie ihn als klugen, kreativen Problemlöser dar.
3. Gestalten Sie das Szenario so, dass er nicht auf seine bevorzugte Lösung zurückgreifen kann.
4. Fordern Sie ihn dazu auf, ein Brainstorming zu veranstalten und alternative Lösungen zu erarbeiten.

Weisen Sie Ihrem Gegenüber Gesprächstugenden zu

Sie können Ihrem Gegenüber auch Eigenschaften zuweisen, die in einem Gespräch als Tugenden gelten. Sie könnten ihm zum Beispiel Höflichkeit attestieren: Zeichnen Sie Ihren Partner als jemanden, der gepflegte Gespräche schätzt und gut darin ist, selbige zu führen. Altercasting kann »kalt« verwendet werden, vor allem bei Fremden, um der betreffenden Person die grundlegende RNA höflicher Gespräche einzuimpfen – beinahe so, als würden Sie einen Virus für bessere Gespräche verbreiten, damit Ihre Konversation resistent wird und keine Unhöflichkeit eindringen kann.

Hier ist die Formel, um Ihren Partner in die Rolle des höflichen Kommunikators zu versetzen:

1. Stellen Sie Rapport her.
2. Stellen Sie Ihren Partner als jemanden dar, der weiß, wie man einen produktiven, höflichen Dialog führt.

   Sagen Sie: »Sie scheinen mir jemand zu sein, der sehr höflich und korrekt ist. Jemand, der gut darin ist, Gespräche zu führen.« (Das könnte jemand sein, der darüber hinaus auch fair und aufgeschlossen ist, was weitere Gesprächstugenden wären.)

3. Unterhalten Sie sich mit ihm.

Dies versetzt Ihren Gesprächspartner in die Rolle des höflichen Kommunikators, die er in der Regel erfüllen will.

Alternativ gilt: Wenn Sie diese Technik anwenden, bevor die Emotionen hochkochen, kann sie als Rettungsring dienen. Wenn die Situation zu angespannt ist, müssen Sie diese Spannung zur Kenntnis nehmen und als Überleitung verwenden, um Ihren Gesprächspartner als jemanden zu inszenieren, der stets gelassen bleibt. Sagen Sie: »Okay, ich gebe es zu – ich bin angespannt. Ich komme nicht so recht weiter. Können Sie mir helfen? Wenn Sie mir die Frage erlauben – weil Sie nichts aus der Ruhe zu bringen scheint –, wie schaffen Sie es, bei diesem brisanten Thema so gelassen zu bleiben?« Wenn diese Technik korrekt angewendet wird und das Timing stimmt, kann sie maßgeblich zu einer höflichen, gepflegten Gesprächsatmosphäre beitragen.

Wie Sie sich den Gesprächspartner schaffen, den Sie sich wünschen

1. Erkennen Sie seinen Standpunkt an, und weisen Sie ihm anschließend eine andere Rolle zu.

   Sagen Sie: »Ich verstehe Ihren Einwand bezüglich [X].« Weisen Sie Ihrem Partner dann in Bezug auf das Gesprächsthema die Rolle des klugen, kreativen Gesprächspartners zu, in der ihm seine bevorzugte Lösung allerdings nicht zur Verfügung steht. Lassen Sie *Ihren Partner* alternative Lösungen erarbeiten.
2. Schreiben Sie Ihrem Partner die Rolle des besseren Kommunikators zu.

   Sagen Sie: »Sie sind gut darin, gepflegte Gespräche zu führen.« Oder einfach ausgedrückt: »Sie schaffen es wirklich gut, gelassen zu bleiben.«
3. Wenn jemand die alternative Rolle ablehnt, die Sie ihm zuweisen, kommen Sie mit dieser Technik nicht weiter und müssen auf andere Strategien zurückgreifen, die in diesem Buch vorgestellt werden.

4. Erkennen Sie, wenn jemand versucht, *Ihnen* eine Rolle zuzuweisen.
   Sie können sich darauf einlassen, die Rolle ablehnen, anerkennen, was gerade passiert, oder den Spieß umdrehen und ihm wiederum eine Rolle zuweisen.

4 – GEISELVERHANDLUNGEN

Hoffentlich wird es sich bei Ihren schwierigen Gesprächen niemals um Geiselverhandlungen handeln. Diese finden unter beängstigenden Umständen statt, normalerweise zeichnen sie sich durch extreme Emotionen und die Gefahr eines unmittelbar bevorstehenden, brutalen Mordes aus. Zum Glück gibt es aber einen etablierten Handlungskatalog, auf den Geiselunterhändler zurückgreifen können, deren oberstes Ziel es ist, die Situation ohne Blutvergießen zu beenden.[22] Wir haben diese große Fülle an Fachliteratur zusammengefasst und auf sechs Techniken komprimiert, die Unterhändler benutzen. Sehen wir uns gleich ihre Anwendung an.

Wie Ihre Gespräche von Geiselverhandlungstechniken profitieren können

In den vorigen Kapiteln haben wir viele Techniken und Strategien abgedeckt, die von Geiselunterhändlern verwendet werden, unter anderem Zuhören (Kapitel 2), Rapportherstellung (Kapitel 2), Sprache und »Das stimmt« (Kapitel 4), kalibrierte Fragen (Kapitel 5) und Variationen der ersten beiden Rapoport'schen Regeln (Kapitel 5). Es gibt allerdings weitere kleine, aber feine Techniken und Methoden, die Sie in Ihren schwierigsten Interaktionen verwenden können:

1. Verwenden Sie »minimale Mutmacher«.[23]
   Beispiele dafür sind »Ja«, »Ich verstehe« und »Okay«. Mit minimalen Mutmachern geben Sie Ihrem Gesprächspartner zu verstehen, dass Sie ihm zuhören. Wir empfehlen den Einsatz minimaler Mutmacher in besonders angespannten Augenblicken.

2. Spiegeln[24]

   Beim Spiegeln wiederholen Sie die letzten Wörter, die Ihr Partner zuvor gesagt hat. Wenn er zum Beispiel sagt: »Ich habe einfach die Nase voll davon, wie diese Leute jeden herumschubsen und immer ihren Willen durchsetzen wollen«, sagen Sie: »Willen durchsetzen wollen?«

   McMains und Mullins nennen folgendes Beispiel: »Ein bewaffneter Bankräuber, der sich in der Bank verschanzt hat, könnte zum Beispiel sagen: ›Ich muss hier mit dem Geld verschwinden. Ich mache das für mein Kind, nicht für mich.‹ Eine gute gespiegelte Reaktion wäre dann: ›Für Ihr Kind?‹, worauf der Einbrecher: ›Ja, es hat hohes Fieber und einen Infekt, und wir können uns die Medikamente nicht leisten, die es nehmen soll. Er braucht das Geld für die Medikamente.‹ entgegnen könnte.«

   Die Autoren geben anschließend ein Beispiel für eine schlechte gespiegelte Antwort: »Sie wollen mir also weismachen, dass das Geld nicht für Sie ist?«[25] Sie können solche Fehler generell vermeiden, indem Sie nur die letzten zwei oder drei Wörter wiederholen, sie als Fragen formulieren und den anderen dann reden lassen, während Sie *zuhören*. Diese Anwendung verfolgt das Ziel, die Person reden zu lassen und mehr Informationen über sich preiszugeben, die im weiteren Gesprächsverlauf dienlich sein könnten.

   Anmerkung: Obwohl aus dem Spiegeln ersichtlich wird, dass Sie aufmerksam sind, dürfen Sie es auf keinen Fall damit übertreiben. Wir empfehlen, in einem siebenminütigen Gespräch maximal vier- oder fünfmal zu spiegeln.

3. Emotionales Labeling[26]

   Wenn Sie das Gefühl einer Person mit einem emotionalen Etikett versehen, geben Sie dem Kind einen Namen. Diese Technik ist mit dem Dampfablassen vergleichbar, das weiter oben beschrieben wurde, aber der Schwerpunkt liegt hier darauf, wie *Sie* das Gefühl des anderen bezeichnen; es geht also weniger darum, gemeinsam eine Beschreibung zu erarbeiten. McMains und Mullins schreiben: »Emotionales Labeling kann immer dann verwendet werden, wenn das Subjekt intensive Gefühle zum Ausdruck bringt, die entschärft werden müssen. Es kann genutzt werden, um ein tiefes Verständnis zu kommunizieren oder zu prüfen, ob der Unterhändler das Problem versteht. Es wirkt vor allem bei normalen Leuten, die sich in einer Krise befinden, sowie bei Personen, die Minderwertigkeitskomplexe haben, emotional instabil, drogenabhängig, lebensmüde oder wütend sind und beruhigt werden müssen.«[27]

McMains und Mullins nennen folgendes Beispiel: »Eine Frau, die wütend war, weil ihr Mann sie wegen seiner Geliebten verlassen wollte, sagte: ›Ich habe den ehebrecherischen Mistkerl und sein kleines Flittchen bei mir, und sie müssen büßen. Niemand darf ungestraft damit davonkommen, anderen Leuten so wehzutun. Sie werden gleich zu spüren bekommen, wie sich das anfühlt.‹« Die Autoren sagen, dass eine gute Antwort, die emotionales Labeling benutzt, folgendermaßen aussehen könnte: »Aus Ihren Worten höre ich heraus, dass Sie ziemlich verletzt sind. Das scheint unfair.« McMains und Mullins fügen hinzu, dass man auf diese Weise »Gefühle anerkennt, ohne sie zu beurteilen«.[28]

Gehen Sie beim emotionalen Labeling behutsam vor. Peter hat festgestellt, dass diese Technik besonders nützlich ist, wenn man nachweislich ein empathischer Mensch ist, sie hilft allerdings weniger, wenn man dazu tendiert, die Gefühle des anderen falsch zu deuten (zum Beispiel wenn man Angst als Zorn interpretiert). Diese Technik scheitert, wenn man die Gefühle wiederholt verwechselt. In diesem Fall besteht das Risiko, dass Ihr Gesprächspartner denken könnte, dass Sie ihn einfach nicht verstehen.

4. Erlauben Sie dem anderen, sein Gesicht zu wahren.[29]

Bauen Sie eine Goldene Brücke.

Das ist keine spezifische Technik, sondern etwas, worauf Sie grundsätzlich achten müssen. Die Menschen sind in der Regel viel weniger dazu bereit, ihre Meinung zu ändern, vor allem vor Personen, die sie als wichtig einschätzen, wenn sie denken, dass sie dabei ihr Gesicht verlieren würden. Deshalb sollten Sie Ihrem Gesprächspartner die Chance geben, sich elegant aus der Affäre zu ziehen und sein Gesicht zu wahren. Sie könnten zum Beispiel anmerken, dass es Ihnen schwerfiel, Ihre Meinung über das Problem zu ändern, oder sagen Sie etwas wie: »Dieses Problem ist so schwierig und kompliziert, dass man es ganz leicht falsch auffassen kann.«

5. Kümmern Sie sich zuerst um die kleinen Probleme.[30]

   Versuchen Sie ein »Klima des Erfolgs« zu schaffen, indem Sie sich zuerst um die kleinen Probleme kümmern und diese lösen, bevor Sie »die großen Probleme in eine Reihe kleinerer Probleme zerlegen, die leichter zu behandeln sind«.[31] Zum Beispiel: Wenn es um die Frage der aktiven Sterbehilfe geht, die Todkranken ein würdevolles Ende ermöglichen will, könnten Sie zuerst die Rolle definieren, die der Arzt in diesem Zusammenhang spielt. Sobald Sie die Rolle des Arztes von der des Staates differenzieren, haben Sie zwei separate, aber verwandte Probleme, mit denen Sie sich nacheinander auseinandersetzen können. Es hilft, diese Technik mit dem Fragenstellen zu kombinieren und sich dabei auf Detailfragen (»Welche Rolle sollte der Arzt spielen?«) statt auf allgemeine Themen (»Beihilfe zum Selbstmord« oder »würdevolles Sterben«) zu konzentrieren.
6. »Verwenden Sie konkrete Fallbeispiele anstelle statistischer Informationen.«[32]

   Erstere »bleiben lebhafter in Erinnerung und üben einen größeren Einfluss auf das Verhalten aus als isolierte ›Fakten‹«.[33] (Siehe Kapitel 5, # 2: Vermeiden Sie Fakten.)

5 – LOTEN SIE DIE GRENZEN AUS

»Wenn mir ein heterosexueller weißer Mann in diesem Augenblick sagen würde, dass 2 + 2 = 4 ist, würde ich ihm nicht glauben.«

Diese Äußerung machte eine Kollegin von Peter einmal an der Portland State University. Sie gewährt einen Einblick in die Polarisierung von Meinungen und die Fragmentierung des Vertrauens, die sich durch unsere heutige Gesellschaft zieht. Nach einem solchen Satz fragen Sie sich vielleicht, ob und wie man nach einer solchen Aussage noch ein produktives, vernünftiges Gespräch führen kann. Man könnte meinen, dass ein sinnvolles Gespräch nicht zustande kommen kann, wenn man es mit einer dermaßen bornierten und unvernünftigen Person zu tun hat.

Aber das stimmt nicht. Wie wir im Laufe dieses Buchs betont haben, sind produktive und höfliche Gespräche nahezu immer möglich, und es gibt fast immer einen Weg, wie man aus ihnen einen Nutzen ziehen kann.

Die Entlarvung unaufrichtiger Aussagen

Verwenden Sie die folgende experimentelle Technik, wenn Ihr Gesprächspartner eine Überzeugung zum Ausdruck bringt, die er nahezu – oder auch gänzlich – unmöglich vertreten kann.[34] Zum Beispiel: »Wenn mir ein heterosexueller weißer Mann in diesem Augenblick sagen würde, dass 2 + 2 = 4 ist, würde ich ihm nicht glauben.« Indem Sie die Grenzen einer Überzeugung ausloten, können Sie aufdecken, dass der Sprecher nicht nach der behaupteten Überzeugung lebt. Weil Menschen generell dazu neigen, in ihren Überzeugungen konsistent zu sein, kann es eine Person dazu veranlassen, die Absurdität ihrer Überzeugung zu erkennen, wenn Sie eine *Inkonsistenz* aufdecken. Sie wollen dem anderen helfen zu verstehen, dass er gar nicht die Überzeugung hat, die er zu haben behauptet. (Dies wird manchmal als »verbales Verhalten« bezeichnet. Jemand sagt bestimmte Dinge, die seinen Überzeugungen aber nicht entsprechen. So zum Beispiel jemand, der behauptet, Eiscreme zu hassen, während er genussvoll einen großen Eisbecher verspeist.)

Wenn Sie einer unmöglichen Überzeugung begegnen, sollten Sie die folgende »Entlarvungsformel« in der angegebenen Reihenfolge verwenden:

1. Wenden Sie die erste Rapoport'sche Regel an: »Versuchen Sie, die Position Ihres Ziels so klar, lebhaft und fair zu beschreiben, dass Ihr Ziel so etwas sagt wie ›Danke, ich wünschte, ich hätte es selbst so gut formulieren können‹.«[35]

   Bestätigen Sie explizit, dass Sie seine Überzeugung korrekt verstanden haben (wodurch Sie ihm implizit die Chance geben, eine Kurskorrektur vorzunehmen).

2a. Optional: Wenn Sie eine Eigenschaft besitzen, auf die es Ihr Gegenüber abgesehen hat, bitten Sie ihn am besten um die Erlaubnis, Fragen zu stellen, damit Sie aus den Antworten lernen können. Wenn Sie ein heterosexueller weißer Mann sind, könnten Sie also sagen: »Ich versuche nicht, Sie vom Gegenteil zu überzeugen. Ich bin nur neugierig und möchte weitere Fragen stellen, um mehr über Ihre Einstellung zu erfahren.«

2b. Optional: In dieser einleitenden Phase sollten Sie Fragen stellen, um herauszufinden, wie lange diese Überzeugung bereits besteht und welchen Ursprung sie hat: »Hatten Sie diese Überzeugung schon immer, oder ist sie relativ neu?« oder »Wie sind Sie zu dieser Schlussfolgerung gelangt? Gibt es viele Leute, die das glauben?« So können Sie herausfinden, ob die Überzeugung viele Unterstützer hat. Sobald dieser Punkt geklärt ist, können Sie die sozialen Hilfssysteme besser verstehen, die die Überzeugung stützen, und eine bessere Vorstellung davon bekommen, welche zielführenden Fragen Sie stellen können.

3. Versuchen Sie die Grenzen der Überzeugung, die Ihr Partner hat, in der Praxis zu verstehen. Fragen Sie, ob die Überzeugung auch in anderen (extremeren) Kontexten gilt. »Wenn Sie in die Notaufnahme gehen müssten und der dort zuständige Arzt ein heterosexueller weißer Mann wäre, würden Sie ihm glauben, wenn er sagt, dass Sie in Lebensgefahr schweben und *sofort* operiert werden müssen?« oder »Wenn Sie in einen dunklen Raum gehen und das Licht anschalten möchten, würden Sie sich zuerst nach dem Geschlecht und der ethnischen Zugehörigkeit des Elektrikers erkundigen, der die Lampen installiert hat, oder würden Sie einfach den Schalter drücken?« Beim Arztbeispiel könnten Sie anschließend folgende Frage stellen: »Würden Sie sich von einem heterosexuellen weißen Arzt operieren lassen, wenn jeder andere Arzt gerade keine Zeit hätte?«

4. Im Anschluss daran fragen Sie: »Gibt es einen Umstand, der Sie dazu veranlassen könnte, *nicht* nach dieser Überzeugung zu handeln?«, und lassen Sie ihn einige Beispiele nennen.

4a. Wenn er »Nein« sagt, sollten Sie behutsam mit Beispielen fortfahren, die denen aus Punkt 3 ähneln. »Würden Sie in ein Flugzeug steigen, wenn Sie wüssten, dass der Pilot ein heterosexueller weißer Mann ist? Was wäre, wenn Sie mit absoluter Gewissheit wüssten, dass das Flugzeug von heterosexuellen weißen Männern entwickelt oder gebaut worden ist?«

Wenn die Person sagt, dass sie nicht in ein Flugzeug steigen würde, wenn der Pilot ein heterosexueller weißer Mann ist, sollten Sie nachfragen, wie diese Überzeugung in der Praxis umgesetzt werden könnte. Fragen Sie nach Details – dadurch könnte sich der Effekt der ungelesenen Bibliothek offenbaren. Fragen Sie: »Wie finden Sie bei der Flugbuchung heraus, welche Hautfarbe und sexuelle Orientierung der Pilot hat?«

4b. Wenn er »Ja« sagt, können Sie nachhaken: »Wie würde dieser Umstand aussehen?« und »Können Sie mir Beispiele für andere Dinge nennen, von denen Sie zwar überzeugt sind, die für Ihr Handeln aber keine Konsequenzen haben? Was macht diesen Fall so besonders?«

5. In dieser Phase haben Sie entweder gezeigt, dass es nicht möglich ist, diese Überzeugung zu haben und nach ihr zu handeln – oder auch nicht.

5a. Wenn es nicht möglich ist, nach der Überzeugung zu handeln, sollten Sie anschließend fragen, woher man wissen kann, wann man nach der Überzeugung handeln soll und wann nicht. (Jetzt reden Sie wieder über Epistemologie.) Fragen Sie: »Okay, wenn ich Sie richtig verstehe, ergibt es manchmal Sinn, auf einen heterosexuellen weißen Arzt zu hören, aber in anderen Situationen glauben Sie, dass es durchaus angebracht ist, seiner Meinung zu mistrauen. Wie können wir den einen Fall vom anderen unterscheiden?«

5b. Wenn Sie *nicht* zeigen konnten, dass die Überzeugung unmöglich ist, lügt der andere oder er irrt sich, oder Sie irren sich und der andere lebt tatsächlich im Einklang mit seiner Überzeugung.

6 – GEGENINTERVENTIONSSTRATEGIEN

Wenn Sie denken, dass jemand versucht, in Ihren kognitiven Prozess beziehungsweise Ihre Überzeugungen einzugreifen, und dabei die Absicht verfolgt, Zweifel zu säen, stehen Ihnen drei Optionen zur Verfügung:

1. Sie spielen mit.
2. Sie weigern sich mitzuspielen.
3. Sie verwenden Gegeninterventionen.

Wir raten *eindringlich* zur ersten Option.

Spielen Sie mit!

Wenn jemand versucht, in *Ihre* Kognitionen zu intervenieren, haben Sie die Möglichkeit, ihn gewähren zu lassen. Spielen Sie einfach mit. Indem Sie mitspielen und die Intervention des anderen zulassen, werden Sie mit großer Wahrscheinlichkeit etwas lernen. Idealerweise werden Sie lernen, dass die Beharrlichkeit, mit der Sie an einer Überzeugung festhalten, weniger gerechtfertigt ist, als Sie gedacht haben, und Sie werden sich dann (hoffentlich) weniger vehement an diese Überzeugung klammern. Vielleicht werden Sie sogar Ihre Meinung ändern und Ihre Fähigkeit schulen, jemandem das Geschenk des Zweifels zuteil werden zu lassen. Der Intervenierer kennt vielleicht Techniken, die Sie in Ihr eigenes Repertoire einbeziehen sollten, und Sie können lernen, welche Fehler er macht, um sie selbst zu vermeiden oder ein Verständnis dafür zu entwickeln, wie *Sie* sich fühlen, wenn *Sie Ihre* Überzeugungen überprüfen. Wenn Sie mitspielen, werden Sie auf jeden Fall etwas lernen – auch wenn das Ergebnis nicht von vornherein feststeht.

Sokrates einen Riegel vorschieben

Wir verraten Ihnen ein Geheimnis: Interventionen funktionieren nur, wenn Ihr Partner mit Ihnen interagiert. Es spielt im Grunde keine große Rolle, was er sagt. Wichtig ist nur, *dass er etwas sagt.* In Peters Dissertation beschreibt er, wie er versuchte, Häftlinge auf ein Leben in Freiheit vorzubereiten, indem er ihnen Fähigkeiten wie kritisches Denken und moralisches Argumentieren beibrachte.[36] Er machte sich keine Gedanken darüber, dass die Insassen gereizt reagieren könnten, sondern hatte vielmehr Angst davor, dass sie schweigen und die Gespräche boykottieren würden. Wenn jemand nicht auf Sie reagiert, gibt es keine Intervention, weil es unmöglich ist, Zweifel zu säen – es gibt nichts zum Intervenieren, weil es nichts gibt, womit man arbeiten kann.

Wenn jemand bei Ihnen eine Intervention versucht, die Ihre Epistemologie oder Überzeugung zu ändern versucht, können Sie kontern, indem Sie Ihre Teilnahme verweigern. Am besten gelingt Ihnen das, wenn Sie nichts sagen. Die zweitbeste Methode ist es, nur mit geschlossenen Antworten auf Fragen zu reagieren, also »Ja« oder »Nicht wirklich« zu entgegnen.

Gegeninterventionstechniken

Gegeninterventionsstrategien können angewendet werden, wenn jemand versucht, eine Intervention an Ihnen vorzunehmen. Wenden Sie diese Maßnahmen an, wenn Schweigen und das Beenden des Gesprächs keine Optionen sind *und* Sie beschlossen haben, sich nicht auf die Spielchen Ihres Gegenübers einzulassen. Diese Gegeninterventionstechniken können auch angewendet werden, wenn Sie sich in einer verhörähnlichen Situation befinden, unter hohem Druck stehen und das Gefühl haben, mit dem Rücken zur Wand zu stehen. Vielleicht sind Verteidigung und Gegenangriff die einzigen Mittel, die Ihnen zur Verfügung stehen. Jede dieser Techniken kann effektiv sein. *Und jede ist unehrlich.* Aus diesem Grund raten wir ausdrücklich davon ab, sie zu verwenden.

Bevor es losgeht, nehmen wir an, dass Sie wissen, dass jemand versucht, eine Überzeugungs-/epistemologische Intervention an Ihnen vorzunehmen. Eindeutige Anzeichen dafür sind Fragen wie: »Wie sicher sind Sie sich auf einer Skala von 1 bis 10, dass [X] wahr ist?« (Kapitel 4, # 6: Führen Sie Skalen ein) oder »Welchen Beweis könnte ich Ihnen vorlegen, der Sie dazu bewegen würde, Ihre Überzeugung zu revidieren?« (Kapitel 5, # 3: Suchen Sie nach Widerlegungen). Wenn Sie diese Formulierungen hören, ist die Wahrscheinlichkeit sehr hoch, dass jemand die Techniken aus diesem Buch oder aus Peters *A Manual for Creating Atheists* anwendet.[37]

Hier sind also sechs wirksame Strategien für eine Gegenintervention:

1. Wenn Sie gefragt werden, wie sicher Sie sich sind, dass Ihre Überzeugung wahr ist, nennen Sie eine deutlich niedrigere oder die genau entgegengesetzte Zahl. Wenn Sie zum Beispiel gefragt werden: »Wie sicher sind Sie sich, dass der gesetzliche Mindestlohn angehoben werden sollte?«, und Sie auf einer Skala von 1 bis 10 eine 9 sind, antworten Sie entweder mit »Ich denke, eine 6« oder einfach »2«.

1a. Im ersten Fall wird sich die Intervention erschweren (falls der andere überhaupt die Notwendigkeit sieht weiterzumachen, weil eine 6 bereits Zweifel zum Ausdruck bringt). So stehen ihm weniger Techniken zur Verfügung.

1b. Im zweiten Fall gibt es keine Intervention, weil Sie nicht glauben, was Sie zu glauben vorgeben.

2. Gaukeln Sie dem anderen vor, dass seine Intervention erfolgreich war. Am Anfang der Intervention könnten Sie behaupten, Ihre Meinung geändert zu haben. Das erfolgt am besten nach einer längeren Pause, auf die Sie mit einem Ausruf des Staunens reagieren, wie: »… wow, ja. Wow.«

3. Sagen Sie, dass Sie Zweifel an Ihrem Zweifel haben.[38] Verleiten Sie den anderen also dazu, eine Intervention über Ihren Zweifel an Ihrem Zweifel durchzuführen und nicht über Ihre Überzeugung. Bei unserem vorigen Beispiel bedeutet das: Wenn Ihre Überzeugung, dass der gesetzliche Mindestlohn angehoben werden sollte, einer 9 (auf einer Skala von 1 bis 10) entspricht, wird Ihr Gesprächspartner Zweifel säen und Ihre Überzeugung auf einen niedrigeren Wert bringen wollen.

   Stattdessen sollten Sie ihn darum bitten, Ihnen zu zeigen, was Sie übersehen, damit Sie auf eine 10 kommen; hierbei handelt es sich um eine Art invertiertes Altercasting. Oder Sie sagen: »Ich habe Zweifel, ob der gesetzliche Mindestlohn angehoben werden sollte, bin mir aber nicht sicher, ob diese Zweifel gerechtfertigt sind. Glauben Sie, dass meine Skepsis über meine Zweifel gerechtfertigt ist?« Wenn Sie gefragt werden, warum Sie auf eine 10 kommen wollen, sagen Sie: »Ich möchte gerne die Vorteile eines höheren gesetzlichen Mindestlohns in vollem Umfang erkunden.«

4. Wenn Sie eine feste Überzeugung haben, sollten Sie sagen, wie sicher Sie sich (auf einer Skala von 1 bis 10) sind, und hinzufügen, dass Sie diese Überzeugung lieber nicht hätten. Sagen Sie: »Ich bin davon überzeugt, dass der gesetzliche Mindestlohn angehoben werden sollte, und ich wollte, ich hätte eine andere Meinung.« (Eine eindringlichere Variante dieser Aussage wäre: »Ich bin von X überzeugt, denke aber zugleich, dass es moralisch verwerflich ist, X zu glauben.«) Dieser Ansatz ist das genaue Gegenteil von Daniel Dennetts Glauben an den Glauben (siehe Kapitel 3 und 5). Statt zu sagen, dass Sie eine Überzeugung haben, weil Sie glauben, dass Sie diese Überzeugung haben sollten, behaupten Sie, eine Überzeugung zu haben, die Sie lieber nicht hätten.

Dies setzt viele Techniken aus den Kapiteln 6 und 7 außer Kraft, die sich auf Moral und Werte beziehen, und führt dazu, dass sich der Intervenierer auf unerforschtes Terrain begibt. Natürlich kann er Ihre Äußerung als Aufforderung auffassen, seine Bemühungen zu intensivieren, um Ihnen zu helfen, Ihre Überzeugung abzulegen, aber dabei werden ihm wesentlich weniger Hilfsmittel zur Verfügung stehen.

5. Wenn jemand Sie mit regelrechten Fragensalven bombardiert (was fast immer ein Indiz dafür ist, dass die betreffende Person ein Anfänger ist), sollten Sie »Aha« oder »Hmm« sagen und in Gedanken von 5 bis 0 zählen. Wenn Sie zum Beispiel mit der Frage »Warum haben Sie mir das nicht schon früher gesagt?« konfrontiert werden, sollten Sie mit »Hmm …« antworten und in Gedanken den Countdown »5, 4, 3, 2, 1« herunter zählen. Damit werden Sie diese Technik sehr wirksam ins Leere laufen lassen.[39]
6. Nutzen Sie Fragen, um die Intervention gegen den Intervenierer zu richten. Wenn Ihr Gegenüber Sie zum Beispiel fragt: »Wie sicher sind Sie sich, dass Ihre Überzeugung wahr ist?« und damit signalisiert, dass er eine Intervention zu starten versucht, sollten Sie nicht antworten, sondern eine Gegenfrage stellen. Sagen Sie beispielsweise: »Darf ich fragen, warum Sie mir diese Frage stellen?«

   Wenn er mit »Ich versuche, zuzuhören und von Ihnen zu lernen« antwortet (Kapitel 2 und 3), sollten Sie ihn direkt auf seine Absicht ansprechen: »Versuchen Sie, in meine Überzeugungen zu intervenieren und sie zu ändern?« Fragen Sie ihn nach seinen Zielen; dabei können Sie dieselben Techniken anwenden, die er zuvor benutzt hat, und sagen: »Wie sicher sind sich auf einer Skala von 1 bis 10, dass meine Überzeugungen geändert werden sollten? Woher wissen Sie, dass es nicht Ihre Überzeugungen sind, die geändert werden sollten?« Sie verfolgen damit das Ziel, die Intervention umzukehren, indem Sie das Diskussionsthema ändern und anfangen, Ihrem Gesprächspartner Fragen über seine Überzeugungen zu stellen, die ihn dazu veranlasst haben, bei Ihnen einen Interventionsversuch zu starten.

Es gibt zahlreiche Techniken, um Interventionen abzuwehren oder umzukehren, die unorthodox, abhängig vom Können des Anwenders leicht durchschaubar und ethisch noch fragwürdiger sind als jene, die bisher besprochen wurden; *wir raten daher von ihrer Anwendung ab.* So könnten Sie zum Beispiel folgende Dinge tun:

- Absichtlich dem Rapport schaden.
- Ihre eigene Epistemologie erfinden (und zum Beispiel behaupten, dass Ihre Katze Sie zur Wahrheit führt).
- Die Bedeutung alltäglicher Wörter verändern und ständig zwischen verschiedenen Bedeutungen springen (dies wird als Doppeldeutigkeit bezeichnet und oft bei Gesprächen über Religion angewendet, wenn es um den Begriff *Glauben* geht).
- Höchst unplausible Widerlegungsbedingungen anbieten und behaupten, dass Sie umso überzeugter davon sind, die Wahrheit zu kennen, weil die Bedingungen nicht erfüllt werden können (»Wenn man mir die Strafakte jedes Zuwanderers gäbe, würde ich meine Meinung ändern, aber weil Sie das nicht können, bin ich umso überzeugter von meinem Standpunkt zur Zuwanderung« oder »Wenn Sie mir die Gebeine Christi zeigen würden, wäre ich bereit, meine Meinung zu ändern und zu glauben, dass Jesus nicht der Sohn Gottes ist.«).
- Sich zu einer Form von Relativismus bekennen, indem Sie behaupten, dass die Aussagen nur für Sie wahr sind (zum Beispiel: »Es ist nur für mich wahr, dass jeder eine Schusswaffe besitzen sollte«).[40]
- Im Laufe des Gesprächs mehrmals behaupten, Ihre Überzeugung zu ändern.
- Vorgeben, sich mit einem bestimmten Thema überhaupt nicht auszukennen (Sie behaupten, nicht einmal ansatzweise etwas über das gerade behandelte Gesprächsthema zu wissen).

Spielen Sie einfach mit!

Zusammenfassend lässt sich sagen, dass Sie in den meisten Situationen alles zu gewinnen und wenig zu verlieren haben, wenn Sie einfach mitspielen.

Wenn Sie das große Glück haben und es mit jemandem zu tun bekommen, der in Ihre Überzeugungen zu intervenieren versucht, könnte das für Sie eine bemerkenswerte Gelegenheit sein, mehr über sich selbst und die Methoden zu erfahren, mit denen Sie anderen helfen können, bescheidener zu werden und zu erkennen, dass sie nicht alles wissen. Spielen Sie also einfach mit!

FAZIT

Dieses Kapitel deckte ein breites Spektrum an Strategien, Fähigkeiten und Techniken ab und gab routinierteren Kommunikatoren wertvolle Tipps. Obwohl sie sich nicht alle über einen Kamm scheren lassen, fallen viele Techniken in diesem Kapitel unter die Kategorie »Wie man mit bornierten Menschen umgeht«, weil sie am besten genutzt werden, wenn der andere nicht von seiner Überzeugung abrücken will oder wenn er es aus emotionalen Gründen nicht kann.

Die Techniken in diesem Kapitel gelten als Wissen für Könner, weil sie schwierig (Synthese) oder anstrengend (Dampfablassen) sind oder extrem viel Geduld erfordern (Loten Sie die Grenzen aus). Einige lassen sich nur schwer spontan umsetzen (Altercasting), während andere (Gegeninterventionsstrategien) schwer zu üben sind, weil Sie dafür von jemandem angesprochen werden müssen, der versucht, eine Intervention an Ihnen durchzuführen.

Auf der anderen Seite sind diese Techniken natürlich kein Hexenwerk. Jedi-Gedankentricks sind nicht nötig, um sie zu beherrschen. Übung und Geduld reichen völlig aus. Wie so oft gilt auch hier: Übung macht den Meister. Und je mehr Sie die in diesem Buch vorgestellten Techniken miteinander kombinieren, umso effektiver werden Sie sein.

Experten: Zwei Schlüssel für Gespräche mit Ideologen

Wie man unbewegliche Menschen bewegt

 # 1 – Wie man sich mit einem Ideologen unterhält
Schalten Sie auf die moralische Epistemologie.
 # 2 – Moralische Umdeutung
Lernen Sie, moralische Dialekte zu sprechen.

Eines der armseligsten – und gefährlichsten – Zeichen unserer Zeit ist die wachsende Anzahl von Menschen und Gruppen, die glauben, dass es keinen ehrlichen Grund gibt, weshalb ihnen jemand widersprechen könnte.

Thomas Sowell, Twitter, @ThomasSowell, 30. Juli 2018

Wir definieren einen Ideologen als »jemanden, der nicht willens oder fähig ist, seine (moralischen) Überzeugungen zu revidieren«. Der Versuch, mit einem Ideologen ein Gespräch zu führen, ist fast nie von Erfolg gekrönt. In der Regel spricht er nicht mit, sondern zu Ihnen und überbringt Botschaften.[1] Dieses Kapitel zeigt Ihnen, wie Sie solche Leute verstehen und mit ihnen kommunizieren, und stellt Strategien und Techniken vor, mit denen Sie in ihre Kognitionen intervenieren und Zweifel säen.

Hier ist das Erfolgsgeheimnis: Sie müssen begreifen, wie das Moralverständnis eines Ideologen an seine persönliche Identität gekoppelt ist. Das gelingt Ihnen, indem Sie sich vorstellen, dass es sich bei jedem Gespräch eigentlich um drei Gespräche handelt, die gleichzeitig ablaufen: Es geht um »Was ist passiert?« (Fakten), Gefühle und Identität (wie sich die Person selbst sieht).[2]

Wenn Sie ein Gespräch über Moral führen, geht es in Ihrer Diskussion *immer* auch – ob direkt oder indirekt – um Fragen der Identität.[3] Wenn Sie sich mit einem Ideologen (oder einer anderen Person) unterhalten, kann der Eindruck entstehen, dass es in Ihrem Gespräch um Fakten und Ideen geht, aber letztendlich führen Sie ein Gespräch über Moral, und dabei geht es zwangsläufig immer um die Frage, was es bedeutet, ein guter oder schlechter Mensch zu sein. Es ist absolut entscheidend, diesen Zusammenhang zu erkennen.

Fragen der Moral und Identität wirken unterschwellig auf der Gefühls- und weniger auf der Vernunftebene.[4] Im wahrsten Sinne des Wortes.[5] Die Infragestellung dieser Überzeugungen löst im Gehirn dieselben Reaktionen aus wie eine lebensbedrohliche Situation.[6] Dementsprechend muss man große Vorsicht walten lassen, wenn man auf die Moral und Identität seines Gesprächspartners eingeht. Wenn Sie effektivere Gespräche oder Interventionen mit Personen führen wollen, die nicht bereit oder fähig sind, ihre Überzeugungen zu ändern, werden Sie Folgendes lernen müssen:

1. Auf die moralische Epistemologie Ihres Gegenübers einzugehen
2. Andere moralische Sprachen zu sprechen

Nachfolgend beschreiben wir diese Fähigkeiten und zeigen, wie Sie sie entwickeln können. Wenn Sie sie mit den anderen Strategien aus diesem Buch kombinieren, werden Sie in der Lage sein, effektiver mit Leuten zu interagieren, die völlig starr zu sein scheinen, beispielsweise religiösen Fundamentalisten, politischen Extremisten und Ideologen jeder Couleur.[7] Bevor es losgeht, möchten wir Sie jedoch warnen: Rechnen Sie damit, auf Granit zu beißen. Selbst bei der korrekten Anwendung der besten Techniken sind Gespräche mit Ideologen extrem schwierig. Sie werden Geduld brauchen. Im Zweifelsfall sollten Sie zu den Grundlagen zurückkehren: Hören Sie zu, und lernen Sie. Und Sie müssen natürlich auch wissen, wann es besser ist, die Situation zu beenden und zu gehen.

Anmerkung: Dieses Kapitel beschreibt Fähigkeiten für Experten. Wir raten unseren Lesern eindringlich dazu, zuerst das Material aus den vorigen Kapiteln zu beherrschen, bevor sie versuchen, die nachfolgend vorgestellten Techniken in ihre Gespräche zu integrieren. Darüber hinaus ist ein Großteil der logischen Argumentation und des Quellenmaterials, der hinter den Ratschlägen in diesem Kapitel steht, in den ausführlichen Endnoten nachzulesen. Wir raten zur Lektüre dieses Materials, damit Sie genauer verstehen, *wie* und *warum* moralische Gespräche so funktionieren, wie sie es tun.

1 – WIE MAN SICH MIT EINEM IDEOLOGEN UNTERHÄLT

Ideologe, Substantiv
[ideo'lo:gə]

1. [Exponierter] Vertreter einer [politischen] Ideologie
2. Weltfremder Theoretiker

Werte, Werte, Werte

Im Zentrum nahezu jedes schwierigen Gesprächs steht die Unfähigkeit mindestens einer Person, (realistische) Widerlegungskriterien für Überzeugungen zu liefern, oder die Leugnung der Existenz solcher Kriterien. Dieses Unvermögen geht normalerweise mit anderen Merkmalen einher, beispielsweise der Umlenkung der Konversation auf ihre Probleme, dem Drang, alles durch ihre moralische Brille zu sehen, und der Interpretation jeder anderen Meinung als intellektuelles oder moralisches Defizit.

Vielleicht werden Ihnen im Umgang mit einem Ideologen die folgenden Merkmale und Verhaltensweisen auffallen: Überempfindlichkeit, vehemente Rechtfertigungen, offen zur Schau gestellte Rechtschaffenheit, die mangelnde Bereitschaft, sich andere Meinungen anzuhören, eine unverhältnismäßig große Wut, scharfe und unfaire Anschuldigungen und die Verwendung herablassender oder verletzender Schmähnamen.[8] Es gibt noch viele andere, die sich alle durch ein gewisses Maß an Feindseligkeit, Selbstgerechtigkeit oder die Verschanzung hinter der eigenen Position auszeichnen.[9] Diese Verschanzung drückt sich typischerweise als aggressive, moralisch aufgeladene Sprache aus, mit der eine andere Meinung abgelehnt wird; wenn Sie zum Beispiel sagen, dass Sie sich nicht sicher sind, ob seine Schlussfolgerung schlüssig ist, würde ein Ideologe auf eine Weise antworten, die Ihnen moralische Verkommenheit unterstellt (»Es ist Ihnen wohl egal, wenn Kinder sterben!«).

Ein Gespräch – eine Diskussion, die auf unverstelltem Geben und Nehmen beruht – scheint in diesem Fall unmöglich zu sein, weil die Person, mit der Sie sich zu unterhalten versuchen, nicht mit Ihnen interagiert, sondern zu Ihnen predigt. Wenn Sie mit jemandem reden, der zu einem bestimmten Thema unumstößliche Ansichten hat, ist das so, als würden Sie mit jemandem Schach spielen, dessen einzige Spielfigur ein Hammer ist.[10] Es ist frustrierend, provozierend und stellt potenziell sogar eine Gefahr für Ihre körperliche Unversehrtheit dar.[11]

Fast alle derartigen Gespräche scheinen sich auf Faktenebene zu bewegen (wobei der Ideologe allerdings gern Beschimpfungen ausspricht oder laut wird).[12] Das heißt, dass es in Gesprächen mit Ideologen nur oberflächlich um Probleme, Ideen und Beweise geht. Unter der Oberfläche geht es um moralische Fragestellungen, die eng mit der Identität des Ideologen verknüpft sind, einschließlich seiner Selbstwahrnehmung als moralisch rechtschaffenem Menschen und seinem Gefühl, einer Gemeinschaft anzugehören. Wenn Sie die richtigen Hilfsmittel anwenden und genug Geduld mitbringen, ist es möglich, sich mit solchen Personen zu unterhalten, auch wenn es in dem Gespräch um konfuse Überzeugungen geht. Und das geht so: Konzentrieren Sie sich auf die moralische Epistemologie. Das heißt mit anderen Worten: Hören Sie auf, über seine Überzeugungen zu reden, und konzentrieren Sie sich auf die Frage, woher Ihr Gesprächspartner weiß, dass seine Überzeugungen wahr sind, *und* wie sie zu seiner persönlichen Identität beitragen.[13]

Das Gespräch mit einem Ideologen: eine Vorlage

Wenn Sie das Gespräch fortsetzen möchten, obwohl es Ihrem Gesprächspartner nicht gelungen ist, Widerlegungskriterien vorzulegen, schlagen wir folgende Vorgehensweise vor:

1. *Erkennen* Sie seine Absicht an und bestätigen Sie seine Identität als gute, moralisch integre Person – vor allem, wenn Sie seine Überzeugungen zutiefst ablehnen.[14]

2. *Wechseln* Sie das Thema, und reden Sie über zugrunde liegende Werte.
3. *Laden* Sie zu einem tiefer gehenden Gespräch über diese zugrunde liegenden Werte ein (an dieser Stelle verlagert sich das Gespräch von den Überzeugungen auf die moralische Epistemologie).
4. *Schüren* Sie Zweifel an seiner moralischen Epistemologie, indem Sie ihm helfen, die Art und Weise zu hinterfragen, wie er zu seinen moralischen Überzeugungen gekommen ist.[15]
5. *Lassen Sie zu*, dass sich die Verbindung zwischen Überzeugung und moralischer Epistemologie von selbst trennt. (Dies erfolgt nach dem Gespräch.)

Der Prozess ist das A und O. Die Thematisierung der moralischen Epistemologie unterscheidet sich nicht von der Thematisierung jeder anderen Art von Epistemologie – finden Sie heraus, wie Ihr Partner das weiß, was er zu wissen glaubt. Zusätzlich gilt aber: Weil moralische Überzeugungen in einem wesentlich komplexeren Umfeld wirken als die meisten Wissensbehauptungen, müssen Sie dem Ideologen vielleicht Fragen über seine Gefühle stellen wie: »Warum haben Sie *das Gefühl*, dass Ihre Überzeugung eine größere Daseinsberechtigung hat als andere Überzeugungen?« und »Verstärkt die Intensität, mit der man eine Überzeugung vertritt, ihren Wahrheitsgehalt?« Fragen über Gefühle können Ihnen helfen, eine Kluft zu überbrücken, die es in vielen Gesprächen gibt und von den Beteiligten übersehen wird, die sich vielleicht wundern, warum ihre Kommunikation scheitert. Diese Kluft besteht zwischen den Fakten, um die es in dem Gespräch oberflächlich zu gehen *scheint* (die Anzahl der Todesfälle durch Schusswaffen, Einwanderungsstatistiken, Massentierhaltung), und den zugrunde liegenden Themen, um die es *tatsächlich* geht: um emotionale, moralische oder identitätsbezogene Fragestellungen.

Die Auseinandersetzung mit der moralischen Epistemologie kann sehr schwierig sein. Wenn sie zu den Grundlagen moralischer Überzeugungen befragt werden, wird den meisten Menschen sehr schnell klar, dass ihnen gute Gründe fehlen, die ihre Überzeugungen legitimieren. Dieses Defizit führt zu Unbehagen und Widerstand. Die moralische Epistemologie unterscheidet sich nicht von der Epistemologie im Allgemeinen: Stellen Sie aufrichtige Fragen darüber, *wie* Ihr Gesprächspartner zu seinen moralischen Schlussfolgerungen kam, versuchen Sie, herauszufinden, ob seine Argumentationsweise diese Schlussfolgerungen unterstützt, und konzentrieren Sie sich auf gezielte Widerlegungsfragen, die in Zusammenhang damit stehen, was es seiner Meinung nach bedeutet, ein guter Mensch zu sein.

Schritt-für-Schritt-Anleitung

Gehen wir nun ausführlicher auf die einzelnen Schritte ein, aus denen sich die Vorlage zusammensetzt.

1. *Erkennen Sie seine Absicht an und bestätigen Sie seine Identität als gute, moralisch integre Person – vor allem, wenn Sie seine Überzeugungen zutiefst ablehnen.*[16]

   Sagen Sie: »Ich sehe deutlich, dass es Ihnen wichtig ist, ein guter Mensch zu sein.« Dieser Hinweis ist wichtig, weil Ideologen dazu neigen, sich auf eine von zwei Arten zu sehen: Als tugendhafte Säulen der Moral oder als reumütige Sünder, die nach Vollkommenheit/Absolution streben. In beiden Fällen ist es entscheidend zu bestätigen, dass die betreffende Person ein guter Mensch ist oder zumindest gute Absichten verfolgt, weil diese Bestätigung dazu führt, dass der andere seinen Schutzschild senkt und sich vielleicht sogar die Möglichkeit ergibt, extreme Überzeugungen zu mäßigen.[17] Sie ist auch ein entscheidender vorbereitender Schritt für die restliche Intervention.

   Sie können immer etwas Positives sagen, selbst wenn Ihre positive Äußerung nur daraus bestehen sollte, sein moralisches Universum anzuerkennen (ohne es akzeptieren zu müssen) und zu erkennen, dass sich Ihr Gesprächspartner gekonnt darin zu bewegen vermag. Wenn Ihnen das schwerfällt, weil seine Ansichten abstoßend sind, können Sie immer noch seine guten Absichten anerkennen, vor allem seine Absicht, ein guter Mensch sein zu wollen (siehe Kapitel 2, # 6: Absichten).[18] Das ist vor allem deshalb wichtig, weil dieser Schritt Teil des größeren Bestrebens ist, Ihrem Gesprächspartner zu helfen, sein Konzept eines »guten Menschen« zu hinterfragen. Wenn Sie anerkennen, dass der andere danach strebt, ein guter Mensch zu sein, heißt das noch lange nicht, dass er zum Wohl der Menschheit beiträgt oder das Leiden auf der Welt verringert – oder selbst, dass er mit dem, was er zu erreichen versucht, Erfolg hat. In dieser Anfangsphase des Gesprächs geht es um nichts anderes als darum, seine Werte und guten Absichten anzuerkennen. Sie sagen einfach nur, dass ihm Moral wichtig ist und dass er seine Vorstellungen von moralischem Verhalten als Handlungsgrundlage verwendet. Es besteht zu diesem Zeitpunkt keine Notwendigkeit, ihn zu fragen, wodurch sich ein guter Mensch auszeichnet. Erkennen Sie seine gute Absicht kurz an und bestätigen Sie, dass es ihm wichtig ist, ein guter Mensch zu sein.

Viele heikle Gespräche scheitern daran, dass niemand anerkennt, dass die andere Partei ihr Handeln daran ausrichtet, was ihrer Meinung nach moralisch richtig ist. Dieses Problem lässt sich mühelos beseitigen: Sagen Sie: »Ich sehe deutlich, dass es Ihnen wichtig ist, ein guter Mensch zu sein.«

2. *Wechseln Sie das Thema, und reden Sie über zugrunde liegenden Werte.*[19]

Sagen Sie: »Diese Überzeugungen scheinen Ihnen wirklich wichtig zu sein. Worauf begründen Sie sie?« Wenn Sie wissen, dass Ihr Gegenüber einen höheren Bildungsstand hat, könnten Sie auch »Auf welcher Prämisse beruhen diese Überzeugungen?« oder »Wie haben Sie diese Überzeugungen abgeleitet?« fragen.

Wenn jemand hartnäckig an einer Überzeugung festhält, »wabert« diese nicht losgelöst von Werten im Äther. Heikle Gespräche beruhen in der Regel auf Überzeugungen, die fast immer von bestimmten Werten gestützt werden. Viele Menschen, die für oder gegen die Aufnahme von Zuwanderern in die USA sind, vertreten ihre Überzeugung, weil sie denken: »Gute Amerikaner haben diese Überzeugung. Ich bin ein guter Amerikaner. Also habe ich diese Überzeugung.« Auf der Sachebene geht es in dem Gespräch vielleicht um die Frage, wie viele Zuwanderer pro Jahr aufgenommen werden und aus welchen Ursprungsländern sie kommen sollten, aber auf einer tieferen Ebene fußt das Gespräch auf der Frage, welche Werte man als guter Amerikaner haben sollte und wie sie sich äußern sollten. Ihr Gesprächspartner kann natürlich auch Werte haben, die in keinem Zusammenhang damit stehen, ein guter Amerikaner zu sein, und stattdessen darauf beruhen, »das größte Wohl für die größte Anzahl von Menschen« zu erzielen. Das wäre dann der zugrunde liegende Wert Ihres Partners.

Eine der besten Methoden, mit denen Sie herausfinden, auf welchen Werten eine bestimmte Überzeugung fußt, ist genau diese Frage: »Auf welchem Wert beruht diese Position?« Sie werden nicht unbedingt sofort eine Antwort erhalten, und wahrscheinlich sind weitere Fragen nötig (um den Fokus zu gewährleisten, müssen Sie darauf achten, das Gespräch an Fragen auszurichten, wie in Kapitel 3 erklärt wurde). Hier sind weitere Fragen, die Ihnen helfen, die zugrunde liegenden Werte Ihres Gegenübers zu verstehen:

»Welche Werte müssten sich ändern, damit Ihre Ansicht nicht mehr wahr ist?«

Im Fall der Zuwanderung ist Ihr Gesprächspartner vielleicht von weißem Ethnonationalismus motiviert, also von der Vorstellung, dass die meisten Zuwanderer keine weiße Hautfarbe haben und die USA ein Land für Menschen mit weißer Hautfarbe sein sollten. Oder vielleicht beruht der zugrunde liegende Wert auf einer wahrgenommenen Notwendigkeit kultureller »Reinheit« oder darauf, dass man sich Zugang zu gesellschaftlichen Privilegien verdienen muss; eine solche Haltung äußert sich oft als Slogan wie »Zuwanderer zersetzen unsere Kultur und nehmen uns die Arbeitsstellen weg«. Sie könnten im Anschluss folgende Frage stellen: »Wenn sich diese Werte ändern würden, würden sich dann auch Ihre Schlussfolgerungen ändern?«

Gegner der Sterbehilfe könnten ihre Position damit begründen, dass nur eine göttliche Instanz die Macht haben sollte, über das Schicksal eines Menschen zu entscheiden. In diesem Beispiel wäre der zugrunde liegende Wert die Vorstellung, dass das menschliche Leben heilig ist und in den Händen eines Gottes liegt.

»Welche Bedingungen müssten anders sein, damit Ihre Überzeugung falsch wäre?«

Dies ist eine Variante der Widerlegungsfrage. Sie ist schwierig und abstrakt, und Sie werden unter Umständen weitere Fragen stellen müssen, um von Ihrem Partner zu erfahren, welche zugrunde liegenden Werte er hat. Sie können damit anfangen, empirische Analogien zu nennen. Wir erwähnten in Kapitel 5 unsere Lieblingsfrage von Carl Sagan: »Welche Bedingungen müssten anders sein, damit es auf keinem anderen Planeten im Weltall intelligentes Leben gibt?« Ein einfaches »Wir könnten die Ersten sein« reicht normalerweise aus, um diesen Punkt zu vermitteln.

Indem man das Thema wechselt und über die Werte spricht, auf denen die Überzeugungen beruhen, rauben Sie Ihrem Gesprächspartner die Möglichkeit, auf seine gut eingeübten Rechtfertigungen zurückzugreifen (die normalerweise einfach nur eine Form von Zirkelschluss sind, zum Beispiel: »Ich glaube X, weil X in meiner Heiligen Schrift steht, und alles, was in meiner Heiligen Schrift steht, wahr ist« oder »Alle Weißen sind Rassisten, selbst die, die das Gegenteil behaupten und sich als Nichtrassisten bezeichnen«).[20] Ideologen jeder Couleur verfügen über ein Repertoire gut einstudierter Antworten, mit denen sie ihre Überzeugungen rechtfertigen, haben aber nur wenige und normalerweise schlechte Antworten, um zu erklären, wie sie zu ihren Überzeugungen gelangt sind. (Viele christliche Apologeten zum Beispiel haben sehr durchdachte Rechtfertigungen für ihre Schlussfolgerungen, zum Beispiel für die Auferstehung Jesu Christi von den Toten, können aber nur schwer erklären, wie sie ihren Glauben nutzen, um zu diesen Schlussfolgerungen zu gelangen.[21])

Schließlich sollten Sie sich keine Gedanken darüber machen, »zu philosophisch« zu klingen. Die meisten Menschen genießen es, über sich selbst und ihre Überzeugungen zu reden.

3. *Laden Sie zu einem tiefer gehenden Gespräch über die zugrunde liegenden Werte ein.*

Sagen Sie: »Ich finde das [was Ihr Gesprächspartner in der zweiten Stufe geäußert hat, siehe oben] interessant. Lassen Sie uns einen genaueren Blick auf diese Werte werfen.« Ihr Ziel ist es nun, Ihrem Gesprächspartner zu helfen, genau zu artikulieren, welche Werte er hat, woher sie stammen, wie er wissen kann, dass sie wahr sind, und wie all das in Bezug zu seiner Identität steht.

Zu diesem Zeitpunkt des Gesprächs sollten Sie die folgenden Fragen stellen:

- Ich möchte mehr darüber erfahren, was Ihrer Meinung nach einen guten Menschen ausmacht. Woher weiß man, dass man durch ein bestimmtes Verhalten zu einem guten Menschen wird? Was wäre, wenn man sich aus einem anderen Grund so verhalten würde?
- Welche Merkmale definieren einen guten Menschen? Ist es die Art und Weise, wie er denkt, handelt oder beides?
- Denken gute Menschen auf eine bestimmte Weise über Gott und die Welt? (Beachten Sie an dieser Stelle, dass diese Frage den anderen dazu anregen kann, über seine Epistemologie nachzudenken, ohne dass er das Gefühl bekommt, sich rechtfertigen zu müssen.)
- Inwiefern hat [Überzeugung] etwas damit zu tun, dass man ein guter Mensch ist? Was wäre, wenn jemand aus einem anderen Grund diese Überzeugung hätte? Wäre er dann immer noch ein guter Mensch?
- Welche Werte motivieren Sie dazu, sich so zu fühlen und das zu glauben?
- Denken Sie, dass Sie eine weniger moralische Person wären, wenn Sie diese Überzeugung nicht mehr hätten? Warum?
- Sollte jemand, der diese Überzeugung nicht hat, als weniger moralisch (als Sie) betrachtet werden? Warum? Könnte es nicht einfach sein, dass er sich irrt und gar nicht unmoralisch ist? (Diese Frage ist wichtig, weil sie auf subtile Weise suggeriert, dass jemand dieselben Standards auf sich selbst anwendet.)
- Wie würden Sie es sich erklären, wenn jemand, von dem Sie wissen, dass er ein guter, moralischer Mensch ist, diese Überzeugung nicht hat? Oder wenn jemand vom genauen Gegenteil überzeugt ist?
- Was wäre, wenn jemand zu einer ähnlichen Schlussfolgerung gelangt, dabei aber einen anderen Weg einschlägt? Hätte er dann recht? Was wäre, wenn jemand zum Beispiel glaubt, dass es schlecht

ist, den Verkauf von Schusswaffen an Straftäter zu verbieten, weil er selbst ein Straftäter ist?

Die Menschen nehmen an, dass ihre Werte offensichtlich sind, deshalb werden Sie sich für diese Stufe viel Zeit nehmen müssen.

Ihr Ziel ist es, durch gezielte Identitätsfragen Ihren Gesprächspartner dazu einzuladen, seine moralische Epistemologie zu erklären. Jede Frage kann eine Mikroklinge sein, die das Band zwischen seiner Überzeugung und dem Grund für seine Überzeugung durchtrennt, auch wenn Zeit und anschließende Reflexion nötig sind, die Trennung wirklich zu vollziehen.[22]

4. *Schüren Sie Zweifel an seiner moralischen Epistemologie.*

   Epistemologie ist die Lehre vom Wissen (siehe Kapitel 3, # 7: Konzentrieren Sie sich auf die Epistemologie). Sie beschäftigt sich mit der Frage, wie jemand weiß, was er zu wissen behauptet. Moralische Epistemologie ist die Lehre vom Wissen moralischer Fragestellungen. Das heißt: Wie weiß man oder erfährt man moralische Wahrheiten? Sie können sich das auch wie folgt vorstellen: Moralische Fragen befassen sich damit, wie wir handeln und was wir glauben sollten. Die moralische Epistemologie ist der *Prozess*, den wir anwenden, um Antworten auf diese Fragen zu erhalten.

   Sehr wenige von uns haben sich intensiv und sorgfältig mit der Frage befasst, *wie* wir zu der Antwort auf die Frage »Was sollte ich schätzen?« gelangen. Wie Peter im Umgang mit Häftlingen und religiösen Fundamentalisten, wie auch in Tausenden von Gesprächen über moralisch brisante Fragen feststellte, machen sich die allerwenigsten Menschen Gedanken über die Bedeutung und die Implikationen moralisch relevanter Begriffe wie *Gerechtigkeit, Fairness, Loyalität* oder *Wahrheit.* Unser »Bauchgefühl« (oder genauer gesagt unsere moralische Intuition), die Gesellschaft, Familie, Religion, Kultur usw. vermitteln die Illusion, dass wir zeitlose moralische Wahrheiten kennen und wissen, wie man sie aufrechterhält, wie man Verstöße erkennt und Zuwiderhandlungen bestraft. Unser Werteverständnis ist geprägt von Gefühlen, Kultur, Psychologie, mehr oder weniger Zugang zu Informationen, äußeren (ökonomische und soziale) Umständen, Genetik und dem Zeitgeist. Wir machen uns nur selten Gedanken darüber oder befassen uns mit der Frage, ob wir uns auf den *Prozess*, mit dem wir unser moralisches Wissen erlangen, verlassen können, um die Wahrheit zu finden. *Wir denken aber, dass wir das getan haben.* Wir verwenden unsere Instinkte, um herauszufinden, ob jemand etwas Gutes oder Schlechtes getan hat und ob dieser oder jener ein guter oder schlechter Mensch ist. Obwohl wir unsere moralischen Schlussfolgerungen mit großer Leidenschaft verteidigen, haben wir oft eine nur vage Vorstellung von dem Prozess, der uns dorthin geführt hat.

Fast jeder hat eine brüchige moralische Epistemologie – diese Brüchigkeit ist Ihr wichtigster Startpunkt in eine Intervention, die auf die Überzeugung des anderen abzielt. Sie ist der Riss, der sich durch unseren Überzeugungsapparat zieht. Hier sind wir am angreifbarsten, und es ist *der* Einstieg, um Zweifel zu säen und den anderen dazu zu bringen, die Unumstößlichkeit seiner Überzeugungen zu hinterfragen. Es ist auch das Tor zu mehr Bescheidenheit.[23]

5. *Lassen Sie zu, dass sich die Verbindung zwischen Überzeugung und moralischer Epistemologie von selbst trennt.*

   Am Schluss können Sie das Gespräch anhalten oder beenden, indem Sie zur Überzeugungsskala zurückkehren und Ihren Partner fragen, wie sicher er sich ist, dass seine Überzeugung wahr ist. Um ihm zu helfen, seine Meinung zu einer moralischen Überzeugung zu ändern, muss es Ihr Ziel sein, Zweifel auf den Wegen zu säen, auf denen er wandelt, um zu der Schlussfolgerung zu gelangen, dass seine Werte richtig sind. Stellen Sie sich diese Zweifel als Mikroklingen vor (wie oben beschrieben) oder als kleine kognitive Keile, die zwischen seine Überzeugungen und den Prozess, den er anwendet, um zu ihnen zu gelangen, getrieben werden.

Vorsicht!

Trotz aller Details und Vorbehalte ist dieser Prozess leichter gesagt als getan. Es gibt keinen richtigen Weg, wie man ihn durchführt.

Jedes Gespräch mit einem Ideologen wird von Untertönen durchzogen sein, die sich auf seine Emotionen und Identität beziehen. Die Gefahr ist groß, sich während des Gesprächs von der »Strömung« mitreißen zu lassen, die von der moralischen Epistemologie wegführt. Wenn Sie sich mit einem Ideologen unterhalten, müssen Sie die Diskussion immer wieder neu zentrieren und zu Wertefragen zurückkehren, die sich auf die Identität beziehen, oder Anstrengungen unternehmen, um zu erfahren, warum jemand so denkt, wie er denkt. Sie brauchen Geduld, Gelassenheit und Beharrlichkeit, um erfolgreich zu sein.

Machen Sie sich auf Ärger gefasst. Wenn man einen Keil zwischen die moralische Epistemologie einer Person und die Überzeugungen treibt, zu denen sie durch diese Epistemologie gelangt ist, kann das zu »Identitätsbeben« führen.[24] Ein Identitätsbeben ist die emotionale Reaktion, die sich bei jemandem einstellt, dessen Grundwerte erschüttert worden sind. Ihr Gegenüber kann anfangen, sich zu rechtfertigen, die Orientierung verlieren, bestürzt oder wütend werden. Vielleicht richtet er seine Aggression auf Sie und kommt zu dem Schluss, dass man Ihnen nicht trauen kann. Vielleicht macht Ihr Gegenüber Sie für das Identitätsbeben verantwortlich und kündigt Ihnen die Freundschaft auf. Wenn sein altes Selbstbild zerbricht, wird er einen Trauerprozess durchlaufen und Gefühle wie Nicht-wahrhaben-Wollen, Wut, Niedergeschlagenheit und Schuld empfinden.[25]

Schließlich sollten Sie realistisch sein. Stellen Sie sich darauf ein, dass solche Gespräche die moralische Einstellung eines Menschen nur minimal verändern werden. Sofern keine große Katastrophe eintritt, wie beispielsweise der plötzliche Tod eines Freundes, der eine sofortige seismische Verschiebung einleiten würde, verändern sich moralische Einstellungen nur langsam. Das gilt vor allem für Einstellungen zu Grundsatzthemen wie Richtig und Falsch, Lebenszweck, Gemeinschaft, Familie, Identität und Tod. Wenn Sie erfolgreich Zweifel säen oder Ihrem Gegenüber dabei helfen zu erkennen, dass der Prozess, der ihn zu seiner Überzeugung geführt hat, sein Vertrauen in seine Überzeugung nicht rechtfertigt, dürfen Sie ihn nicht drängen.

Geben Sie ihm Zeit, sich anzupassen, seine Position zu überdenken und seine moralische Weltsicht zu modifizieren. Wenn jemand *sich selbst davon überzeugt*, dass das Vertrauen in seine Überzeugungen überzogen ist, wird er mit größerer Wahrscheinlichkeit seine Überzeugungen revidieren, und diese Revisionen werden im Laufe der Zeit voraussichtlich besser »haften bleiben«. Vergessen Sie außerdem nicht, eine Goldene Brücke zu bauen und Ihrem Gesprächspartner ein Kompliment für seinen Mut und die Bereitschaft, seine Meinung zu ändern, aussprechen.

Zusammenfassung: Wie Sie sich mit einem Ideologen unterhalten

Es ist möglich, produktive Gespräche mit (manchen) Ideologen, Eiferern, Extremisten und anderen moralisch starren Personen zu führen, aber der Weg ist steinig und erfordert viel Geduld; abgesehen davon gibt es keine Garantie.[26] Eine erfolgreiche Intervention, die sich dadurch auszeichnet, dass Sie beim anderen Zweifel säen, gelingt nur dann, wenn Sie dem anderen gute Absichten zugestehen; verlagern Sie das Gespräch auf Werte und Identität und stellen Sie Fragen über seine moralische Epistemologie. Diese Vorlage bietet eine andere Sichtweise auf den fünfstufigen Prozess, der oben beschrieben wurde:

1. *Identifizieren* Sie Ihren Gesprächspartner als Ideologen.

   Er offenbart sich als solcher, wenn er auf einer Überzeugungsskala von 1 bis 10 eine 10 angibt und entweder sagt, dass es für seine Überzeugungen keine Widerlegungskriterien gibt, oder er höchst unrealistische Kriterien nennt.

   - Bedenken Sie: Je sicherer sich jemand seiner moralischen Überzeugung ist (vor allem 8 bis 10 auf der Überzeugungsskala), umso schwieriger ist es, eine legitime, rigorose Rechtfertigung zu nennen. Selbst Leute, die bezüglich ihrer moralischen Überzeugungen relativ moderat sind (6 bis 7 auf der Überzeugungsskala), werden wahrscheinlich fadenscheinige Rechtfertigungen vorbringen, die einer einfachen Prüfung nicht standhalten werden.
2. *Erkennen* Sie die Intention/Motivation Ihres Gesprächspartners *an* und bestätigen Sie seine Identität als guter, moralischer Mensch.

   Um ein Gespräch mit einem Ideologen führen zu können, müssen Sie seinen Selbstwert sichern, bevor Sie sein ungerechtfertigt großes Vertrauen in seine moralische Epistemologie untergraben. Jede Technik, die einen Ideologen erreichen kann, wird fast immer per Definition zuerst seinen Selbstwert sichern müssen.

3. *Wechseln* Sie das Thema, und sprechen Sie über zugrunde liegende Werte.
4. *Laden* Sie zu einem tieferen Gespräch über die zugrunde liegenden Werte ein, und tun Sie alles in Ihrer Macht Stehende, um einen Sinn für gemeinsame Werte zu entwickeln (siehe Kapitel 3: Erkennen Sie Extremisten an, oder appellieren Sie an die nahezu universellen menschlichen Werte, die weiter oben in Schritt 2 anerkannt wurden).
5. *Säen Sie Zweifel* an seiner moralischen Epistemologie.

   Stellen Sie gezielte Fragen, während Sie Techniken aus den vorigen Kapiteln einbeziehen. Diese stellen die Verbindung zwischen der Überzeugung Ihres Gesprächspartners und seinem Sinn für Identität infrage. Es ist oft das Ziel, ihn dazu zu bringen, zu erkennen, dass es andere Mittel und Wege gibt, nach seinen zugrunde liegenden Werten zu handeln.

   Wenn Ihr Gesprächspartner seine Kinder nicht impft, könnten Sie ihn fragen, durch welche Qualitäten sich eine gute Mutter oder ein guter Vater auszeichnet. Diese Frage verlagert das Gespräch auf allgemeinere moralische Begriffe und schiebt seiner voraussichtlich gut einstudierten, faktenbasierten Botschaft einen Riegel vor. Nach dieser Diskussion könnten Sie das Gespräch darauf richten, inwiefern das Impfen mit seiner Vorstellung von guter Elternschaft in Zusammenhang steht. Diese Frage ist ein idealer Übergang zur Besprechung der moralischen Epistemologie – ohne natürlich jemals das Wort *Epistemologie* zu verwenden. Vergessen Sie außerdem nicht, Fakten zu vermeiden.[27]

5a. Bei Bedarf: *Verlagern* Sie das Thema auf übergeordnete Identitäten (siehe Kapitel 4).

   Wenn es in einem Gespräch um ethnische Herkunft, Geschlechterrollen oder andere spaltende Marker der Identitätspolitik geht, können die Beteiligten schnell eine defensive Haltung einnehmen und emotional werden. Wenn Sie den Eindruck haben, dass das Gespräch zu hitzig wird oder stagniert, sollten Sie den Fokus auf übergeordnete Identitätsmarker richten. Diese treiben keinen Keil zwischen die Menschen, sondern einen sie. Übergeordnete Identitätsmarker gehen »nach oben« und richten den Fokus auf die Gemeinsamkeiten, die Menschen einen;

sie gehen nicht »nach unten« und weisen auf unterschiedliche Identitätsmerkmale bestimmter Gruppen hin (Hautfarbe, Geschlecht usw.).

Vereinfacht dargestellt würde das etwa so klingen: »Sie sind weiß (oder Moslem) und ich bin schwarz (oder Christ), aber das spielt keine Rolle, weil wir beide Amerikaner und Menschen sind.« Diese Aussage steuert das Gespräch auf der Identitätsebene auf eine gemeinsame Basis. In Frageform würde das so klingen: »Nun, wir sind doch beide Amerikaner, oder nicht? Sind wir nicht beide Menschen?« Dies waren der Ton und der Tenor eines Großteils der afroamerikanischen Bürgerrechtsbewegung, die wir auch noch Jahrzehnte nach ihren Kampagnen für Rassengleichheit feiern.

6. *Trennen* Sie die Verbindung zwischen der Schlussfolgerung und der moralischen Epistemologie, das heißt, wie Ihr Partner zu den Schlussfolgerungen gelangt ist, die auf seinen Werten basieren.
7. Üben Sie sich in Geduld.
8. Bauen Sie Goldene Brücken.
9. Beenden Sie das Gespräch, wenn Sie das Gefühl haben, dass die Situation nicht sicher ist.[28]

Schließlich müssen Sie sich der Frage stellen, ob *Sie selbst* vielleicht der Ideologe sind.[29] Um herauszufinden, ob Sie wie ein Ideologe denken und handeln, sollten Sie zunächst über Ihre alten, lieb gewonnenen Überzeugungen nachdenken, sich selbst Widerlegungsfragen stellen und die Antworten aufschreiben. Schreiben Sie sie auf, weil, um den Physiker Richard Feynman zu paraphrasieren, man selbst derjenige ist, den man am leichtesten zum Narren halten kann. Betrachten Sie Ihre Aussagen, wie sie schwarz auf weiß auf dem Papier stehen. Zeigen Sie sie einem Freund, der sich nicht in Ihrem moralischen Universum bewegt. Wenn er »Ja« sagt, sollten Sie genauer über Ihre Überzeugungen nachdenken. Wenn sich jeder, den Sie kennen, in Ihrem moralischen Universum aufhält, sollten Sie das als Anlass sehen, Ihren Freundeskreis zu erweitern.

Wenn Sie keine Widerlegungsantworten erzeugen können, müssen Sie ehrlich sein und sich fragen, ob die Gewissheit, mit der Sie Ihre Überzeugungen für wahr halten, gerechtfertigt ist. Je mehr Sie sich an eine Überzeugung klammern, umso schwieriger wird sie zu revidieren sein. Wenn Sie dazu neigen, zu denken, dass alle, die Ihre Meinung nicht teilen, moralisch verkommen sind, oder Sie merken, dass Sie sie fast ausschließlich moralisch abwertend beschreiben, ist die Wahrscheinlichkeit sehr groß, dass *Sie* der Ideologe sind und eine Reihe von Interventionen *an sich selbst* durchführen müssen.

2 – MORALISCHE UMDEUTUNG (REFRAMING)

Die Kluft zwischen Ihren moralischen Intuitionen und denen Ihres Partners kann teilweise durch Gespräche überwunden werden, in denen eine moralische Umdeutung stattfindet. Das heißt, dass eine Idee oder Behauptung moralisch so umformuliert wird, dass Ihr Gegenüber weniger wahrscheinlich in die Defensive geht und somit aufgeschlossener für neue Gedanken ist.[30] Das kann sich beinahe so anfühlen, als würden Sie eine Fremdsprache erlernen. Das möchten wir gern ein wenig genauer erklären.

Präsident Trump veröffentlichte am 20. August 2018 folgenden Tweet:

Es ist ungeheuerlich, dass das giftige synthetische Heroin Fentanyl aus China auf dem Postweg in die USA gelangt. Wir können und müssen diesem Treiben JETZT EIN ENDE SETZEN! Der Senat sollte das STOP-GESETZ verabschieden – und dafür sorgen, dass dieses Gift NICHT mehr unsere Kinder tötet und unser Land zerstört. Schluss mit Verzögerungen!

Conor Friedersdorf, ein Redakteur der Zeitschrift *The Atlantic,* legte dem Moralpsychologen Jonathan Haidt diesen Tweet vor. Haidt antwortete:

Wow. Dieser Appell drückt eine Reihe von Knöpfen: die Unantastbarkeit menschlichen Lebens (Gift, das in unser Land sickert), Treue (wir gegen sie), Autorität (Anführer müssen ihr Volk schützen) und sogar Sorge (Kinder). Das ist ein seltener Appell, der gleich auf vier Säulen beruht.

Präsident Trumps Tweet appellierte also an ein außergewöhnlich großes Spektrum an grundlegenden moralischen Werten und den damit verbundenen moralischen Intuitionen.

Wie man moralische Intuitionen versteht

Man kann sich eine moralische Intuition als Tendenz vorstellen, sich bestimmten (Grund-)Werten – wie die Unantastbarkeit des Lebens, Freiheit, Sicherheit, Reinheit – stärker zuzuwenden als anderen. Unsere moralischen Intuitionen werden gebildet, *bevor* wir herauszufinden versuchen, wie wir uns am besten (nicht) verhalten und woher wir wissen können, dass unsere Intuitionen gerechtfertigt sind (das heißt, die moralische Epistemologie). In der Politik reden Liberale, Konservative und Libertarier oft aneinander vorbei, weil es ihnen nicht gelingt, die moralischen Impulse der anderen Gruppen zu verstehen.[31] Haidts Forschung zeigte, dass es daran liegt, weil verschiedene Gruppen andere moralische Intuitionen haben.[32] Seine Forschung ist entscheidend, um zu verstehen, dass Liberale, die Konservative erreichen wollen, ihre Einwände auf konservativen Werten begründen sollten und umgekehrt; dasselbe gilt für beide Seiten, wenn sie mit Libertariern kommunizieren wollen.[33]

Wie Doug Stone und seine Kollegen bemerken: »Umdeutung bedeutet, die Kernaussage der anderen Person zu nehmen und sie in hilfreichere Konzepte zu übersetzen.«[34] Selbst bevor Ihr Gespräch einen toten Punkt erreicht, können Sie die Probleme so umdeuten, dass sie mit den moralischen Intuitionen der Person resonieren, die auf der anderen Seite des Grabens steht. Die Form der moralischen Umdeutung, die wir befürworten, ist in Haidts Ansatz begründet.

Erstens stellen wir Ihnen die Grundlagen vor. Zweitens bieten wir Ihnen unter Verwendung der Haidt'schen Kategorien eine Marschroute für die moralische Umdeutung.

Moralische Grundlagen

In ihrer Forschung haben Haidt und seine Kollegen bis dato sechs »moralische Grundlagen« identifiziert (und die Werte, die jeweils den Gegenpol bilden):

- Sorge – Unheil
- Fairness – Betrug

- Loyalität – Verrat
- Autorität – Umsturz
- Unantastbarkeit – Zerfall
- Freiheit – Unterdrückung[35]

Haidt beschreibt diese moralischen Grundlagen als Äquivalente der Geschmacksrichtungen (süß, sauer, salzig, bitter, herzhaft), wodurch er zu verstehen gibt, dass sie genauso unmittelbar und schnell wie körperliche Empfindungen wahrgenommen werden, aber für unseren sozialen Kosmos gelten.[36] Man kann sie sich als Feingefühl für unsere zugrunde liegenden Werte vorstellen. Konservative neigen dazu, auf alle sechs moralischen Grundlagen zu reagieren, wobei es sie besonders zur Loyalität, Autorität und Unantastbarkeit zieht und weniger zur Sorge. Liberale richten ihren Fokus vor allem auf Sorge und Fairness, dann auf Freiheit, während die anderen drei Grundlagen beinahe vollständig fehlen (oder sich auf völlig andere Weise darstellen).[37] Libertarier schenken der Freiheit besondere Beachtung, während sie die anderen fünf Grundlagen für weniger wichtig halten.[38]

Gespräche in der politischen Arena lassen sich effektiver gestalten, wenn man sich diese unterschiedlichen moralischen Grundlagen bewusst macht. Sehen wir uns einmal das Thema Waffenrecht an. Konservativen sind Werte wichtig, die mit Sicherheit (eine Form von Unversehrtheit in der Gesellschaft) und Freiheit in Zusammenhang stehen. Dazu zählt ihrer Meinung nach auch die Fähigkeit, sich selbst gegen Bedrohungen zu schützen.[39] Liberale betrachten Waffen und das Waffenrecht selten unter diesen Gesichtspunkten und konzentrieren sich mehr auf Statistiken, die das durch Schusswaffen verursachte Unheil hervorheben.[40] Ein Liberaler, der in der Diskussion mit einem Konservativen sagt: »Ich verstehe, warum Sie anderer Meinung sind, aber weil Menschen nun einmal Fehler machen, fühle ich mich durch die leichte Zugänglichkeit zu Waffen weniger gut geschützt, was wiederum dazu führt, dass ich mich unfreier und nicht freier fühle«, würde seinen Gesprächspartner viel besser erreichen als mit Statistiken der durch Schusswaffen verursachten Morde und Unfälle. Ein Konservativer, der Liberale erreichen möchte, wäre am besten damit beraten, dass er auf die Gefahren hinweist, die am wirksamsten durch privaten Schusswaffenbesitz verhindert werden könnten.[41]

Nahezu alle politischen Gespräche beruhen auf Grundwerten. Dies führt zu enormen Schwierigkeiten, wenn Ihre Grundwerte sich nicht mit denen Ihres Gesprächspartners decken. Die Art und Weise, wie Sie und Ihr Gegenüber Themen oder Problemstellungen kontextualisieren, das, was *Ihrer Meinung nach* am wichtigsten ist, und selbst die Sprache, die Sie verwenden, werden immer durch die Grundwerte beeinflusst werden. Dies führt dazu, dass Sie und Ihr Partner leicht aneinander vorbeireden, *selbst wenn Sie gleicher Meinung sind*, und es kann schwer sein, eine gemeinsame Basis zu finden. Das macht Gespräche, die über moralische Gräben hinweg geführt werden, so schwierig, weil die voneinander abweichenden Werte zu Missverständnissen über moralische und politische Fragestellungen beitragen. Schlimmer noch, diese Meinungsverschiedenheiten werden oft auf einer emotionalen Ebene wahrgenommen, noch bevor sie kognitiv erfasst werden können, was für beide Parteien frustrierend sein kann.[42]

Obwohl es schwierig ist, kann man dieses Problem nur dann umgehen, wenn man sich bemüht, die Bedingungen seines Gesprächspartners zu verstehen und seine Termini zu verwenden – einschließlich seiner moralischen Termini. Wir haben dieses Thema bereits in Kapitel 3 angeschnitten, als wir über die Distanzierung von Extremisten im eigenen Lager sprachen, und jetzt ist es an der Zeit, einen Schritt weiter zu gehen.[43] Vielleicht bedeutet Ihnen Vaterlandstreue nicht viel, aber wenn Ihr Partner eine konservative Position vertritt, ist ihm dieser Wert sehr wichtig. Wenn Sie also seinen Unmut darüber verstehen wollen, dass manche Football-Spieler während der Nationalhymne knien, um ihren Protest gegen Rassismus und Polizeigewalt auszudrücken, werden Sie verstehen müssen, dass ihm Vaterlandstreue wichtig ist. Wenn Sie über diesen moralischen Graben hinweg keine gemeinsame Basis finden, ist es sehr unwahrscheinlich, dass Sie einander verstehen werden. Ein gegenseitiges Verständnis ist nur dann möglich, wenn Sie die relevante moralische Grundlage identifizieren und das Gespräch *moralisch* umdeuten. Auf diese Weise öffnen sich neue Kanäle für eine wirkungsvolle Kommunikation.

Umdeutung (Reframing)

Die moralische Umdeutung lässt sich erheblich verbessern, wenn Sie lernen, andere »moralische Dialekte« zu sprechen. Sie und Ihr Gesprächspartner sind vielleicht beide der englischen Sprache mächtig, aber wenn er ein orthodoxer Jude ist und Sie ein liberaler Hippie sind, werden Sie höchstwahrscheinlich völlig andere moralische Dialekte sprechen. Unsere Sprache ist sehr symbolreich, und unsere moralischen Intuitionen werden durch die Interaktion mit moralisch aufgeladenen Ideen ausgelöst. Wenn Sie also ein moralisch aufgeladenes Wort wie *Vaterlandstreue* oder *Schutz* verwenden, hört Ihr Gesprächspartner vielleicht etwas ganz anderes als das, was Sie eigentlich beabsichtigt hatten. Ein gläubiger Moslem belegt das Wort *spirituell* mit ganz anderen moralischen Bedeutungen als ein Hippie oder Atheist.

Sie können unüberbrückbar erscheinende moralische Gräben überwinden, wenn Sie lernen, andere moralische Dialekte zu verstehen, zu würdigen und zu sprechen.[44] So wie beim Erlernen jeder neuen Sprache braucht man auch für das Erlernen eines konservativen oder liberalen Dialekts oder für das Erlernen, Verstehen und Würdigen der reichen Symbolsprache anderer Religionen viel Zeit, Übung und den intensiven Austausch mit Muttersprachlern. Nachfolgend stellen wir nützliche Strategien und Techniken vor, um andere moralische Sprachen besser zu sprechen und zu verstehen:

- *Setzen* Sie sich anderen moralischen Standpunkten aus und interagieren Sie mit Menschen, die andere Ansichten haben als Sie.
  - Lesen Sie Material von Leuten mit anderen moralischen Perspektiven, und denken Sie darüber nach, worin die moralischen Appelle bestehen und wie sie erreicht werden. Am einfachsten gelingt dies mit Material, das *geringfügig* von Ihrer eigenen Perspektive abweicht.
  - Führen Sie persönliche Gespräche und nehmen Sie Abstand davon, asynchron über das Internet zu kommunizieren. Persönliche Interaktionen geben unmittelbares Feedback, das wichtig ist, weil diese Interaktionen unverstellter sind und weniger Zeit zur Reflexion bieten.

- Freunden Sie sich mit Menschen an, die einer anderen oder auch keiner Glaubensrichtung angehören. Lernen Sie deren moralischen Dialekt kennen.
- Üben Sie mit Freunden, die einen anderen moralischen Raum besetzen. (Wenn alle Ihre Freunde identische moralische Überzeugungen haben, sollten Sie es in Erwägung ziehen, Ihren Freundeskreis zu erweitern.)

- *Richten* Sie Ihren Fokus auf bestimmte Wörter und Begriffe.
  - Fragen Sie Ihren Gesprächspartner, warum er bestimmte Wörter benutzt und andere nicht. Wenn Sie zum Beispiel hören, dass jemand das Wort *Fairness* verwendet, sollten Sie ihn fragen, warum er nicht *Gleichheit* benutzt hat (siehe Punkt 2 unten.) Wenn jemand das Wort *Glauben* benutzt, sollten Sie ihn fragen, warum er nicht *Hoffnung*, *Vertrauen* oder *Zuversicht* benutzt hat.
  - Wenn Sie merken, dass Ihr Gesprächspartner bestimmte Wörter benutzt, kann Ihnen das bei künftigen Gesprächen mit Personen, die ähnliche Überzeugungen vertreten, dienlich sein.
- *Hören* Sie auf Ihren moralischen Dialekt, als wären Sie ein Außenstehender.
  - Identifizieren Sie die Art und Weise, wie Sie ein Wort wie *Rassist* verwenden, und prüfen Sie, wie andere es benutzen. Sie decken vielleicht eine semantische Unstimmigkeit oder unvereinbare Weltsicht auf (das heißt, Perspektiven, die so verschieden sind, dass es keine gemeinsame Basis gibt, die man als Ausgangspunkt für eine Kooperation verwenden könnte, wie die Perspektive einer Person, deren Hauptwert Fairness ist, und die Perspektive einer Person, deren Hauptwert Freiheit ist). Fragen Sie sich selbst, was *Sie* mit dem Wort *Rassist* meinen und was jemand meint, der Ihnen vehement widerspricht, und überlegen Sie sich, was diese Kluft verursacht.
- *Lesen Sie* mehr über die Theorie der moralischen Grundlagen und die Wissenschaft moralischer Intuitionen. Wir empfehlen *The Righteous Mind: Why Good People Are Divided by Politics and Religion* von Jonathan Haidt.[45] Entwickeln Sie ein Verständnis für die Unterschiedlichkeit moralischer Standpunkte.[46]

Bleiben Sie möglichst auf derselben Identitätsseite, indem Sie die moralische Sprache Ihres Partners verwenden. Dies gilt für das Naheliegende (wenn Sie sich mit einem Katholiken unterhalten, sollten Sie die vom Pfarrer gereichte Oblate als »Hostie« bezeichnen und nicht als »Keks«) wie auch für das Subtile (wenn Sie als Liberaler mit einem Konservativen sprechen, sollten Sie das Gespräch auf den Umstand lenken, dass Sie beide Amerikaner oder Patrioten sind). Die Argumente Konservativer können eine überzeugende Wirkung auf Liberale ausüben, wenn sie an die Verpflichtung erinnert werden, Unheil zu verringern und für möglichst viele Bürger möglichst gleiche Bedingungen zu schaffen.

Wie man ein Gespräch moralisch umdeutet

Verwenden Sie moralische Schlüsselwörter.

1. Wenn Sie mit einem Konservativen reden, sollten Sie Begriffe wie »Führungsrolle«, »Freiheit«, »Familie«, »Verantwortung« usw. verwenden.[47] Wenn Sie mit einem Liberalen reden, appellieren Sie an »sozial Benachteiligte«, »Armut,« »Opfer«, »Unheil« und dergleichen. Wenn Sie Themen ansprechen, die bei beiden Seiten auf Anklang stoßen, wie zum Beispiel »Freiheit«, »Anstand«, »Moral«, »Gleichheit« oder »Fairness«, sollten Sie die Verwendung der Wörter davon abhängig machen, wie die beiden Seiten diese Wörter jeweils benutzen. Finden Sie also heraus, wie der andere das Wort »Gleichheit« verwendet, und benutzen Sie es in ähnlicher Weise.
2. Fragen Sie: »Fällt Ihnen ein Satz ein, in dem das Wort X [zum Beispiel Fairness] so durch das Wort Y [zum Beispiel Gleichheit] ersetzt werden könnte, ohne dass sich der Sinn des Satzes ändert?«

   Wenn er »Nein« sagt, fragen Sie: »Warum haben Sie dann X statt Y verwendet?«

   Wenn er »Ja« sagt, bitten Sie ihn darum, den neuen Satz zu formulieren, und versuchen Sie, herauszufinden, ob es sich bei dem Wort wirklich um das genaue Synonym handelt.

   Die Worte, die Leute benutzen, zwingen sie in eine bestimmte Geisteshaltung. Die eben genannte Frage ist eine Art Widerlegungsfrage, die den Zweck verfolgt, Ihrem Gesprächspartner zu helfen, seine eigene Wortwahl – und damit die gesamte moralische Infrastruktur, auf der er sich bewegt – zu hinterfragen.

3. Begreifen Sie inkommensurable moralische Differenzen als Gelegenheiten, eine andere moralische Sprache zu lernen.[48]

Wenn der andere keine Widerlegungskriterien vorbringt und auf der Überzeugungsskala eine 10 hat, sollten Sie Ihre Aufmerksamkeit darauf richten, wie er bestimmte Wörter verwendet und wie sich diese Wörter zu einem großen Gesamtbild zusammenfügen, das seine moralische Weltsicht wiedergibt. Bedenken Sie, dass er Ihnen eine kostenlose Übungsstunde gibt, in der Sie mehr über seine moralische Sprache erfahren.

FAZIT

Schwierige Gespräche zeichnen sich oft durch eine Gemeinsamkeit aus: Sie handeln von *moralischen* Überzeugungen, die in der Identität des Sprechers begründet sind, verwenden aber Fakten (oder Behauptungen, Beschimpfungen, Übertreibungen, Drohungen usw.). Das heißt, dass es in der Diskussion oberflächlich um Probleme zu gehen scheint (muslimische Zuwanderer), Ideen (die Verteidigung westlicher Werte, wie auch immer diese aussehen mögen, gegen muslimische Zuwanderer)[49] und Fakten (Zahl der Zuwanderer aus islamischen Staaten), aber in Wirklichkeit geht es darum, wie sich der Sprecher selbst wahrnimmt (»Ich bin ein guter Mensch, und gute Menschen glauben das«). Die schwierigsten Gespräche nehmen daher die Gestalt von Diskussionen an, die scheinbar nichts mit Moral zu tun haben, aber in Wirklichkeit drehen sie sich darum, welche Eigenschaften, Überzeugungen, Einstellungen und Verhaltensweisen den Sprecher – seiner Meinung nach – zu *einem guten* oder *schlechten Menschen* machen und warum es wichtig ist, ein guter Mensch zu sein, der die richtigen Ansichten hat.

Es ist extrem schwer, sich in moralischen Gesprächen zu bewegen, weil moralische Überzeugungen eng mit Fragen der persönlichen Identität und Gemeinschaft verknüpft sind, das heißt also, wie man sich selbst sieht, was für ein Mensch man zu sein glaubt und wie sich die Gesprächsteilnehmer mit Gruppen vereinbaren lassen, die aus Mitgliedern bestehen, deren Meinung ihnen wichtig ist. Wenn man sich noch zusätzlich vor Augen führt, dass viele Leute denken, es sei eine Tugend, nicht von seiner Meinung abzurücken, und Gemeinden angehören, die ihre Überzeugungen bestätigen, ist es *beinahe* unmöglich, ihre Gedanken in diesem Bereich zu verändern. (Umgangssprachlich wird die mangelnde Bereitschaft oder Unfähigkeit, seine Meinung zu ändern, als »Unverbesserlichkeit« bezeichnet, philosophisch wird sie »epistemische Schließung« genannt, und in anderen Bereichen wie Religion und Populärmoral wird sie als »Überzeugung« bezeichnet.[50])

Die Menschen denken oft, dass moralische Fragestellungen klar umrissen sind und offensichtliche Antworten bieten, bis ihre moralische Epistemologie durch gezielte Fragen auf die Probe gestellt wird. In jenem Moment kann die Komplexität überwältigend sein. Wenn jemand, der ansonsten vernünftig und wohlwollend ist, damit konfrontiert wird, kann er sich verschließen, sich zurückziehen oder angegriffen fühlen. *Nehmen Sie sich also Zeit.* Die Unfähigkeit, diese Komplexität zu würdigen, trägt zu einer weit verbreiteten, unberechtigten moralischen Gewissheit bei, die eine Gesprächskultur verhindert, in der wir andere moralische Epistemologien verstehen können. Die meisten dieser Probleme lassen sich umgehen, wenn man die Techniken, Strategien und Ansätze verwendet, die in diesem Kapitel beschrieben wurden.

Acht

Fazit

Sie verfügen jetzt über ein stattliches Arsenal an Hilfsmitteln, um Ihre Meinung zum Ausdruck zu bringen, andere zu verstehen und von anderen verstanden zu werden. Sie haben jetzt das Rüstzeug, um selbst die schwierigsten Gespräche zu meistern. Aber Sie müssen anwenden, was Sie gelernt haben. Die Techniken der letzten Kapitel sind wertlos, wenn Sie sie nicht in die Praxis umsetzen. Dabei müssen Sie sich darauf einstellen, dass Ihre Gespräche nicht immer von Erfolg gekrönt sein werden. Wenn Sie beharrlich bleiben, werden die Erfolge jedoch überwiegen.

Einige Techniken aus diesem Buch werden Ihnen schnell in Fleisch und Blut übergehen, und wir raten Ihnen dazu, im Lauf der Zeit die weniger verwendeten Abschnitte erneut durchzuarbeiten und mehr Techniken in Ihr Repertoire aufzunehmen. Sobald Sie alle Techniken verstanden haben und vom Anfänger zum Experten gereift sind, werden Sie bestens ausgestattet sein, um sich selbstbewusst den Herausforderungen zu stellen, die sich in Gesprächen oft ergeben. Es besteht jedoch kein Grund zur Eile. Fangen Sie langsam an. Erweitern Sie Ihr Repertoire sukzessive, finden Sie heraus, was funktioniert und was nicht, und üben, reden, lauschen und lernen Sie weiter. Am wichtigsten ist jedoch, dass Sie Verantwortung übernehmen. Es gibt keinen Grund, sich kleinzumachen, seine Meinung für sich zu behalten oder Konflikten zu scheuen. Sie wissen, wie Sie mit bewährten, evidenzbasierten Techniken mit anderen interagieren können. Alles, was Sie jetzt noch tun müssen, ist anzufangen.

Danksagung

Es gibt sehr, sehr viele Menschen, denen wir äußerst dankbar sind und die maßgeblich dazu beigetragen haben, dieses Buch umzusetzen. Unser erster Dank geht an die Forscher von *Die Kunst, schwierige Gespräche zu meistern* für ihre harte Arbeit, Liebe zum Detail und Beharrlichkeit. Ihre Mühe hat dieses Buch verwirklicht und enorm bereichert.

Unser Dank gilt auch Russell Blackford für sein akribisches Lektorat des Manuskripts. Des Weiteren möchten wir uns bei Jane Dystel, Miriam Goderich und Amy Bishop von Dystel, Goderich, and Bourret, LLC, wie auch bei Dan Ambrosio von Da Capo Press für ihre Beharrlichkeit und Unterstützung bedanken; sie alle haben dieses Projekt von der Buchidee über das ausgearbeitete Manuskript bis zum Druck begleitet. Ihre Professionalität ist beispiellos, und es war uns eine große Freude, mit ihnen zusammenzuarbeiten. Wir möchten uns auch bei Douglas Stone, Bruce Patton und Sheila Heen bedanken, den Autoren von *Difficult Conversations*. Ihre Gedanken und Konzepte haben sich direkt auf unsere eigenen Ansätze ausgewirkt, und ihr Buch ist ein unverzichtbarer Beitrag zu dieser Fachliteratur.

Außerdem möchten wir uns bei unseren Familien für ihre grenzenlose Geduld bedanken. Danke an CFI Portland und Dani Tofte für ihre Mitwirkung an der *Impossible-Conversations*-Reihe. Danke, Michael Shermer, für seine Tipps zur Verbesserung des Manuskripts. Ein herzliches Dankeschön auch an Marcie Hume für ihre konzeptionellen Vorschläge, Aubrey Ayash für seine unerschütterliche Freundschaft, Zuversicht und Hilfe und Steven Gregg für sein Feedback. Unser Dank gilt außerdem Bob Parker und Chris Matheson für ihre konzeptionellen Vorschläge und Anthony Magnabosco und Helen Pluckrose dafür, dass sie in ihren vielen Gesprächen leuchtende Vorbilder der Geduld und des Anstands waren.

Schließlich möchten wir unseren aufrichtigen Dank all jenen aussprechen, die bereit waren, schwierige Gespräche mit uns zu führen, und das hoffentlich auch in Zukunft noch tun werden.

Anmerkungen

Eins: Wenn Gespräche schwierig scheinen

1. Viele Beispiele, die wir nennen, stammen aus dem politischen Kontext der USA. Wenn wir das Wort *liberal* verwenden, sollten nichtamerikanische Leser wissen, dass wir uns damit auf politische Ansichten beziehen, die dem linksgerichteten Lager zuzuordnen sind; diese Zuordnung lässt sich historisch auf den New Deal der 1930er-Jahre zurückführen. In anderen Kontexten würde man vielleicht »sozialdemokratisch« oder »progressiv« sagen. Wir verwenden das Wort *libertarisch*, um damit einen politischen Libertarismus amerikanischer Prägung zu bezeichnen, der seinen Fokus vor allem auf die Freiheit des Individuums richtet und sich größtenteils mit dem deckt, was fast überall sonst auf der Welt als *liberal* bezeichnet wird.

Zwei: Die sieben Grundlagen guter Gespräche

1. Für nähere Informationen über die Steuerung von Gesprächszielen und strategisches Argumentieren siehe Mbarki, Bentahar & Moulin, 2008; Waldron et al.,1990; Heinrichs, 2017 (vor allem S. 15–26), die das Thema auf gut verständliche, wenig akademische Weise vorstellen.
2. Das sind die Grundlagen für eine psychologisch sichere Umgebung. Siehe Edmondson, 2003; Edmondson & Roloff, 2008, S. 187–188.

   Im Kontext der Produktivität in Arbeitsteams definiert Amy C. Edmondson ein psychologisch sicheres Umfeld als »einen Ort, an dem niemand für Fehler, Fragen oder die Bitte um Hilfe bestraft oder bloßgestellt wird« (Edmondson, 2003, S. 267). In einem sicheren Umfeld, dem man vertraut, »ist es weniger wahrscheinlich, dass man auf Selbstschutz achtet« (Edmondson & Roloff, 2008, S. 188), wodurch die Wahrscheinlichkeit steigt, dass man wirklich nach der Wahrheit sucht und produktive Diskussionen anstrebt. Im Kontext von Vier-Augen-Gesprächen erzeugt man am besten ein psychologisch sicheres, vertrauenswürdiges Umfeld, wenn man die Person, mit der man sich unterhält, als Partner und nicht als Gegner betrachtet.

   Es kann allerdings auch passieren, dass ein psychologisch sicheres Umfeld von manchen als Ort aufgefasst wird, an dem (konstruktive) Kritik unerwünscht ist, aber dies ist eine Fehlinterpretation des Begriffs. Eine kritische Betrachtung unserer Ideen ist notwendig, damit wir der Wahrheit näher kommen. Der ausschlaggebende Unterschied ist, dass Kritik nicht strafend oder bloßstellend sein muss, selbst wenn der

Empfänger die Kritik nur ungern vernimmt. Man muss zwischen ausreichender psychologischer Sicherheit und einer übertriebenen, naiven Form von Sicherheit unterscheiden, die Gruppendenken und (Selbst-)Täuschungen begünstigt. Dies ist das Gegenteil von echter Wahrheitssuche.

Vertrauen ist für ein psychologisch sicheres Umfeld entscheidend. Wenn kein Vertrauen vorhanden ist, besteht wenig Hoffnung auf ein produktives Gespräch. Allerdings ist es ein fragwürdiger Ansatz, Personen als Mitglieder desselben moralischen Teams zu betrachten, um ihr Vertrauen zu sichern. Dies funktioniert als eine Art Mechanismus zur Umgehung von Misstrauen. Das heißt, dass man jemandem vertraut, auch wenn man keine guten Gründe hierfür hat. (Dies kann ein erheblicher Grund dafür sein, warum Kirchen Orte sind, an denen oft sexueller Missbrauch begangen wird: Es wird jemandem zu viel Vertrauen geschenkt, der als Mitglied desselben moralischen Teams verstanden wird.)

Man kann die Ideen des anderen in einer Umgebung kritisieren und hinterfragen, in der man sich wohlfühlt, und deshalb besteht kein Grund dafür, ein psychologisch sicheres Umfeld zu einem kritikfreien »Schutzraum« zu machen.

3. Ekman, 2003, S. 73–76. Anmerkung: Wir sind uns der Kontroversen bewusst, die einige Ergebnisse Ekmans ausgelöst haben, vor allem in Bezug auf den Zusammenhang von Mimik und Emotion. Siehe zum Beispiel Lisa Feldman Barrett (2017). Wir verlassen uns nicht auf Ekmans Expertise, die von diesen Details abhängt.
4. Habermas, 1985, S. 22–27, 40, 122–145, 149-150; Stone, Patton & Heen, 2010, S. S.37–38.
5. Kooperative Ziele wie das Führen einer auf Gegenseitigkeit beruhenden, gedankenvollen Konversation können von persönlichen Zielen abweichen, wie dem Gewinnen des Disputs oder dem Wunsch, vor dem anderen intelligent zu wirken.
6. Fisher, Ury & Patton, 2011, S. 163–168; Stone, Patton & Heen, 2010, S. 41–42, 52–53, 92–93, 244–257.
7. Bestimmte Meinungsverschiedenheiten sind in Ordnung oder sogar vorteilhaft (Aufgabenkonflikte, unterschiedliche politische Ansichten), andere hingegen nicht (Aggression, unflätige Sprache, Androhung der öffentlichen Bloßstellung). Letzteres ist typisch für öffentliches Niedermachen, Bloßstellen usw., von dem sowohl die politische Linke als auch die Rechte Gebrauch macht. (Anmerkung: In letzter Zeit war das öffentliche Niedermachen im linken Lager offensichtlicher als in der nicht-religiösen Rechten, aber es war in der Vergangenheit ein Merkmal der religiösen Rechten. Darüber hinaus ist die Rechte anfällig für eine »Ausschluss-Kultur«, die sich durch isolierendes Verhalten auszeichnet, das heißt, Meidung anstelle von Ermahung.)
8. Friedersdorf, 2017.
9. Stone, Patton & Heen, 2010, S. 182–183.

   Bennion, 1959, S. 23. (Obwohl die Authentizität dieses Zitats nicht gesichert ist, wird es in Bennions Buch *Religion and the Pursuit of Truth* Aristoteles zugeschrieben.)
10. Stone, Patton & Heen, 2010, S. 166–167.
11. Habermas, 1985, S. 22–27, 40, 122–145, 149–150.
12. Eine interessante Passage von Amy C. Edmondson (2003, S. 264–265) verknüpft wichtige Themen miteinander, die durch die Untersuchung der Teamarbeit in Organisationen in Erscheinung treten:

»In dieser Studie verringerte Vertrauen die Wahrscheinlichkeit für Beziehungskonflikte in Spitzenmanagement-Teams in so starkem Maß, dass der Aufgabenkonflikt (produktive Meinungsverschiedenheit bezüglich des Inhalts der Entscheidungen und Ideen, die das kognitive Verstehen des Problems vertiefen) dem Team helfen konnte, bessere Ergebnisse zu erzielen. Der Aufgabenkonflikt wurde von Leonard-Barton (1995) als ›kreativer Abrieb‹ bezeichnet und wird vielleicht in einem weichen Polster der politischen Sicherheit existieren müssen, um ein Gesprächsklima zu ermöglichen, in dem man lernen, neue Ideen entwickeln und produktives Gruppendenken üben kann. *Ansonsten ist ein solcher Konflikt destruktiv – der durch Aggression, grobe Worte und die Androhung öffentlicher Bloßstellung charakterisiert wird* [Hervorhebung hinzugefügt]. Ähnlich fanden Barsade und ihre Kollegen (2001) heraus, dass *psychologische Sicherheit den Effekt mäßigt, den der Konflikt auf die Wut hat* [Hervorhebung hinzugefügt]. Psychologische Sicherheit ermöglicht es Gruppen, hohe Ziele zu setzen und durch Zyklen des Lernens und der Zusammenarbeit auf sie hinzuarbeiten.«

Themen wie Vertrauen, psychologische Sicherheit und die potenziellen Vorteile gut gesteuerter Meinungsverschiedenheiten treten nicht nur in verschiedenen wissenschaftlichen Arbeiten in Erscheinung, die von West, Tjosvold und Smith (2003) gesammelt wurden, sondern auch in ihrer Auswahl (einschließlich Edmondsons Arbeit), die in West, Tjosvold und Smith (2005) enthalten sind.

13. Stone, Patton & Heen, 2010, S. 145, 146, 156, 157, 206–208.
14. Stone, Patton & Heen, 2010, S. 131–146, 155–158, 177.
15. Unter Anwendung der Techniken aus *A Manual for Creating Atheists* (Boghossian, 2013) befragte Magnabosco Fremde zu ihren tiefsten (religiösen) Überzeugungen. Er filmte diese Interaktionen und veröffentlichte sie im Internet. Seine Videos sind hier zu sehen: https://www.youtube.com/user/magnabosco210.
16. Boghossian, 2013.
17. Magnabosco, 2016a.
18. Fisher, Ury & Patton, 2011; Phelps-Roper, 2017.
19. Grubb, 2010, S. 346; Kellin & McMurty, 2007.
20. Zunin & Zunin, 1972, S. 6–9, 15.
21. Civility, 2015.
22. Lowndes, 2003.
23. Miller, 2005, S. 281.
24. Für nähere Informationen über die Herstellung von Rapport siehe das herausragende Buch *Never Split the Difference: Negotiating As If Your Life Depended On It* (Voss & Raz, 2016, S. 23–48) des Geiselunterhändlers Chris Voss.
25. Der dänische Fernsehsender TV2 schuf eine Werbung mit dem Titel »Alles, was wir teilen«, die viral ging und sehr anschaulich zeigt, dass Menschen weit mehr gemeinsam haben, als sie annehmen (Zukar, 2017).
26. Stone, Patton & Heen, 2010, S. 139–140.
27. Eine meisterliche Anwendung dessen ist das Auftreten Fred Rogers vor dem Senats-Unterkomitee für Kommunikation des US-Senats im Jahr 1969 (Bot-Junkie, 2007).
28. Stone, Patton & Heen, 2010, S. 85–108, 163–184.

29. Stone, Patton & Heen, 2010, S. 207–208.
30. Stone, Patton & Heen, 2010, S. 25–43, 137–140, 196–197.

Genauer gesagt funktioniert das Überbringen von Botschaften nicht in heiklen Gesprächen, vor allem wenn diese über moralische Gräben hinweg geführt werden. Die Überbringung von Botschaften kann bei Leuten funktionieren, die bereits Ihrer Meinung sind, aber es gibt einen Grund, warum diese Art des Redens spöttisch als »dem Kirchenchor eine Predigt halten« bezeichnet wird.

Die Überbringung von Botschaften über Gräben hinweg scheitert fast immer. Das Vorhaben scheitert nicht unbedingt aufgrund des Inhalts der Botschaften, sondern weil die zugrunde liegenden Annahmen der Beteiligten zu weit auseinanderklaffen oder weil man unfähig ist, eine andere moralische Sprache zu sprechen. Um einen Konservativen zum Beispiel davon zu überzeugen, eine liberale Botschaft zu akzeptieren (die seinen grundlegenden Werten widerspricht), muss man ihn dazu bringen, seine konservative (moralische) Identität zu hinterfragen. Man verlangt also viel von ihm, und das führt oft dazu, dass die Botschaft ignoriert wird. (Dieses Thema wird in Kapitel 7 noch ausführlich besprochen.) Die konservativen Behauptungen über »die liberalen Medien«, die in den letzten Jahrzehnten immer wieder aufgekommen sind, sind ein Beispiel dafür, wie der Bote getötet und die Botschaft ignoriert wird.
31. Lewin, 1998, S. 115–116.
32. Lewin, 1947.
33. Lewin, 1947.
34. Der Ratschlag, den Boten nicht zu töten, war schon in der Antike bekannt, ebenso wie der Impuls, es trotzdem zu tun. Sophokles brachte dies im 5. Jahrhundert v. Chr. in seiner Tragödie *Antigone* zum Ausdruck: »[…] niemand liebt den Boten schlimmer Kunde« (Sophokles, übs. 1891, Zeile 277). Es galt oft als Verrat, den Stadtausrufer zu töten, der im Namen des Königs oder Lehnsherrn Nachrichten verkündete (siehe »Top town crier …« 2010).

Sigmund Freud gab auch eine bekannte Erklärung dafür, warum der Impuls besteht, den Boten zu töten (Freud, 1936/1991, S. 454–455). Er schrieb, dass dies eine Methode ist, »das abzuwehren, was belastend oder unerträglich ist«, und merkte an, dass dies ein Abwehrmechanismus ist, um sich nicht machtlos zu fühlen. Laut Freud bewirkt die Tötung des Boten nicht nur, dass man sich von einer unerwünschten Information distanziert, sondern sie fungiert auch als offene Zurschaustellung von Macht über die Quelle der unerwünschten Nachrichten.

Einige moderne Bestätigungen dieser Ansicht sind in der Onkologie-Literatur verfügbar, vor allem in Bezug auf die Art und Weise, wie Patienten die schlechte Nachricht aufnehmen, wenn ihr Arzt ihnen mitteilt, dass sie an Krebs erkrankt sind. 1999 berichteten die medizinische Pyschologin Melina Gattelari und ihre Kollegen in *Annals of Oncology*, dass das Nicht-wahrhaben-Wollen des Patienten zu Missverständnissen und damit zum »Töten des Boten« führt« (Gattellari et al., 1999). Sie argumentieren, dass eine Lösung darin besteht, die Kommunikationsfähigkeit von Ärzten zu schulen.

Für unsere Zwecke gilt: Wenn Sie in die Rolle des Boten schlüpfen und eine höchst unerwünschte Botschaft überbringen, vor allem, wenn diese die Identität oder das Sicherheitsgefühl des anderen bedroht, wird Ihr Gegenüber geneigt sein, Sie (hoffentlich nur im übertragenen Sinn) zu töten. Das heißt: Er wird Ihre Botschaft völlig ignorieren und Ihnen und der Gruppe, die Sie seiner Meinung nach repräsentieren, gegenüber feindselig eingestellt sein. Siehe hierzu Eric Horowitz' Zusammenfassung der Literatur, die sich mit der Frage befasst, warum Botschaften nach hinten losgehen (Horowitz, 2013).

35. Plato, ca. 380 v. Chr./2006, 77c–78b.
36. Die naheliegenden Ausnahmen von der Regel, dass *jeder* Mensch gute Absichten hat, sind Psychopathen und Soziopathen. Dies ändert aber nichts an dem Umstand, dass die meisten Menschen, mit denen wir über Politik reden werden, *durchaus* gute und oft hilfreiche Absichten verfolgen (Becker, 2015, vor allem S. 51–57; Neumann & Hare, 2008).
37. Siehe Stone, Patton & Heen, 2010, S. 45–53. Wir neigen dazu, uns selbst wohlwollend zu behandeln (wir schmälern unsere negativen Absichten und reden unsere Schwächen schön), und unterstellen anderen deutlich Schlimmeres. Wenn wir über einen politischen Graben hinweg diskutieren, reden wir fast immer auch über einen *moralischen* Graben hinweg. Wir neigen dazu, zu denken, dass jemand, der andere Moralvorstellungen hat, ein schlechter Mensch ist. Von der Überzeugung, dass jemand ein schlechter Mensch ist, ist es dann nur noch ein kleiner Schritt zu glauben, dass er arglistige Absichten verfolgt.
38. Megan Phelps-Roper, die die Westboro Baptist Church verließ, veranschaulichte diesen Standpunkt in ihrem TED-Vortrag (Phelps-Roper, 2017). Stone und seine Kollegen widmen das gesamte dritte Kapitel ihres Buchs *Difficult Conversations* (Stone, Patton & Heen, 2010) diesem Punkt und verweisen auch im weiteren Verlauf des Buchs wiederholt darauf. Es kann nicht oft genug darauf hingewiesen werden, dass unsere Annahmen über die Absichten unserer Partner fast immer schlechter sind als ihre wahren Absichten. Die Annahme schlechterer Absichten macht Gespräche weniger erfolgreich, einträglich und höflich.
39. Stone, Patton & Heen, 2010, S. 46–48.
40. Doherty, Horowitz & Dimock, 2014; Norton, 2002.
41. Absichten sind nicht alles, wenn es um die moralische Wertigkeit von Überzeugungen geht – die Konsequenzen spielen ebenfalls eine Rolle, ebenso die Wahrheit beziehungsweise Unwahrheit der Überzeugungen. Wenn jemand zum Beispiel 2008 für John McCain gestimmt hat statt für Barack Obama, weil McCain ein Republikaner war, ist diese Begründung moralisch wesentlich annehmbarer als das Argument, dass man nicht für Obama gestimmt hat, weil er ein Afroamerikaner ist. Das bleibt auch dann der Fall, wenn sich das Resultat nicht ändert und die Intention hinter der Handlung verborgen bleibt (siehe Harris, 2010). In diesem Beispiel sollten Sie einfach annehmen, dass Ihr Partner für McCain gestimmt hat, weil er dachte, dass dieser für das Amt besser geeignet sei.
42. Stone, Patton & Heen, 2010, S. 51–52.
43. Stone, Patton & Heen (2010, S. 244–249) sprechen das Problem wahrhaft schwieriger Gesprächspartner mit bösen Absichten an: »Lügen, Mobben oder das absichtliche Entgleisen des Gesprächs, um seinen Willen durchzusetzen« (S. 244). Die Autoren raten dazu, schlechtes Verhalten nicht zu belohnen und es dem anderen nicht mit gleicher Münze heimzuzahlen.

Als Nebenbemerkung sei erwähnt, dass die Praktik, Gleiches mit Gleichem zu vergelten, eine sehr erfolgreiche (von Anatole Rapoport entworfene) spieltheoretische Strategie ist, um das zu spielen, was als »iteriertes Gefangenendilemma« bekannt ist. Im Gefangenendilemma können zwei Spieler entweder kooperieren oder den jeweils anderen verraten (indem sie ein Verbrechen gestehen, das sie gemeinsam mit einem anderen Gefangenen begangen haben). Vereinfacht ausgedrückt kann dies zu drei möglichen Ergebnissen führen: Wenn sie kooperieren, teilen sich die Spieler eine Belohnung; wenn ein Gefangener defektiert und der andere kooperiert, erhält der Verräter die gesamte Belohnung; und wenn beide gestehen, bekommen beide nichts. Das iterierte Gefangenendilemma spielt das Spiel immer wieder durch; bei der *Tit-for-tat*-Strategie wird zunächst ein kooperativer Spielzug vorgenommen, aber wenn der andere Spieler daraufhin defektiert, wird er in der nächsten Runde mit einer vergeltenden Defektion bestraft. Die Strategie führt leicht zu »Defektionsschleifen«, das heißt, beide Spieler bestrafen die vorherige Defektion des anderen, was dazu führt, dass das Spiel bis zu seinem Ende nur noch aus Defektionen besteht.

Wenn Sie einen Partner haben, der wirklich böse Absichten verfolgt (wenn Sie mit einem moralischen Eiferer reden, der Ihre Positionen für »verdorben« hält, einem Internettroll oder jemandem, der das Gespräch um jeden Preis »gewinnen« und Sie bloßstellen will), müssen Sie annehmen, dass er eine Strategie verwendet, die weitgehend oder vollständig auf Defektionen besteht, und er Ihre Defektionen mit weiteren Defektionen bestrafen wird. Ein solches Spiel führt dazu, dass er jedes Mal belohnt wird, wenn Sie versuchen, ihm zu vergeben und zu kooperieren, obwohl Sie niemals gewinnen werden. Es ist daher besser, sich einfach nicht auf ein solches Spiel einzulassen, sofern es sich vermeiden lässt.

Stone und Kollegen (Stone, Patton & Heen, 2010) geben einen Ratschlag, wie man mit einem schlechten Schauspieler umgeht, wenn man mit ihm interagieren muss (oder Sie beschließen, es zu versuchen): Wechseln Sie das Thema und »versuchen Sie zu verstehen, warum der andere denkt, dass seine Absichten und Handlungen gerechtfertigt sind« (S. 245). Dies gibt Ihnen eine Gelegenheit, das Gespräch zu verbessern oder Ihr Gegenüber zu überreden, eine andere Taktik anzuwenden, oder es gibt Ihnen einen guten Grund, aus dem Gespräch auszusteigen (wie bei Internettrollen und anderen Rüpeln).

44. Wir danken Sam Harris für dieses Zitat.
45. Hess, 2017.

Viele Menschen sind den Autoren zufolge durch die sozialen Medien desensibilisiert. Wir neigen dazu, Leute voreilig als Trolle abzustempeln, weil wir eine abweichende Meinung gleich als Trolling betrachten oder weil wir denken, dass andere schlechte Absichten haben, oder weil wir dazu tendieren, unsere Position als die einzig richtige anzusehen, und keine Differenzierungen vornehmen. In den sozialen Medien ist es extrem schwer, ein verlässliches Urteil darüber zu fällen, wer ein Troll ist und wer nicht. Aus diesem Grund – andere Gründe werden in späteren Kapiteln genannt – ist es deutlich besser, ein heikles Thema in einem persönlichen Gespräch zu besprechen als in den sozialen Medien.

46. Boghossian, 2013.

47. Ekman weist darauf hin, dass die emotionale Refraktärphase, die mit Frustration assoziiert ist, oft die Deutungen der Absichten anderer verzerren und die Revision von Überzeugungen untergraben kann (Ekman, 2003, S. 39–40, 113, 120). Diese grundlegende Tatsache über Frustration und Zorn erklärt vielleicht, warum jemand, der zornig ist, weniger wahrscheinlich seine Überzeugungen revidieren wird. Ekman bemerkt, dass Zorn beim Empfänger oft Schuldgefühle, Scham und Verlegenheit auslöst. Wenn eine Person zornig ist, sinkt die Wahrscheinlichkeit, dass sie ihre Überzeugung ändert, weil sie ihr Gesicht wahren will (S. 113). Zorn verstärkt die Verschanzung hinter den eigenen Überzeugungen. Sobald Schuld, Schamgefühle und Zorn im zwischenmenschlichen Umgang interagieren, kommt vermutlich der Backfire-Effekt ins Spiel, der dazu führt, dass sich jemand, der zornig ist, umso fester an seine Überzeugung klammert. Das Bedürfnis, sein Gesicht zu wahren, ist oft eine Kernkomponente für die Auslösung des Backfire-Effekts, bei dem der Versuch, jemanden umstimmen zu wollen, nach hinten losgehen und dazu führen kann, dass der andere seine Überzeugungen verstärkt (Horowitz, 2013).

    Schließlich macht eine Umgebung, in der sich die Teilnehmer nicht wohlfühlen, es weniger wahrscheinlich, dass diese danach streben, die Wahrheit zu finden; es ist wahrscheinlicher, dass sie eine Idee verteidigen, obwohl sie wissen, das sie nicht stimmt (Ekman, 2003, S. 38–39, 111, 115; Stone, Patton & Heen, 2010, S. 25–43). Vor allem Ekman (2003) weist darauf hin, dass Zorn »seinerseits Zorn hervorbringt [...]« (S. 111) [Ekman, 2010]. Wenn uns der Zorn fest im Griff hat, denken wir nur in einem engen Rahmen, der unsere Ansichten ins Negative verzerrt. Wenn der Zorn in uns durch einen Angriff (beispielsweise unserer Ansichten) oder Frustration aufsteigt, neigen wir dazu, das Gespräch *gewinnen* zu wollen, statt sich gepflegt zu unterhalten. Diese Merkmale kommen zusammen (siehe Boghossian, 2013, S. 49-50, 70, 83–84) und führen dazu, dass sich die Beteiligten in ihre Ansichten verbeißen, das heißt, es wird ein Keil zwischen ihre eigenen Ansichten und die Personen getrieben, mit denen sie diskutieren.
48. Hogarth & Einhorn, 1992.
49. Jost et al., 2003.
50. Johnson-Laird, Girotto & Legrenzi, 2004; Schlottmann & Anderson, 1995.
51. Ekman, 2003, S. 116, 144, 147. Ekman weist darauf hin, dass Ärger und Zorn Beziehungen oft einen irreparablen Schaden zufügen. Es gibt jedoch mehr oder weniger günstige Gelegenheiten und Ansätze, wie man in Gesprächen mit Zorn umgeht. Ekman schreibt »Kritik muss zwar berücksichtigt werden, aber ich schlage vor, dass dies nicht in der Hitze des Gefechts erfolgt« (S. 147). Er beobachtet auch, dass »[konfrontative] Bemerkungen eine Einladung [sind], etwas Verletzendes zu sagen oder wütend zu agieren, und das ist nicht immer in Ihrem Interesse oder im Interesse der zornigen Person. Es ist keinesfalls so, dass Kritik oder Angriffe ignoriert werden sollten, aber man kann vermutlich besser mit ihnen umgehen, nachdem der Zorn verraucht ist« (S. 144). Stone, Patton & Heen (2010) vertreten auf S. 125–126 denselben Standpunkt. Näheres dazu bei Goulston, 2015, S. 33–44.
52. Diese Themen werden ausführlich bei Malhotra besprochen, 2016b.
53. Vlemincx et al., 2016, S. 132–134.

Drei: Anfänger: Neun Wege, wie Sie andere dazu bringen, ihre Meinung zu ändern

1. Stone, Patton & Heen, 2010, S. 166–167.
2. Ekman, 2003, S. 111, 120.
3. In einem Fachartikel, der der Ursprung des Begriffs »Illusion der Erklärungstiefe« zu sein scheint, bezeichnen Robert Wilson und der Psychologe Frank Keil diese als »die Schatten und Untiefen von Erklärungen« (Wilson & Keil, 1998).
4. Kolbert, 2017; siehe auch TedX Talks, 2013. Menschen, die am meisten unter dem Effekt der ungelesenen Bibliothek leiden, sind die besten Kandidaten für den Dunning-Kruger-Effekt (Kruger & Dunning, 1999). Der Dunning-Kruger-Effekt besagt, dass sich wahre Experten (kein Effekt der ungelesenen Bibliothek, weil sie einen Großteil der relevanten Bibliothek gelesen haben!) sicher sind, Personen mit wenig oder gar keinem Verständnis (stark ausgeprägter Effekt der ungelesenen Bibliothek) sich aber noch sicherer sind. Menschen, die sich im Mittelfeld befinden, die also etwas Wissen haben, aber keine Experten sind, mangelt es deutlich an Selbstsicherheit. Sie haben den Effekt der ungelesenen Bibliothek erkannt und sind ihm entgangen, indem sie genug wissen, um zu wissen, wie viel sie nicht wissen.
5. Rozenblit & Keil, 2002.
6. Rozenblit & Keil, 2002.
7. Fernbach et al., 2013.

   Weil Extremismus oft mit eingefahrenen Überzeugungen einhergeht, könnte ein mäßigender Effekt auf politische Ansichten zu einem höflicheren und produktiveren politischen Dialog und mehr geänderten Meinungen führen. Die Mäßigung extremer politischer Ansichten wird nicht nur die Höflichkeit und Revision von Überzeugungen verbessern, auch die Gesundheit unseres gesamten Gemeinwesens kann sich aus einem anderen Grund verbessern. Extremisten nehmen oft die Sichtweisen einer relativ kleinen Schar von Anführern an, denen sie sehr vertrauen, und glauben ihnen inbrünstig. Das heißt, dass Extremisten leichtgläubig und einfach zu manipulieren sind.

   Viele konservative Extremisten in den USA geben zum Beispiel hohe Geldsummen für Schusswaffen und Munition aus, sobald sie den Vorschlag hören, dass ein liberaler Politiker ihnen »ihre Waffen wegnehmen könnte«, obwohl es keinen triftigen Grund gibt zu glauben, dass etwas dergleichen passieren wird. Linksgerichtete Extremisten werden glauben, dass so gut wie alles gegen ihre Werte verstößt (beispielsweise auch der Verzehr von Tacos an Dienstagen), wenn die Situation so dargestellt werden kann, dass rassistische Motive oder Untertöne dahinterstehen. Extremisten beider Lager scheinen alles zu glauben, was jemand sagt, der als Anführer des eigenen moralischen Lagers wahrgenommen wird.

   Extremisten sind auch sehr geübt darin, die Ansichten ihrer Anführer wiederzugeben, halten übersteigert an ihren Überzeugungen fest, nehmen deren Aussagen oft für bare Münze und geben ihre Stimme im Einklang mit den Vorgaben ihrer Gedankenführer ab. Man kann damit rechnen, dass die Mäßigung extremer politischer Ansichten die Leichtgläubigkeit und Manipulierbarkeit der Wählerschaft verringern wird, und die daraus resultierenden Vorteile würden sich in nahezu jedem Bereich des öffentlichen Lebens bemerkbar machen.

8. Fernbach et al., 2013.
9. James Randi Educational Foundation, 2013.
10. Transkribiert aus der Videoaufzeichnung einer Veranstaltung mit Damore an der Portland State University (Freethinkers of PSU, 2018).
11. Devitt, 1994.
12. Boghossian, 2013.
13. Mehr dazu bei Haidt, 2012, vor allem Kapitel 7.

    Es gibt einige Komplikationen bezüglich der moralischen Grundlage von Fairness. Wie Haidt erklärt, ist sie sowohl für Liberale als auch für Konservative wichtig, aber auf unterschiedliche Weise. Liberale achten mehr auf die Chancengleichheit, das heißt, dass jeder dieselben Möglichkeiten hat. Konservative sehen Fairness mehr im Hinblick darauf, wie gerecht die Belohnung ist, das heißt, sie betrachten es als besonders unfair, wenn jemand mehr bekommt, als er verdient hat. Für Konservative sollte die Belohnung im Verhältnis zu dem stehen, was jemand leistet. Für Liberale sollte jeder eine faire Chance haben teilzunehmen, und niemand sollte ungerechtfertigte Vorteile haben, die anderen nicht zugänglich sind.
14. Es ist schwierig, dieses Problem zu überwinden. Dafür muss man die moralische Sprache des anderen verstehen (siehe Kapitel 7), viele Fragen stellen (von denen manche als zu persönlich betrachtet werden könnten) und Geduld haben. Es ist auch ein gängiges Problem zwischen politischen Lagern. Die Forschung hat gezeigt, dass viele Menschen grundlegende politische Begriffe wie *liberal, konservativ, demokratisch, republikanisch, progressiv, libertarisch, sozial, frei* und *freiheitlich* völlig unterschiedlich auffassen (Devitt, 1994). Es ist besser, nicht zu viel anzunehmen und sich stattdessen darauf einzustellen, dass es frustrierend sein kann, sich auf eine Definition grundlegender Begriffe zu einigen.
15. In seinem Podcast vom Januar 2017 zeigt Sam Harris diese Technik mit großem Können, als er und sein Gast Jordan Peterson völlig andere Meinungen über das Konzept von Wahrheit hatten (Harris, 2017).
16. Dennett, 2006, S. 200–248.
17. Wir neigen sehr stark dazu, auf der Grundlage »der Beweise« falschen Schlussfolgerungen zu glauben, weil wir für zwei Tendenzen anfällig sind: den Bestätigungsfehler und den Fehler der sozialen Erwünschtheit (Tappin, van der Leer & McKay, 2017), die dazu führen, dass wir Beweise finden, annehmen und glauben, um etwas zu bestätigen, was wir ohnehin schon glauben (Bestätigungsfehler) oder glauben wollen (Fehler der sozialen Erwünschtheit). In dem Beispiel zeigt Jon primär den Fehler der sozialen Erwünschtheit, der bei moralischen Überzeugungen sehr häufig vorkommt (Haidt, 2012).
18. Adaptiert aus Boghossian, 2004, S. 213.
19. Voss & Raz, 2016, S. 150–165.
20. Voss & Raz, 2016, S. 150–165.
21. Stone, Patton & Heen, 2010, S. 172.
22. Stone, Patton & Heen, 2010, S. 167–168.

23. In diesem Sinn bezieht sich die Redewendung »Es interessiert niemanden, wie viel du weißt, bis sie wissen, wie sehr du dich interessierst« auf Ihre Fähigkeit, Tugend zu signalisieren. In der moralischen Sphäre bedeutet das, dass sich Ihre Mitmenschen vermutlich nur dann für Ihre Meinung interessieren werden, wenn Sie als jemand wahrgenommen werden, der dazu neigt, die – aus ihrer Sicht – richtigen Werte zu haben.
24. Eines der faszinierendsten Beispiele für das Phänomen der Verschanzung hinter den eigenen moralischen Überzeugungen war der Aufstieg der Neuen Atheismusbewegung in den letzten zwölf bis fünfzehn Jahren. Die Neue Atheismusbewegung rühmte sich, gegen viele Probleme immun zu sein, die mit religiösem Tribalismus in Verbindung stehen. In vielerlei Hinsicht zeigten die Anhänger aber, dass sie überhaupt nicht immun dagegen waren (siehe Lindsay, 2015).

    In den Anfangsjahren des 21. Jahrhunderts argumentierten Sam Harris, Richard Dawkins und andere, dass Personen mit einer gemäßigten religiösen Überzeugung teilweise für den religiösen Extremismus verantwortlich seien, indem sie religiöse Überzeugungen und Texte, die einigen der schlimmsten Formen von Extremismus, Fanatismus und Fundamentalismus den Boden bereiteten, unterstützten und als normal betrachteten (Dawkins, 2006, S. 345; Harris, 2004, S. 20). Dies war intellektuell gerechtfertigt. Dadurch wurde aber bei vielen Atheisten das Misstrauen gegen Gläubige geschürt, vor allem bei Atheismus-Aktivisten, weil die »Theisten« als konkurrierendes moralisches Lager gesehen und karikiert wurden (siehe Lindsay, 2015, S. 57–59). Die Konsequenzen für die Menschheit waren sehr ernst: Es ging darum, sich von der Umklammerung radikaler, fundamentalistischer Interpretationen des Koran zu befreien. Viele Atheismus-Aktivisten versäumten es, liberale Moslems als natürliche, unverzichtbare Verbündete zu sehen, die den Mainstream-Islam reformieren und liberalisieren wollten, und bekämpften sie allein wegen ihres Glaubens (Harris & Nawaz, 2015).
25. Die explizite Anerkennung einer moralischen Übereinstimmung, indem man sich von Extremisten abgrenzt, schafft eine *moralische* Übereinstimmung mit Ihrem Gesprächspartner, die ein wichtiger gemeinsamer Punkt in Gesprächen ist, die über tiefe Gräben hinweg geführt werden. Sie trennt Sie auch von dem moralischen Lager, dem Sie treu ergeben sind (zumindest denkt Ihr Gesprächspartner das). Das ist kein trivialer Punkt. In Gesprächen, in denen vermutet wird, dass der andere seinem Lager loyal gegenüber ist, ist die Bereitschaft, den extremsten und aggressivsten Mitgliedern der eigenen Seite zu entsagen, ein deutliches »teures Signal«, weil man damit Gefahr läuft, von seiner eigenen Gruppe verstoßen zu werden (Boghossian & Lindsay, 2016).

    Teure Signale sind normalerweise ein Hinweis darauf, dass man seiner Gruppe ergeben ist, weil sie mit einem gewissen Preis einhergehen. Hierzu zählt beispielsweise die ausdrückliche Verpflichtung, extremen und unplausiblen Dogmen der Gruppe zu folgen, die von anderen Lagern als bizarr wahrgenommen werden. Aber die teuren Signale, die wir meinen, funktionieren deshalb, weil die betreffende Person bereit ist, den Unmut der eigenen Seite auf sich zu ziehen, um zu beweisen, dass sie bereit ist, sich auf ein offenes Gespräch einzulassen. Das wird Ihrem Gesprächspartner nicht nur dabei helfen, Ihnen zu vertrauen (weil Sie einen kostbaren gemeinsamen Boden angeboten haben), sondern auch, Sie als vernünftige und aufgeschlossene Person zu sehen, die bereit ist, sich auf ein ehrliches Gespräch einzulassen. Außerdem wird Ihre Offenheit einen wertvollen Beitrag dazu leisten, Sie als Individuum zu sehen und nicht als Mitglied einer verfeindeten Gruppe, und deshalb kann Ihr Gesprächspartner Sie wie jemanden behandeln, der wahrscheinlich nicht zulassen wird, dass blinde Parteilichkeit Ihr Gespräch beeinträchtigt. Siehe hierzu auch Thomson, 2011, S. 80–81.

26. Stone und Kollegen erklären, wie wichtig es ist, eine gemeinsame Basis mit seinen Gesprächspartnern zu finden (Stone, Patton & Heen, 2010, S. 14–16). Diese Beobachtung überschneidet sich mit der moralpsychologischen Forschung Haidts, der beobachtet hat, dass »Moral bindet und blendet« (Haidt, 2012; dieser Punkt ist so wichtig, dass Haidt diese Redewendung im Laufe des Textes immer wieder benutzt, um den Inhalt von etwa einem Drittel seines Buchs *The Rightous Mind* zusammenzufassen). Die Kritik an den Extremisten des eigenen Lagers ist nicht nur eine moralische Übereinstimmung, mit der Sie das Vertrauen Ihres Partners gewinnen, sondern Sie grenzen sich damit von den beängstigendsten Akteuren auf Ihrer Seite ab, die oft die Vorlage für Karikaturen und Stereotype bilden, die Ihr Partner vielleicht hat. Für Gespräche, die über sehr tiefe moralische Gräben hinweg geführt werden, gilt die Devise: Je weniger Ihr Partner den Eindruck hat, dass er Annahmen über Ihre Positionen machen kann, umso mehr Raum öffnet sich für eine produktive Kommunikation.
27. Ein Kompromiss ist nicht garantiert. Es wird zum Beispiel gemeinhin akzeptiert, dass der amerikanische Bürgerkrieg geführt wurde, weil kein Kompromiss über die Institution der Sklaverei erzielt werden konnte. Das Problem musste gelöst werden, und dabei gab es keinen Mittelweg. In diesem Fall pflichten wir bei. Zugleich müssen wir aber auch auf das große Gesamtbild hinweisen und es erkennen. Die Folge daraus, dass es keine Möglichkeit für einen Kompromiss gab, war ein schrecklicher Krieg. Nur eine moralische Ungerechtigkeit, die so gravierend war, dass sie schlimmer als ein blutiger Konflikt war, kann einen Krieg als »gerecht« legitimieren (Philosophen analysieren solche Themenstellungen im Rahmen der »Theorie des gerechten Krieges«). Immer wenn ein effektiver Dialog oder Kompromiss möglich ist, gibt es kein gutes Argument, das für einen kompromisslosen Extremismus spricht. Das Ziel heiligt nur unter wahrhaft außergewöhnlichen Umständen extreme Mittel – und ganz gleich, wie leidenschaftlich Sie sie verfechten, die meisten Umstände sind nicht außergewöhnlich.
28. Megan Phelps-Roper, die früher ein Mitglied der Westboro Baptist Church war, bemerkt, dass die sozialen Medien (insbesondere Twitter) einen entscheidenden Beitrag dazu geleistet haben, dass Gespräche zustande kamen, die letztlich zu ihrem Austritt aus der Kirche führten. Sie weist auf die Vorteile von Twitter als Plattform hin, vor allem auf die Fähigkeit, eine Pause zu machen, ein Gespräch ruhen zu lassen und später wieder zu ihm zurückzukehren, nachdem man sich die Zeit genommen hat, sich zu beruhigen, nachzudenken, zu recherchieren und Ideen zu assimilieren. Gespräche von Angesicht zu Angesicht bieten diese Möglichkeit nicht und geben uns das Gefühl, stärker unter Druck zu stehen und sofort reagieren zu müssen (Phelps-Roper, 2017).
29. Ekman, 2003.

30. Das spiegelverkehrte Fragezeichen (⸮), das manchmal »Ironiezeichen« genannt wird, ist ein Beispiel dafür. Es fand nie verbreitete Verwendung.
31. Diese Metaphern werden Chris Voss zugeschrieben (Voss & Raz, 2016).
32. Horowitz, 2013; Nyhan, Reifler & Ubel, 2013.
33. Es gibt viel unabhängig voneinander existierende Sekundärliteratur, die diese Schlussfolgerung unterstützt, zum Beispiel Horowitz (2013), Malhotra (2016b), Nyhan, Reifler & Ubel (2013) sowie Stone, Patton & Heen (2010, S. 114–115). Unsere Erfahrung hat auch gezeigt, dass die Intervention deutlich schwieriger wird, wenn sie in einem öffentlichen Forum oder an einem Ort stattfindet, an dem mehr als eine Person für eine persönliche Interaktion anwesend ist. Das liegt vor allem daran, dass der Akteur in aller Regel stolz darauf ist, sich vor anderen im Recht zu sehen (und Scham empfindet oder das Gefühl hat, »sein Gesicht zu verlieren«, wenn sich vor anderen herausstellt, dass er im Irrtum ist).
34. Der öffentliche Charakter von Posts in den sozialen Medien macht sie anfällig für sogenannte »Effekte der Verbindlichkeit und Konsistenz«. Hierzu zählt ein großer Denkfehler, der Leute dazu bringt, ihr Denken so zu verändern, dass es sich mit ihren zuvor geäußerten Ansichten und früheren Verpflichtungen deckt. Wenn man in der Öffentlichkeit eine Aussage macht, löst das einen starken psychologischen Impuls aus, vor einem wahrgenommenen Publikum zu seinen zuvor geäußerten Ansichten zu stehen – vor allem dann, wenn man auf das Publikum einen guten Eindruck machen will, weil man dessen Meinung schätzt. In der Praxis bedeutet das, dass man in einer angespannten Situation auf seinem Standpunkt beharrt und seine Meinung nicht ändert. Siehe Huczynski, 2004, S. 181; O'Reilly & Chatman, 1986; Vuori, 2013.
35. Phelps-Roper, 2017.
36. Eines der in den sozialen Medien gängigsten Muster ist eine Endlosschleife des Dampfablassens. Das passiert, wenn jemand etwas postet, um seinem Ärger oder seiner kognitiven Dissonanz Luft zu machen, woraufhin eine andere Person etwas erwidert, was noch mehr Ärger und kognitive Dissonanz auslöst, die wiederum eine weitere Antwort auslösen usw. (Dieser Kreislauf führt manchmal sogar dazu, dass eine Freundschaft in die Brüche geht oder Gewalt angedroht wird.) Wenn Sie den Drang haben, Informationen zu nennen, die dem widersprechen, was eine andere Person gesagt hat, und diese Person auf eine Weise reagiert, die den Streit zum Eskalieren bringt, sollten Sie das Gespräch an dieser Stelle beenden. Hören Sie auf, sich weiter darauf einzulassen, vor allem wenn die Posts öffentlich sind. Im Allgemeinen gilt: Interagieren Sie mit *Leuten* und nicht mit der kognitiven Dissonanz.
37. Es gibt überzeugende Argumente, die dafür sprechen, dass die Toxizität der aktuellen sozialen Umgebung möglicherweise ständig aus den Feeds unserer sozialen Medien fließt und den Backfire-Effekt auslöst – das scheinbar paradoxe Ergebnis, wenn unsere bestehenden Überzeugungen durch Beweise verstärkt werden, die sie eigentlich zu entkräften versuchen. Wie passiert das? Wir sehen uns unsere Feeds an und stoßen immer wieder auf Posts (über eine »andere Seite«), die uns empören und dazu führen, dass wir uns gegen jene Ansichten aussprechen. Unser Ratschlag: Bleiben Sie gelassen, und verwenden Sie Ihre persönliche Facebook-Seite nicht als Plattform, um sich zu religiösen oder politischen Themen zu äußern (siehe Barlett, 2017).

38. Wenn man auf Informationen stößt, die sich nur schwer mit bereits bestehenden (vor allem moralischen) Überzeugungen vereinbaren lassen, fühlt man sich oft unwohl. Dieses Unbehagen – der mentale Stress, der verursacht wird, weil man widersprüchliche Überzeugungen hat – wird als kognitive Dissonanz bezeichnet, und das Gehirn unternimmt große Anstrengungen, diesen Konflikt zu lösen. Der Sozialpsychologe Leon Festinger zeigt in seiner Forschung beispielsweise, dass wir oft danach streben, unsere kognitive Dissonanz zu reduzieren, indem wir bestehende Überzeugungen rationalisieren, und in den sozialen Medien tun wir das so, dass alle es mitbekommen (Festinger, 1957).

    Der Versuch, uns selbst davon zu überzeugen, dass wir bereits im Recht sind, und die Aktivierung Gleichgesinnter, die unsere Meinung teilen, können uns helfen, unsere kognitive Dissonanz im Griff zu behalten. Indem wir etwas sagen, was wir ohnehin schon glauben, hören wir, wie es ausgesprochen wird (oder wir lesen es schwarz auf weiß), was unsere Überzeugungen stärkt. Umgekehrt lösen Einwände gegen das, was die kognitive Dissonanz verursacht, ein gutes Gefühl in uns aus, weil wir die Gründe bestätigt sehen, denen zufolge die Äußerung falsch ist (Festinger, 1957). Kreationisten zum Beispiel haben viel Zeit und Energie investiert, um angebliche Lücken, Defizite oder Fehler der Evolutionsbiologie zu identifizieren.

    Die Aktivierung Gleichgesinnter, die unsere Meinung teilen, stärkt uns in unseren Überzeugungen. Das Ziel ist es, sich unterstützt zu wissen, und manchmal nimmt dieses Verhalten die Form einer »Tugendsignalisierung« an, womit die öffentliche Zurschaustellung unserer moralischen Werte und Verpflichtungen gegenüber unserem »Stamm« bezeichnet wird. Sie kann auch zum Einsatz kommen, um andere auf uns aufmerksam zu machen, die bereits unsere Meinung teilen, um ihre Unterstützung zu mobilisieren und unseren Status in der Gemeinschaft zu verbessern, die sich um diese Überzeugung gebildet hat (Campbell & Manning, 2018, S. 48–58; Peters, 2015).

    Mit der Rationalisierung (als Mittel zur Minderung der kognitiven Dissonanz) soll eine Meinungsänderung *vermieden* werden (Jarcho, Berkman & Lieberman, 2010, S. 1). Die öffentliche Rationalisierung kann außerdem dazu führen, dass andere in eine ähnliche kognitive Dissonanz gezogen werden, die dazu führt, dass sie ihrem eigenen Ärger in den sozialen Medien Luft machen. Dies definiert zwei der toxischsten Muster, die in Konversationen in den sozialen Medien in Erscheinung treten: virale Empörung und Rationalisierungsschleifen (Kolbert, 2017).

    Eine Rationalisierungsschleife beginnt, wenn man etwas politisch Ungeheuerliches sieht und in den sozialen Medien rationalisiert. Die Schleife entwickelt sich, wenn jemand, der Ihre Position nicht teilt, Ihren Kommentar liest und dabei kognitive Dissonanz empfindet, die er zu rationalisieren versucht. Eine Rationalisierungsschleife entsteht, wenn seine Rationalisierung infolge Ihrer Rationalisierungen weitere Rationalisierungen bei Ihnen auslöst und so weiter. Rationalisierungsschleifen untergraben die Höflichkeit und können sich zu Streitgesprächen entwickeln, die einer Freundschaft ein jähes Ende setzen.

39. Siehe zum Beispiel Andersons »2016 Was the Year White Liberals Realized How Unjust, Racist, and Sexist America Is« (Anderson, 2016a). Natürlich war dieser Titel provokant, und die Progressive Linke hatte in gewisser Weise recht. Das Pew

Research Center führte Wählerbefragungen durch und berichtete, dass in der Präsidentschaftswahl 2016 die demografischen Lücken größer waren als bei jeder anderen Wahl seit 1980. Die Annahme, dass ganze Identitätsgruppen für diese Muster verantwortlich zu machen sind oder dass die Motivation zur Stimmabgabe explizit auf Identitätssorgen zurückzuführen war, ist jedoch haltlos. Sie ist keine neutrale Betrachtung nüchterner Fakten, sondern spiegelt einen Prozess der Schuldzuweisung wider. Sie verdeutlicht auch insofern ein größeres Problem, als der Fokus auf Zielgruppen (statt auf Einzelpersonen) gerichtet wird (siehe Tyson & Maniam, 2016).

40. Tavernise, 2017.
41. Katie Rogers, die für die *New York Times* schreibt, war in der Lage, dieses Problem am Tag nach der Wahl zusammenzufassen (Rogers, 2016). Sie zitiert einen Essay von L. V. Anderson, Mitherausgeber der linksgerichteten Online-Zeitschrift *Slate*, der am selben Tag veröffentlicht worden war und den Titel »White Women Sold Out the Sisterhood and the World by Voting for Trump« (Anderson, 2016b) trug. Anderson und *Slate* scheinen bis heute an der Schuldzuweisung festzuhalten, dass weiße Frauen für Trumps Wahlsieg ausschlaggebend waren.

    Die beiden Quellen, auf die hier Bezug genommen wird, sind nur ein kleines Beispiel für die gewaltige Fülle an Sekundärliteratur, die seit der Wahl 2016 veröffentlicht wurde und dieselben Themen behandelt. Wenn Sie sehen wollen, wie durchdringend diese Einstellung ist, sollten Sie über Google Suchbegriffe wie »weiße Frauen stimmen für Trump« eingeben.
42. Filipovic, 2016.
43. Stone, Patton & Heen, 2010, S. 60, 65.
44. Stone, Patton & Heen, 2010, S. 58–82.
45. Darauf hinzuweisen, dass eine Person zu einer Situation beigetragen hat, ist nicht dasselbe, wie einem Opfer die Schuld zuzuweisen (Stone, Patton & Heen, 2010, S. 69–70). Beitragssysteme sind die Dinge, die beteiligte Parteien getan oder auch nicht getan haben und durch die sie zu den Umständen beigetragen haben. Bei einer Schuldzuweisung wird jemandem unterstellt, etwas Falsches getan zu haben. Es kommt allerdings häufig vor, dass man nichts Verwerfliches getan, aber trotzdem zu einem Problem beigetragen hat (Stone, Patton & Heen, 2010, S. 50–53, 120–121).

    Wenn man zum Beispiel feststellt, dass in Stadtvierteln mit einer überwiegend schwarzen Bevölkerung mehr Gewaltverbrechen verübt werden, ist das nicht dasselbe, als wenn man diesen Gemeinden systemische Umstände vorwirft, die zu Gewaltverbrechen geführt haben. Viele Probleme sind das Ergebnis von Teufelskreisen (Problem A führt zu Problem B, Problem B verstärkt Problem A, wodurch das Problem verschärft und vertieft wird), und die Anerkennung des vollständigen Beitragssystems ist ein Weg, wie man nicht in diese Falle tritt. Viele andere Probleme haben multiple Ursachen (Faktoren A, B und C ergeben gemeinsam Problem D, aber es müssen A, B und C vorliegen, damit D eintreten kann – zum Beispiel müssen Treibstoff, Sauerstoff und Hitze vorliegen, damit ein Feuer entfacht werden kann).

    Wenn die Elemente des Beitragssystems als illegitim fehlgedeutet werden (»dem Opfer die Schuld zuweisen«), werden diese Probleme noch schwerer lösbar sein. Versuchen Sie, ein erfolgreiches Ergebnis zu erzielen, indem Sie darauf verzichten,

Individuen oder Gemeinden eine Schuld zuzuweisen, und konzentrieren Sie sich lieber auf die Gesamtheit der Beitragssysteme.

46. Stone, Patton & Heen, 2010, S. 60–64, 67.
47. Die Vorstellung, dass Parteilichkeit einen toxischen Effekt auf unser Gemeinwesen hat, wurde bereits von John Stuart Mill in *Über die Freiheit* (1859) geäußert. Mill schrieb (in dem einzigen Absatz in dem Buch, das das Wort »Parteimann« enthält): »Nicht der laute Kampf zwischen den Teilen der Wahrheit, sondern die stille Unterdrückung der Hälfte davon, ist das Übel, das uns bedroht; solange die Menschen beide Seiten anzuhören gezwungen sind, bleibt immer Hoffnung; erst wenn sie nur auf die eine merken, verhärten die Irrtümer zu Vorurteilen, und hört die Wahrheit selbst auf als Wahrheit zu wirken, indem sie bis zur Verkehrtheit übertrieben wird.« (S. 97) [S. 72 deutsche Fassung]
48. Sozialpsychologen wie Henri Tajfel und John Turner haben dieses Phänomen der gruppeninternen Erhöhung durch eine gruppenexterne Abwertung in dem beschrieben, was als Theorie der sozialen Identität bekannt geworden ist (Tajfel, 2010). Die Theorie der sozialen Identität besagt, dass das eigene moralische Ansehen mit dem moralischen Ansehen der Gruppen verbunden ist, mit denen man sich identifiziert. Wenn sich ein Konservativer beispielsweise als Konservativer identifiziert, gibt ihm jeder Grund, Konservative als gute Menschen anzusehen, gleichzeitig einen Grund zu glauben, dass auch er ein guter Mensch sein muss, weil er sich mit der »guten« Gruppe assoziiert. Dieses Verhalten ist überall in Politik und Religion anzutreffen, selbst unter Fans rivalisierender Sportler und Sportteams. Im schlimmsten Fall führt dies zu einem Effekt, der als engstirniger Altruismus bekannt ist, der sich dadurch auszeichnet, dass man der eigenen Gruppe mehr Wohlwollen, Freundlichkeit und Sonderbehandlungen zuteil werden lässt, als sie verdient, während man fremden Gruppen misstraut und ihnen sogar mit unverdienter Feindseligkeit begegnet.
49. Stone, Patton & Heen, 2010, S. 200, 245.
50. Stone, Patton & Heen, 2010, S. 76.

    Weil Menschen oft die Identifikation einer zur Gesamtsituation beitragenden Variablen mit Schuld verwechseln, müssen Sie aufpassen, wenn Sie einen Faktor identifizieren, der zu einem Problem beiträgt. Vermeiden Sie es, Dinge zu sagen wie: »Glauben Sie, dass übermäßiger Alkoholkonsum dazu beigetragen haben könnte, in dieser Spelunke überfallen zu werden?« Eine solche Äußerung könnte als Vorwurf aufgefasst werden, dass das Opfer selbst schuld daran ist, überfallen worden zu sein, weil es die Bedingung für den Überfall geschaffen hat, der andernfalls nicht passiert wäre. Diese Argumentation ist allerdings fehlerhaft. Wenn man sagt, dass X zu Y beiträgt, sagt das nur aus, dass X ein Faktor ist, der Y wahrscheinlicher macht. »Übermäßiger Alkoholkonsum« kann *eine* Variable gewesen sein, die dazu beigetragen hat, einem Überfall zum Opfer gefallen zu sein. Das heißt aber nicht, dass das Opfer die moralische Verantwortung dafür trägt, überfallen worden zu sein. In heiklen Situationen ist es sicherer zu fragen, welche Faktoren der Gesamtsituation zu dem negativen Ergebnis beigetragen haben könnten.
51. Boghossian, 2006.
52. Phelps-Roper, 2017.
53. Horowitz, 2013.

54. Boghossian, 2013; Horowitz, 2013; Nyhan, Reifler & Ubel, 2013.
55. Loftus, 2013.
56. Hubbard, 2007, S. 178.
    Diese Eigenschaft lässt sich von einer sektiererischen Verbindung auf jede andere übertragen (vor allem religiöser Art). Jede Gruppierung glaubt, dass die Überzeugungen der anderen im besten Fall unbegründet und im schlimmsten Fall an den Haaren herbeigezogen sind. Näheres hierzu bei Loftus, 2013.
57. Loftus, 2013.
58. Diese Formulierung ist der Definition von Glauben entlehnt, die der Philosoph Walter Kaufmann vorschlägt: »intensive, normalerweise positive Überzeugung, die nicht auf Beweisen beruht, denen ein vernünftiger Mensch zustimmen würde« (Kaufmann, 2015, S. 3).
59. Stone, Patton & Heen (2010) raten dazu, sich keine Gedanken über besondere Skripte oder Formulierungen zu machen; es reicht völlig aus, anwesend und authentisch zu sein: »Die Leute ›lesen‹ nicht nur Ihre Worte und Haltung, sondern auch das, was in Ihnen vorgeht. Wenn Ihr ›Standpunkt‹« nicht authentisch ist, spielt es keine Rolle, welche Wörter Sie verwenden. Was fast unweigerlich kommuniziert wird, ist, ob Sie wirklich neugierig sind, ob Ihnen die andere Person wirklich wichtig ist. Wenn Sie schlechte Absichten verfolgen, wird Ihnen keine noch so sorgfältige Formulierung oder gute Haltung helfen. Wenn Sie gute Absichten verfolgen, wird Ihnen selbst eine unbeholfene Ausdrucksweise nicht schaden« (S. 167–168).
60. Stone, Patton & Heen, 2010, S. 85–108, 163–184.
61. Stone, Patton & Heen, 2010, S. 163–184.
62. Angesichts des Effekts der ungelesenen Bibliothek kann das Umschalten in den Lernmodus auch eine Geheimwaffe sein, um Zweifel zu säen, während man das Gespräch höflich, freundlich und kooperativ weiterführt.
63. Johnson et al., 2018, S. 418.
64. Siehe Edmondson, 2003, S. 257: »Ich habe den Begriff ›psychologische Sicherheit‹ (Edmondson 1999, 2002) verwendet, um das Ausmaß zu beschreiben, in dem Angestellte ihre Arbeitsumgebung als einen Raum wahrnehmen, der das Eingehen zwischenmenschlicher Risiken unterstützt. In einer psychologisch sicheren Umgebung glauben sie, dass sie von den anderen nicht bestraft oder sozial geächtet werden, wenn sie einen Fehler machen. Sie glauben auch, dass sie von den anderen nicht abgelehnt oder bestraft werden, wenn sie sie um Hilfe, Informationen oder Feedback bitten. Diese Überzeugung stärkt die Zuversicht, die oben beschriebenen Risiken einzugehen und von den Vorteilen des Lernens zu profitieren, die damit verbunden sind.«
65. Edmondson, 2003, S. 256.
66. Für nähere Informationen hierzu siehe Amy. C. Edmondson. Sie schreibt: »Anführer können eine Lernumgebung schaffen, indem sie sich auf eine Weise verhalten, die die psychologische Sicherheit stärkt. Autokratisches Verhalten, mangelnde Zugänglichkeit oder die Unfähigkeit, Schwächen zuzugeben, können dazu beitragen, dass sich die Teammitglieder keinen zwischenmenschlichen Risiken aussetzen möchten, die ein Lernen mit sich bringt.« (Edmondson, 2003, S. 265).
67. Bradberry, ohne Datum.
68. Bradberry, ohne Datum.

69. TED, 2014.
70. Heinrichs, 2017, S. 64.

Vier: Geübte: Sieben Techniken, um Ihre Interventionen zu verbessern

1. Harvard Second Generation Study, 2015. Siehe auch Ware, 2012.
2. Lindsay, 2016; Ware, 2012.
3. Aristoteles, Übers. 1980, Nikomachische Ethik VII. 2 1156a4-5.
4. Politische Überzeugungen sind größtenteils moralische Überzeugungen. Sie können Beziehungen stärken oder schwächen, obwohl sie selten ein ausreichend stabiles Fundament bilden, auf dem sich eine starke Freundschaft aufbauen lässt (Aristoteles, übs. 1980, Nikomachische Ethik VII).
5. Wenn Sie glauben, dass die politische Einstellung Ihres Ehepartners oder Lebensgefährten eine Rolle spielen würde, wenn Sie irgendwann einmal auf dem Totenbett liegen, empfehlen wir Ihnen dringend, Ihre Prioritäten zu überdenken. Ein Buch über die Gedanken Sterbender (Ware, 2012) könnte Ihnen diesbezüglich die Augen öffnen.
6. Stone, Patton & Heen, 2010, S. 140–144, 153–154, 182–183.
7. Galef, 2017; Tavris & Aronson, 2008.
8. Horowitz, 2013.
9. Eine Meinungsverschiedenheit, vor allem hinsichtlich einer moralischen Fragestellung, bedeutet nicht zwangsläufig, dass jemand einen Logikfehler begangen hat. Jeder hat einen anderen Startpunkt, von dem er ausgeht, um zu bestimmten Überzeugungen zu gelangen. Zum Beispiel die Frage, wie weit entwickelt ein Fötus sein muss, bevor man ihn als Menschen betrachten kann.
10. Die Forschung zeigt, dass viel Dopamin ausgeschüttet wird, wenn man an seinen Überzeugungen festhält (Kolbert, 2017). Das könnte zumindest teilweise erklären, warum manche Leute ihren Standpunkt um jeden Preis beweisen wollen, auch wenn sie dies unter Umständen eine Freundschaft kostet.
11. Chambers, 2009, S. 147–148.
12. Ebenstein, 2013.
13. Fisher, Ury & Patton, 2011, S. 19–20, 200.

    Zusätzlich beschreiben Douglas Stone und seine Kollegen drei »Geschichten«, auf die wir alle in jedem Gespräch zurückgreifen können: wie man selbst sie sieht, wie der Partner sie sieht und wie ein Außenstehender sie sehen würde. Sie empfehlen diese »dritte Geschichte«, die Perspektive des Außenstehenden, als Ausgangspunkt für viele schwierige Gespräche. Sie empfehlen, die Lücke zwischen Ihrer Position und der Position Ihres Partners möglichst genau zu verstehen, bevor Sie den anderen dazu auffordern, seine Perspektive zu schildern. Nur dann dürfen Sie – sofern es die Umstände erlauben – Ihre eigene anbieten (siehe Stone, Patton & Heen, 2010, S. 147–162, und vor allem Loftus, 2013).
14. Stone, Patton & Heen, 2010, S. 137–138, 180–183.
15. Indem sie hervorheben, wie wichtig es ist, in Gesprächen Gefühle anzuerkennen, nannten Stone und Kollegen das Kapitel 5 ihres Buchs »*Have Your Feelings (Or They Will Have You)*«, auf Deutsch etwa »Kontrollieren Sie Ihre Gefühle (oder Sie wer-

den von ihnen kontrolliert werden« (siehe Stone, Patton & Heen, 2010, S. 85–108, 170–171, 188–189). Weiterhin bemerkt Ekman: »Es ist nicht nützlich, den Zorn des anderen lediglich zu absorbieren oder gar nicht darauf zu reagieren« (Ekman, 2003, S. 124).

16. Die Bezeichnung »Goldene Brücke« stammt von Sunzi, einem legendären Militärstrategen im alten China. Sie wurde von William Ury bekannt gemacht (1992).

    Um seine Meinung zu ändern, muss man zugeben, dass man eine falsche Überzeugung hatte. Viele Leute empfinden dies als demütigend. Während das Gefühl der Demütigung oft aufsteigt, wenn man als dumm oder unmoralisch wahrgenommen wird, macht eine falsche Überzeugung niemanden zu einer dummen oder unmoralischen Person. Dadurch zeigt sich nur, dass die Überzeugung falsch war. Man bewegt sich also von der Wertung weg, dass jemand dumm oder schlecht sei, und richtet seinen Fokus auf eine These beziehungsweise Überzeugung (Boghossian, 2002).
17. Malhotra, 2016a, 2016b.
18. Malhotra, 2016a.
19. Fisher, Ury & Patton, 2011, S. 18-19.
20. Horowitz, 2013.
21. Fisher, Ury & Patton, 2011, S. 15; Horowitz, 2013.
22. Fisher, Ury & Patton, 2011, S. 16–17.
23. Malhotra, 2016a, 2016b.
24. Stone, Patton & Heen, 2010, S. xxix.
25. Fisher, Ury & Patton, 2011, S. 56.
26. Malhotra, 2016a, 2016b; Parsons & Zhang, 2014, S. 363; Stone, Patton & Heen, 2010, S. 125–126, 196–197.

    Es spricht einiges dafür, dass der katholische Glaube eine Art moralischer Reset ist, indem er als Goldene Brücke für »die Gefallenen« dient. Das bezieht sich aber nicht darauf, seine Meinung zu ändern, sondern vielmehr auf das Gefühl, dass man wieder zur moralischen Gruppe gehört (siehe Ariely, 2012).
27. Fisher, Ury & Patton, 2011, S. 23–24.
28. Mullins, 2002; Stone, Patton & Heen, 2010, S. 30–37.
29. Exodus 21, 7–11, Deutsche Einheitsübersetzung:

    »7. Wenn einer seine Tochter als Sklavin verkauft hat, soll sie nicht wie andere Sklaven entlassen werden.

    8. Mag sie der Herr nicht mehr, der sie für sich selbst bestimmt hat, dann soll er sie zurückkaufen lassen. Er hat nicht das Recht, sie an Fremde zu verkaufen, da er seine Zusage nicht eingehalten hat.

    9. Hat er sie für seinen Sohn bestimmt, verfahre er mit ihr nach dem Recht, das für Töchter gilt.

    10. Nimmt er sich noch eine andere Frau, darf er sie in Nahrung, Kleidung und Beischlaf nicht benachteiligen.

    11. Wenn er ihr diese drei Dinge nicht gewährt, darf sie unentgeltlich, ohne Bezahlung, gehen.«
30. Religiöse Lehrsätze sind nur sehr schwer zu überwinden, und der Ansatz der »begründeten Zweifel« ist in diesem Bereich möglicherweise nur begrenzt anwendbar. Ein übermäßig vereinfachtes Beispiel des Ansatzes ist: »Früher hatte ich eine sehr

rigorose Haltung gegen illegale Einwanderung, bis ich herausfand, dass illegale Einwanderer weniger Verbrechen begehen als Einheimische und Jobs annehmen, für die sich Amerikaner nur ungern oder überhaupt nicht hergeben.«

31. Borowsky, 2011, S. 5.
32. Borowsky, 2011, S. 5.
33. Die Taktiken eines Geiselunterhändlers gaben eine Form und ein Ausmaß an »interaktiver Macht und diskursiver Kontrolle«, die in letzter Instanz »zur Kapitulation des Geiselnehmers« führten (Borowsky, 2011, S. 16).
34. Borowsky, 2011, S. 5.
35. Fisher, Ury & Patton, 2011, S. 23.
36. Fisher, Ury & Patton, 2011, S. 47; Stone, Patton & Heen, 2010, S. 156–157, 174, 211–216.
37. Geiselunterhändler verwenden oft die Perspektive, dass sie »im selben Boot sitzen«, wenn sie mit Geiselnehmern reden (Borowsky, 2011, S. 5; Taylor & Donohue, 2006).
38. Worte können sogar die Einstellung beeinflussen, die man Krankenhauspatienten und ihrer Behandlung gegenüber hat (Kelly & Westerhoff, 2010). Ein gutes Beispiel dafür ist, wenn man jemanden als »Drogenabhängigen« oder »Junkie« bezeichnet und nicht als »Suchtkranken«. Kelly und Westerhoff (2010) schreiben: »Leute, die das Wort ›Drogenmissbrauch‹ statt ›Suchterkrankung‹ hörten, gaben bereitwillig zu, der betreffenden Person zu unterstellen, dass sie selbst für ihre Lage verantwortlich sei und bestraft werden sollte […] Selbst unter gut ausgebildeten Psychiatern und Psychologen riefen diese beiden gemeinhin verwendeten Begriffe systematisch andere Beurteilungen hervor. Der gemeinhin benutzte Begriff ›Drogenabhängiger‹ trägt womöglich zur Stigmatisierung Betroffener bei« (S. 202).
39. Wir können (und sollten) Probleme in unseren Gesprächen umdeuten, um die Gespräche am Laufen zu halten. Stone, Patton & Heen (2010) schreiben: »Umdeutung funktioniert an allen Fronten; man kann alles umdeuten, was der andere sagt, um in dem Gespräch möglichst viel zu lernen.« Sie fügen hinzu: »Sie müssen beharrlich sein und sollten damit rechnen, das Gespräch ständig umzudeuten, um dazu beizutragen, dass es auf einer produktiven Spur bleibt« (S. 204–205).

    Mehr über die Umdeutung in Verhandlungen bei Ury, 1992.
40. Fisher, Ury & Patton, 2011, S. 23–24; Stone, Patton & Heen, 2010, S. 204–205.
41. Siehe Gaertner et al., 1999.
42. In den Kampfkünsten Jiujitsu und Baguazhang beispielsweise wird dringend davon abgeraten, Kraft gegen Kraft zu richten. Übende sind erfolgreicher, wenn sie ohne Kraft auf ihren Gegner reagieren und einen besseren Winkel einnehmen.
43. Ekman, 2003, S. 125.
44. Voss & Raz, 2016, S. 96–112. Diese Technik wird in der Literatur über Geiselverhandlungen besprochen, die in Kapitel 6 erwähnt wird.
45. Voss & Raz, 2016, S. 96–112.
46. Neiman, 2008.
47. Die Alles-oder-nichts-Mentalität ignoriert die wichtigen Zwischentöne in einem Gespräch und wirkt wie eine halb wahre Propaganda. Sie ist blankes Gift für effektive Gespräche (Stone, Patton & Heen, 2010, S. 114–121).

48. Stone und Kollegen stellen das Szenario vor, in dem Ihr Partner sich sehr bemüht, Sie hingegen nicht. Sie schlagen vor, dass es unter Umständen die beste Strategie ist, aus dem Gespräch auszusteigen, sofern die Bedingungen stimmen (Stone, Patton & Heen, 2010, S. 246). Sie warnen allerdings davor, emotionalem Druck nachzugeben, was ein Dauerproblem in politischen Diskussionen ist: Leute, die sich weigern, von ihrer Meinung abzurücken oder Probleme in Ruhe zu besprechen, setzen sich auf diese Weise oft durch. Stone und Kollegen betrachten das Problem unter einem behavioristischen Gesichtspunkt und schreiben: »Als langfristige Strategie für den Umgang mit schwierigem Verhalten wird das nicht helfen. Nachgeben belohnt schlechtes Verhalten, und was belohnt wird, wird wiederholt« (S. 242).
49. Stone, Patton & Heen, 2010, S. 39–40, 174–176.
50. Dieser kluge Ansatz der Anwendung von Skalen wird Daniel H. Pink zugeschrieben, dem Experten für Überzeugungstechniken im Verkauf (Big Think, 2014).
51. Um die Anwendung dieser und anderer Techniken in der Praxis zu sehen, empfehlen wir eindringlich Anthony Magnaboscos Videos über Straßenepistemologie auf seinem YouTube-Kanal: https://www.youtube.com/user/magnabosco210 (Zugriff am 15. Oktober 2018).
52. Wenn Sie Ihren Gesprächspartner dazu einladen, zu erklären, wie Sie Ihre Gewissheit stärken können, kann sich sein Effekt der ungelesenen Bibliothek zeigen (Fernbach, 2013; Stone, Patton & Heen [2010, S. 200] raten ebenfalls zu dieser Technik, wenn man in Gesprächen nicht mehr weiterkommt). Mehr über den Effekt der ungelesenen Bibliothek in Bezug auf metakognitive Beurteilungen und logische Beweisführung findet sich bei Bromme, Thomm & Ratermann (2016).
53. Wie zuvor erwähnt, ist dieses erstaunlich häufig anzutreffende Problem auf den Effekt der ungelesenen Bibliothek zurückzuführen. Bei der Wahl 2016 lehnten Angehörige der unterschiedlichen politischen Lager das Handelsabkommen ab, das als Transpazifische Partnerschaft oder TPP bekannt wurde. Die Rechte, die Donald Trumps ökonomischem Nativismus folgte, lehnte es aus naheliegenden Gründen ab. Die Linke, die Bernie Sanders' antiglobalistischem Populismus folgte, lehnte es ebenfalls ab, und zwar so entschieden, dass die demokratische Präsidentschaftskandidatin Hillary Clinton ihre Haltung verändern und das Abkommen ebenfalls ablehnen musste, obwohl sie sich zuvor dafür ausgesprochen hatte (was sie in Kombination mit ihrer vorigen Unterstützung viele Wählerstimmen kostete). Manche Amerikaner waren so entschieden gegen die TPP, dass sie ihre Stimme allein von ihrer Haltung hierzu abhängig machten.

    Ein Hauptkritikpunkt an dem Abkommen war, dass es so kompliziert war, dass nur Experten es verstanden. Natürlich war es das! Die TPP war ein wichtiges internationales Handelsabkommen! Seine Details und Komplexität wurden mit einem wahrgenommenen Mangel an Transparenz vermischt, einschließlich der Bestimmung der Nutznießer. Den meisten Wählern fehlte aber schlichtweg das Wissen, um eine wirklich informierte Meinung über die TPP zu haben. Es ist vorstellbar, dass das Handelsabkommen so kompliziert war, dass nur eine Handvoll Experten weltweit zu Recht hätten behaupten können, sich darüber eine fundierte Meinung bilden zu können. Dennoch wurde sie sowohl von den Republikanern als auch von ihren politischen Gegnern als großes Problem angesehen, und viele Leute hatten eine weit entschiedenere Meinung dazu, die in keinem Verhältnis zu ihrem tatsächlichen Wissen darüber stand.

54. Nichols, 2017; TedX Talks, 2013; Wilson & Keil, 1998.
55. Eine Version davon wird in Geiselverhandlungen verwendet. Mehr dazu bei Grubb, 2010, S. 344, und Fisher, Ury & Patton, 2011.
56. Viele Gespräche mutieren zu Streitgesprächen, und es werden dabei – mit dem Smartphone bewaffnet – Fakten vorgetragen, die das Problem erhellen sollen. Eine Diskussion, die auf instrumentalisierte inkompatible Fakten zurückgreift, weist normalerweise darauf hin, dass es in dem Streit nicht wirklich um Fakten geht (zum Beispiel wie viele Leuten in einem Jahr durch Schusswaffen ums Leben kamen, die Anzahl von Sozialhilfeempfängern, der Anteil von Frauen und Personen aus ethnischen Minderheiten, die Karriere als Geschäftsführer eines Unternehmens gemacht haben). Vielmehr geht es um sich überschneidende Konzepte der Moral, Identität und Ideologie. Experten des Harvard Negotiation Projects und andernorts haben darauf hingewiesen, dass es in solchen Situationen vorteilhaft ist, die Gangart zu ändern und die Identitätsprobleme direkt anzusprechen oder über faire, unparteiliche Standards zu diskutieren (Fisher, Ury & Patton, 2011, S. 47; Stone, Patton & Heen, 2010, S. 14–15, 126–127, 214). Diese Themen können durch folgende Frage angesprochen werden: »Spielt es wirklich eine Rolle, ob doppelt oder halb so viele Leute durch Schusswaffen ums Leben kamen? Wenn wir herausfänden, dass es in Wirklichkeit fünfmal so viele waren, oder nur ein Zehntel, würde sich das auf unsere Positionen auswirken oder nicht?«

    Schließlich ist der Versuch, sich auf faire und unparteiliche Standards zu einigen, eine Art von Outsourcing. Welche Quellen man akzeptiert oder nicht (zum Beispiel Fox News oder MSNBC), gibt oft Aufschluss über die moralische Identität der Person.
57. Boghossian, 2013, S. 78.

    Dieselbe Frage tritt in der Diskussion um Religion und Atheismus oft darüber auf, welcher Beweis ausreichend wäre, um den Glauben an Gott zu rechtfertigen, und welche Quellen herangezogen werden sollten. Unsere Erfahrung lehrt uns, dass die Frage, welchen Quellen man vertrauen sollte, abstrakt gehalten und von konkreten Themen losgelöst betrachtet werden sollte. Das liegt daran, dass Leute voreingenommen sind und glauben, dass eine Information mehr oder weniger glaubhaft ist, wenn sie eine bestimmte Position zu verteidigen haben. Wenn man die Diskussion darauf lenkt, wie man einem Beweis, einer Quelle oder einer Autorität vertrauen sollte, ist es am besten, das Thema abstrakt zu diskutieren, wie es ein Philosoph tun würde, oder ein völlig anderes Beispiel zu verwenden. Wenn Sie zum Beispiel ein Gespräch über ein politisches Thema führen, könnten Sie den Gesprächsfluss unterbrechen und fragen, wie man feststellen kann, ob eine Zeitung verlässlich ist. Sobald eine gewisse Einigkeit über die Standards herrscht, wie man Beweise, Quellen oder Autoritäten akzeptiert, sollten Sie versuchen, diese Standards auf den konkreten Fall anzuwenden, um den es gerade geht.
58. Ihr Versuch des Outsourcing könnte natürlich auch auf Feindseligkeit oder Ungläubigkeit stoßen. Ihr Gesprächspartner sagt Ihnen vielleicht, dass es keine neutralen Informationsquellen gibt. Oder es wird eine Verschwörung vermutet und angenommen, dass die Informationsquellen von einer Gruppe wie den Illuminati, Zionisten, Außerirdischen usw. kontrolliert werden, die alle eine andere Agenda verfolgen. Sie

könnten behaupten, dass alles Fake-News sind und jeder dem Komplex aus »liberalen Medien«, »rechten Medien« oder »Mainstream-Medien« misstrauen sollte. In extremeren Fällen misstraut jemand vielleicht allen, das heißt, auch »alternativen« Medien (Ingram, 2017; Mitchell et al., 2014; Parker, 2016; Swift, 2016; Thompson, 2016). In diesen Fällen hat Ihnen Ihr Versuch des Outsourcing etwas Wertvolles über die Epistemologie Ihres Gesprächspartners beigebracht – dass sie schadhaft ist. Dementsprechend werden Sie vielleicht für den Rest des Gesprächs darüber nachdenken oder komplett umschalten und dazu übergehen müssen, mehr über seine Epistemologie zu erfahren, das heißt, die gesamte Konversation darauf zu richten, wie er zu seinen Überzeugungen gelangt ist.

59. Boghossian, 2013; Nichols, 2017.
60. Friedersdorf, 2017.
    Wir empfehlen eindringlich den preisgekrönten Film über Daryl Davis, der 2017 in die Kinos kam, *Accidental Courtesy: Daryl Davis, Race & America, and Davis's book Klan-destine Relationships: A Black Man's Odyssey in the Ku Klux Klan* (Davis, 2011). Auch empfohlen sind Peabody und der mit einem Emmy ausgezeichnete Dokumentarfilm *White Right: Meeting the Enemy* (2017) von Deeyah Khan.
61. Steenburgh & Ahearne, 2012.
62. Siehe Loftus, 2013.
63. Fisher, Ury & Patton, 2011, S. 47.
64. Vgl. Kaufmann, 2015, S. 3: »Glauben bedeutet die intensive, normalerweise positive Überzeugung, die nicht auf Beweisen beruht, denen ein vernünftiger Mensch zustimmen würde.«
65. Stone, Patton & Heen, 2010, S. 177.

Fünf: Fortgeschrittene: Fünf Fähigkeiten für heikle Gespräche

1. Boghossian, 2017.
2. Magnabosco, 2016a.
3. Eine wichtige Ausnahme von der Einhaltung der Rapoport'schen Regeln wird in Kapitel 7 genannt. Wenn Sie mit einem Ideologen sprechen – jemand, der nicht willens oder fähig ist, seine Überzeugungen zu ändern –, raten wir von der Anwendung der Rapoport'schen Regeln ab, da sie die Gewissheit des Ideologen möglicherweise stärken und festigen würden.
4. Dennett, 2013, S. 33.
5. Dennett, 2013, S. 33–34.
6. Jennings & Greenberg, 2009; Trotter, 1995, S. 4.
7. Answers in Genesis, 2014.
8. Anomaly & Boutwell, 2017.
   Bei religiösen Fragestellungen könnte auch der Fall eintreten, dass mit der wachsenden Anzahl der Gegenbeweise die ursprüngliche Überzeugung verstärkt wird (Batson, 1975).
9. Tappin, van der Leer & McKay, 2017.
10. Shermer, 2012.

11. Coyne, 2009; Masci, 2019.
12. Menschen sind Rudeltiere, und deshalb ist es ihnen generell wichtiger, sich in die Gruppe einzufügen, als recht zu haben. Jemand, der mit seinem ideologischen Lager nicht einer Meinung ist, behält seine abweichende Meinung in der Regel für sich, auch wenn sie die Wahrheit ist. Diese Eigenschaft kann zu erheblichen Problemen führen, vor allem bei Geschworenen; Harper Lee beschreibt dieses Phänomen sehr anschaulich in einer spannenden Gerichtsszene, die im Mittelpunkt des Romanklassikers *Wer die Nachtigall stört* steht. Dies wird auch durch juristische Forschungsarbeiten unterstützt (siehe Lee, 1960; Waters & Hans, 2009). Schließlich empfehlen wir Timur Kurans wichtiges und leider noch viel zu unbekanntes Buch *Private Truths, Public Lies: The Social Consequences of Preference Falsification* (Kuran, 1997). Kuran untersucht die Mechanismen, die dazu führen, dass Leute ihre politischen Präferenzen und ihr eigenes Wissen falsch wiedergeben.
13. In den Augen vieler Anhänger eines strengen Christentums diskreditiert die Evolutionstheorie die biblische Geschichte von Adam und Eva und damit die Erbsünde und damit den Tod Jesu am Kreuz. Diese Tatsache stellt ein unüberwindliches moralisches Hindernis dar, weil es Christen, die die Bibel streng auslegen, verbietet, die Evolutionstheorie zu akzeptieren. Keine Wissenschaft der Welt wird die Einstellung dieser Gläubigen jemals ändern beziehungsweise nur dann, wenn sie zuerst überzeugt werden können, dass sie durch ihren Glauben an Jesus gerettet werden (wodurch ihnen ewiges Leben zuteil wird), während sie gleichzeitig eine auf Logik basierende Biologie akzeptieren.
14. Flynn, Nyhan & Reifler, 2017; Nyhan & Reifler, 2010.
15. Martí et al., 2018.
16. Von Magnabosco übernommen und seinen Ansatz veranschaulichend, 2016b.
17. Cahill & Farley, 1995, S. 77–79. Auf S. 96 bemerken sie auch, dass die Japanische Buddhistische Föderation 1978 erklärt hat, dass die Seele im Augenblick der Empfängnis zu existieren beginnt. Dieser Punkt, an dem die »Beseelung« eintritt, ist eine nicht enden wollende theologische Debatte, die schon viele Glaubensrichtungen (vor allem christliche Gruppen) dazu veranlasst hat, die Sichtweise zu übernehmen, dass die Beseelung im Augenblick der Befruchtung stattfindet.
18. *Oxford English Dictionary*, Einträge: Widerlegung, widerlegen.
19. Boghossian, 2017.
20. Die Idee, die hinter der Widerlegung steht, wird in der philosophischen beziehungsweise epistemologischen Literatur manchmal als *anfechtbar* bezeichnet, während in der Wissenschaftsphilosophie das Wort *falsifizierbar* verwendet wird. Obwohl diese beiden Begriffe nicht genau dasselbe bezeichnen, verwenden wir »widerlegbar«, um die allgemeine Essenz beider Wörter zu erfassen.

    Anfechtbarkeit unterscheidet sich insofern von Falsifizierbarkeit, als Letzteres ausschließlich auf empirische Fragen blickt, das heißt, auf Fragen, die sich nachprüfen lassen. Um Falsifizierbarkeit zu demonstrieren, verwenden Philosophen das berühmte Beispiel: »Alle Schwäne sind weiß«, weil die Entdeckung eines einzigen, nichtweißen Schwans die Hypothese, dass alle Schwäne weiß sind, falsifiziert.«

    Moralische Überzeugungen können anfechtbar sein, obwohl sie nicht empirisch sind. (Es sei an dieser Stelle darauf hingewiesen, dass diese Aussage unter Ethikern als kontrovers gilt.) Zum Beispiel: Am Anfang von Platos *Der Staat*, nachdem »Gerechtigkeit« als »Begleichung seiner Schulden« definiert wird, fragt Sokrates, ob es gerecht ist, einem Mann ein Messer zurückzugeben, das man von ihm geliehen hat, wenn man denkt, dass er damit jemanden ermorden wird (Plato, ca. 331, übs. 1992). Sokrates Frage weist somit auf die Tatsache hin, dass die »Begleichung seiner Schulden« nicht immer gerecht sein kann, weshalb keine Definition von Gerechtigkeit erfolgen kann, weil es Fälle gibt, in denen die Begleichung der Schuld eine Form von Ungerechtigkeit ist. Sokrates' Frage läuft darauf hinaus, ob die Bedingung, dass jemand einen Mord begehen wollte, ausreichend war, um die Überzeugung zu untergraben, dass Gerechtigkeit aus der »Begleichung seiner Schulden« besteht.

21. Manche Theologen behaupten, dass »das selbstbeglaubigende Erleben von Gottes Geist« nicht anfechtbar ist. Das heißt, dass es sich selbst rechtfertigt und es keine Bedingung gibt, unter denen es sich als falsch herausstellen könnte.
22. Shklovskii & Sagan, 1966.
23. Es gibt einige Beweise, die nahelegen, dass die Wahrscheinlichkeit für die Revision seiner Überzeugung steigt, je mehr Widerlegungen man sich bewusst wird (Koriat, Lichtenstein & Fischhoff, 1980; Wynn & Wiggins, 2016, S. 32–34). Das heißt, dass Überzeugungen durch die Vorlage von Gegenbeispielen und Beweisen widerlegbar gemacht werden könnten. Dies ist aber ein wenig irreführend, weil die infrage stehenden Überzeugungen deskriptive Fakten über die Welt sind und emotionaler und moralischer Valenz entbehren. Darüber hinaus ist weitere Forschung nötig, um die Ergebnisse der Studie von Koriat, Lichtenstein & Fischhoff zu replizieren.
24. Siehe hierzu auch Boghossian & Lindsay, 2018, »The Socratic Method, Defeasibility, and Doxastic Responsibility«. Dieser Artikel beschreibt, wie sich die verantwortliche Bildung von Überzeugungen zu den Elementen des Sokratischen Fragens verhält.
25. Philosophen erkennen, dass die Bildung fehlerhafter Überzeugungen nicht immer darauf zurückzuführen ist, dass sie eine wirkungslose Epistemologie benutzen; sie kann auch darin begründet sein, dass sie eine effektive Epistemologie mit unvollständigen oder fehlerhaften Informationen verwenden. Man kann sich das mit folgendem altem Sprichwort besser vorstellen: »Eine stehen gebliebene Uhr zeigt zweimal am Tag die richtige Uhrzeit an.« (Defekte Epistemologien stoßen manchmal versehentlich auf die richtigen Antworten.) Hierzu möchten wir einen zweiten Punkt hinzufügen: »… aber eine funktionierende Uhr läuft nie richtig, wenn man eine falsche Zeit einstellt, das heißt, eine korrekt funktionierende Epistemologie, die auf inkorrekten oder defizitären Informationen beruht, gelangt fast niemals zur Wahrheit« (Lindsey, 2015). Die Überwindung dieses Problems erfordert einen Wechsel zu dem, was als »doxastischer« (überzeugungsbildender) Rahmen bezeichnet wird, um neue Informationen einzuführen, die dann in die bereits bestehende und effektive Epistemologie integriert werden können. Das beliebte Mem: »Was wäre, wenn ich dir sagen würde, dass … [eine neue Information]« veranschaulicht diesen Wechsel und wie er funktioniert. (Beispiel: »Was wäre, wenn ich dir sagen würde, dass beide Parteien vom Wohlwollen finanzkräftiger Unternehmen abhängig sind?«).
26. Ury, 1992, S. 65–66. *Bevor* Sie »Was wäre, wenn«-Fragen stellen, sollte Ihr Partner seine eigenen Bedingungen schaffen. Obwohl Sie vielleicht denken, dass bestimmte »Was wäre, wenn«-Fragen Zweifel schüren, wird die Person, mit der Sie reden, das

vielleicht nicht tun. Daher müssen Sie sie dazu bringen, Widerlegbarkeitsbedingungen zu stellen, bevor Sie vorschlagen, wie sie lauten könnten.

27. Die Unterscheidung zwischen unplausibler Widerlegbarkeitsbedingung und einer höchst unplausiblen Widerlegbarkeitsbedingung ist ein wenig willkürlich. Die Plausibilität der potenziellen Widerlegbarkeitsbedingungen bewegt sich auf einem Kontinuum. Ob eine Bedingung nun unplausibel und höchst unplausibel ist, hängt davon ab, ob die meisten rational denkenden Menschen eine unplausible Bedingung als höchst unplausibel betrachten würden und wie viele Beweise nötig wären, bevor man sie akzeptieren könnte. Diese Charakterisierung ist hilfreich, weil der häufigste Grund dafür, warum jemand eine höchst unplausible Widerlegungsbedingung nennen würde, eine andere Motivation (wie persönliche Identität oder moralische Blindheit) ist, die ihn davon abhält, vernünftigere Bedingungen in Betracht zu ziehen.

    Ausnahmen bestätigen allerdings die Regel. Wenn Sie einen Partikelphysiker fragen, was ihn dazu bewegen würde, seine Meinung über die Existenz des Higgs-Bosons zu ändern, hören Sie vielleicht eine aufrichtige und durchdachte Antwort, die höchst unplausibel erscheint (oder ist): »Unsere gesamte Vorstellung von Partikelphysik ist falsch.« Jede aufrichtige Antwort wäre deshalb höchst unplausibel, weil Beweise, die sich mit der Beobachtung des Higgs-Bosons decken, so überwältigend sind, dass nur eine höchst unplausible Widerlegungsbedingung die Modifikation dieser Wissensbehauptung rechtfertigen würde. Die meisten Überzeugungen, die Ihnen in Alltagsgesprächen begegnen werden, sind nicht die Überzeugungen von Experten, die mit einem dermaßen starken Beweisstandard ausgestattet sind. (Falls Sie sich selbst jemals in einem solchen Gespräch wiederfinden, ist das eine Gelegenheit, Fragen zu stellen und daraus zu lernen.)

    Schließlich werden Sie Gespräche mit Personen führen, die glauben, dass ihre Überzeugungen höchsten Beweisanforderungen standhalten. Das ist aber oft nicht der Fall. Für manche Beweisstandards sind bestimmte Faktoren erforderlich, die sich nur mit Fachwissen identifizieren lassen, nämlich dass die Modelle, die sie benutzen, ausgereift, stark und vorhersehbar sind und dass die Methoden, mit denen sie die Beweise sammeln, strikt und reproduzierbar sind (Stenger, Lindsay & Boghossian, 2015). Viele Modelle, die behaupten, nahezu jede Frage beantworten zu können, sind unreif (zum Beispiel Theologie), und viele Beweisbehauptungen für jene Modelle sind nicht strikt oder reproduzierbar (das heißt, sie verlassen sich vielleicht auf eine Bezeugung oder Offenbarung).

28. Wir werden an Sam Harris' pointierte Fragen erinnert: »Wenn jemand Beweise nicht schätzt, welche Beweise werden Sie dann vorlegen, um zu belegen, dass der andere sie schätzen soll? Wenn jemand Logik nicht schätzt, welches logische Argumente könnten Sie vorlegen, um zu zeigen, wie wichtig die Logik ist?« (TubeCactus, 2011).
29. Dennett, 2006, S. 200–248.
30. Nyhan & Reifler, 2010.
31. Harrington, 2013.
32. Boghossian, 2012, S. 715–718.
33. Boghossian, 2013, S. 59–62.
34. Boghossian, 2013, S. 60–61; FFRF, 2013.

An dieser Stelle sei darauf hingewiesen, was der Forscher Tappin und seine Kollegen als »Fehler der sozialen Erwünschtheit« bezeichnen (Tappin, van der Leer & McKay, 2017). Das heißt, dass Individuen ihre Überzeugungen »aktualisieren«, wenn die Beweise mit den *erwünschten* Ergebnissen übereinstimmen. Im Fall der vermeintlichen Gebeine Jesu würde der Wunsch, dass die Knochen einer *anderen* Person gehören, ein Individuum dazu veranlassen, die Beweise zu überschätzen, die sich mit dieser Schlussfolgerung decken.

35. ABC News, 2004.
36. Longsine & Boghossian, 2012; Swinburne, 1990, 1997, 2001, 2005.
37. Chapple & Thompson, 2014.
38. Ury, 1992, S. 66–67.
39. Es gibt ein berühmtes Traktat, das die Zehn Gebote und deren allgemeine Assoziation mit Moral manipuliert (Comfort, 2006, S. 291–293). Es läuft in etwa wie folgt:

    Pastor: Wie nennen Sie jemanden, der Lügen verbreitet?
    Opfer: Einen Lügner.
    Pastor: Haben Sie jemals gelogen, egal in welcher Form?
    Opfer: Ja …
    Pastor: Und diese Handlung macht Sie zu was?
    Opfer: Zu einem … Lügner.
    Pastor: [Wiederholt dasselbe Muster mit anderen Vergehen wie Bagatelldiebstähle oder Fluchen, bevor er fortfährt] Wissen Sie, was die Bibel über Lügner, Diebe und Leute sagt, die fluchen? Sie sagt, dass sie Sünder sind, die in die Hölle fahren. Sie sagten, dass Sie ein Lügner und ein Dieb sind und fluchen. Wollen Sie in der Hölle landen, so wie es in der Bibel steht?
    Opfer: Nein …
    Pastor: Nun, da habe ich gute Neuigkeiten für Sie. Das müssen Sie auch nicht. Wussten Sie, dass Sie durch Jesus von Ihren Sünden befreit und mit ihm bis in alle Ewigkeit im Himmel leben werden, wenn Sie ihn als Ihren Heiland und Erlöser in Ihr Herz aufnehmen? (Und hier setzt die Indoktrination ein, nachdem dem Opfer eingeredet wurde, mit einem moralischen Makel behaftet zu sein.)
40. Boghossian, 2017; Stone, Patton & Heen, 2010, S. 213.
41. Leonard & Yorton, 2015, S. 21–22.
42. Leonard & Yorton, 2015; Stone, Patton & Heen, 2010, S. 39–40.
43. Wenn zwei Ansichten scheinbar in Konflikt zueinander stehen, impliziert das nicht zwangsläufig, dass sie sich *widersprechen*. Widersprüchliche Ansichten lassen sich nicht in Einklang bringen, scheinbar miteinander in Konflikt stehende Darstellungen aber schon, wenn der Grund für den Konflikt darauf zurückzuführen ist, dass jede Person eine andere Perspektive hat. Wenn unsere Auffassung von der richtigen Temperatur einer Suppe voneinander abweicht, kann ich denken, dass die Suppe »zu heiß« ist, während Sie denken, dass sie »genau richtig« ist. Ich könnte Ihnen zum Beispiel auch sagen, dass Atomkraft im Vergleich zu fossilen Brennstoffen eine hervorragende Methode ist, um sauberen Strom zu erzeugen, und Sie könnten widersprechen und sagen, dass sich mit Atomkraft kein sauberer Strom erzeugen lässt, weil radioaktiver Abfall gefährlich ist. In diesem Fall könnten wir uns darauf einigen, dass radioaktiver Abfall sehr gefährlich ist, *und* das Atomenergie im Vergleich

zu unseren Alternativen vergleichsweise sauber ist, weil radioaktiver Abfall ein völlig anderes »Abfallproblem« darstellt als fossile Brennstoffe, die in erheblicher Weise zur Luftverschmutzung beitragen.

44. Ury, 1992, S. 51.
45. Voss & Raz, 2016, S. 150–165.
46. Ury, 1992, S. 51. NB: Obwohl Ury in seinem Buch *Getting Past No* das Wort *Gegner* benutzt, empfehlen wir Ihnen, das Wort *Partner* zu benutzen, wenn Sie sich überlegen, in ein Gespräch einzusteigen. Obwohl er in seinem ganzen Buch das Wort *Gegner* verwendet, gibt Ury zu, dass es wichtig ist, Gespräche – wie etwa Verhandlungen, auf die er sich schwerpunktmäßig konzentriert – als kollaborative Partnerschaften anzuerkennen (S. 84).
47. Ury, 1992, S. 51.
48. Stone, Patton & Heen, 2010, S. 194-195, 205.
49. Ekman, 2003, S. 111: »Es ist eine der gefährlichsten Eigenschaften von Zorn, dass er seinerseits Zorn hervorbringt und dass dieser Teufelskreis sehr schnell eskalieren kann. Es bedarf beinahe des Charakters eines Heiligen, auf den Ärger eines anderen nicht mit Ärger zu reagieren, vor allem dann, wenn der Ärger des anderen ungerechtfertigt und selbstgerecht erscheint.« (Ekman, 2010, S. 156)
50. Ekman, 2003, S. 115–120.
51. Zitiert in Eve Starrs »Inside TV«-Kolumne in der *Greensboro (NC) Record* (Starr, 1954). Anmerkung: Dieses Zitat wird gemeinhin dem Satiriker Ambroce Bierce zugeschrieben; seine wahren Ursprünge sind jedoch unbekannt.
52. Überlegen Sie sich einmal, wie sehr Sie sich über Ihren Computer ärgern, wenn er sich nicht so verhält, wie er es Ihrer Meinung nach tun sollte. Vielleicht hatten Sie Probleme mit einem Computer, der Ihre Endnoten nicht wie erwünscht anzeigt, und Sie haben viel zu viel Zeit damit zugebracht, dieses Problem zu lösen (wie der Autor, bevor er eben diese Zeilen getippt hat). Sie sind vielleicht zornig geworden, weil Sie fanden, »dass das verdammte Teil« so funktionieren *sollte*, wie es das gerade nicht tat. Weil Computer so effektiv arbeiten, gewinnt man oft den Eindruck, dass der Computer funktionieren *sollte*, auch wenn Sie ihn nicht dazu bewegen können. Dies führt zu einer Art der Frustration (oder Rachefantasie), die zur Würdigung des eher selten benutzten Wortes *Fenstersturz* führt. Es gibt dafür einen Grund, der auch in Gesprächen ersichtlich wird. Paul Ekman weist darauf hin, dass selbst Säuglinge zornig reagieren, wenn sie mit einem physischen Übergriff konfrontiert werden. Entwicklungspsychologen erkannten sogar, dass ein physischer Übergriff »die wirksamste Möglichkeit [ist], bei einem Säugling oder Kleinkind Zorn auszulösen« (Ekman, 2003, S. 110) [Ekman, 2010, S. 156].

   Wenn Sie Ihre Überzeugungen über die Absichten Ihres Gesprächspartners hinzunehmen, kann dies das Ausmaß der Frustration in Ihren Gesprächen verändern. Wenn Sie wohlwollende oder hilfreiche Absichten hinter den Worten und Positionen Ihres Partners vermuten, kann dies Ihre Frustration verringern. Das trifft auch dann zu, wenn Sie sich selbst davon überzeugen können, dass die frustrierendsten Verhaltensweisen Ihres Partners *nicht beabsichtigt* sind. Andererseits wird Ihre Frustration steigen, wenn Sie denken, dass Ihr Partner (zum Beispiel bezüglich Ihrer Gefühle) gleichgültig, absichtlich provokant oder aggressiv ist. Gefühle des Blockiertwerdens treten oft in Gesprächen auf, bei denen unterschiedliche moralische oder politische Meinungen vertreten werden. Oft rufen politische Gespräche Wut hervor, wenn man den Eindruck hat, dass »die andere Seite« eine Politik unterstützt, die das Leben, die Freiheit oder das Streben nach Glück verhindert.

53. Ekman, 2003, S. 125.
54. Sobald der Zorn in Gespräche eindringt, muss man sich darum bemühen, nicht mit Zorn auf Zorn zu reagieren, was dazu führen kann, dass Dinge gesagt werden, die »nicht verziehen werden können« (Ekman, 2003, S. 115). Ekman bemerkt etwas, worauf wir alle achten sollten: Zorn schadet Beziehungen oft »augenblicklich und manchmal dauerhaft« und »ruft oft eine wütende Vergeltung hervor« (S. 120). Wir würden hinzufügen, dass er auch zu einer Verhärtung der Überzeugungen und einer gewissen Verzweiflung führt, seine Überzeugungen um jeden Preis verteidigen zu wollen. Diese Verzweiflung steigt proportional mit dem Zorn. Aus diesen Gründen sind wir laut Ekman »normalerweise besser damit beraten, wenn wir nicht auf unseren Zorn reagieren«, und »jede zornige Person sollte sich fragen, und oft tut sie das nicht, ob man dem Auslöser des Zorns, den der andere gerade verspürt, am besten beikommt, wenn man zornig reagiert«. Er endet mit der Hervorhebung dessen, was naheliegend, aber trotzdem erwähnenswert ist: »Das Heilmittel wird leichter zu erreichen sein, wenn man sich mit dem Missstand auseinandersetzt, nachdem der Zorn vergangen ist« (S. 120).
55. Siehe Ury, 1992, S. 27–29. Diese Tatsache, wie auch die beiden nachfolgenden Tatsachen, folgen aus Ekman, 2003:

    »Emotionen können uns davon abhalten, Zugang zu all dem zu bekommen, was wir wissen, zu Informationen, die wir sofort zugriffsbereit hätten, wenn wir nicht so emotional wären; während des Auslebens der Emotion sind sie uns jedoch nicht zugänglich. Wenn eine unangemessene Interpretation uns eisern im Griff hat, interpretieren wir das, was geschieht, auf eine Weise, die zu unserer Gefühlslage passt, und wir ignorieren unser Wissen, das nicht dazu passt.

    Emotionen verändern, wie wir die Welt sehen und wie wir die Handlungen der anderen interpretieren. Wir streben nicht danach, zu hinterfragen, warum wir eine bestimmte Emotion fühlen; stattdessen streben wir danach, sie zu bestätigen. Wir evaluieren das Geschehen auf eine Weise, die der Emotion entspricht, die wir empfinden, wodurch wir die Emotion rechtfertigen und aufrechterhalten« (Ekman, 2003, S. 38–39).

    Ekman vergleicht dies mit Fodors Vorstellung der Datenkapselung durch eine Weltsicht. Im Allgemeinen vertritt Fodor die Ansicht, dass auf Informationen, die einer Weltsicht widersprechen, nicht so bereitwillig zugegriffen werden kann beziehungsweise selbige nicht so bereitwillig integriert werden können wie Informationen, die sie unterstützen (Fodor, 1983). (Das ist vergleichbar mit dem, was Philosophen als Kohärenztheorie der Wahrheit bezeichnen.) Ekman deutet das so, dass Emotionen unsere Kognitionen in eine kurzfristige, emotionsgesteuerte Weltsicht entführen. Diese Weltsicht verkapselt Informationen auf eine Weise, die die Emotion – vor allem Zorn, Abscheu und Angst – zu bestätigen oder zu rechtfertigen versucht. Ekman stellt keine Spekulationen über diese speziellen Emotionen an, weist aber darauf hin, dass die Scham, sie zu spüren, eine gewisse Rolle spielen kann.
56. Ekman, 2003, S. 38–39, 65; Fodor, 1983.

57. Ekman, 2003, S. 38–39, 65; Fodor, 1983.
58. Ekman, 2003, S. 38–39, 65; Fodor, 1983.
59. Die emotionale Refraktärphase, die mit Zorn assoziiert ist, kann zum Grübeln oder »Schmoren« führen. Dies führt dazu, dass der Zorn bestehen bleibt oder sogar größer wird. Brad Bushman, Professor für Kommunikation und Psychologie an der Ohio State University, zeigt, dass der Versuch, Dampf abzulassen, während man wütend ist, oft ein Grübeln auslöst und weniger dazu beiträgt, die Wut zu entladen (Bushman, 2002). Das Grübeln kann auf vielfältige Weise überwunden werden, unter anderem, indem man sich eine Auszeit nimmt, um sich zu entspannen oder zu meditieren (Jain et al., 2007), und sogar lange Spaziergänge unternimmt, möglichst in der Natur (Bratman et al., 2015).
60. Ekman (2003) schreibt: »Es ist wichtig, sich daran zu erinnern, dass emotionale Signale uns ihre Quelle nicht verraten. Wir wissen vielleicht, dass jemand zornig ist, ohne genau sagen zu können, warum. Er könnte Zorn auf uns sein, Zorn, den er auf sich selbst richtet, oder Zorn über etwas, woran sich die Person gerade erinnert hat und die nichts mit uns zu tun hat« (S. 56). Dieses Thema geben Douglas Stone und seine Kollegen wieder, wenn sie raten, dass wir annehmen sollten, dass wir nichts über den Hintergrund und die Intentionen unserer Partner wissen (Stone, Patton & Heen, 2010, S. 30–37, 46–53). Dies hat die praktische Konsequenz, dass Sie vielleicht gar nichts Falsches oder Unangemessenes gesagt haben, wenn Sie sich mit jemandem unterhalten und er sich aufregt.
61. Ury, 1992, S. 17, 32–33.
62. Voss & Raz, 2016, S. 204.
63. Ury, 1992, S. 27–29, Zitat auf S. 29.
64. Ury, 1992, S. 108 (unter anderem); Voss & Raz, 2016, S. 29–31, 47.
65. Ury, 1992, S. 37–39.
66. Ury, 1992, S. 43.
67. Voss & Raz, 2016, S. 44.
68. Ekman, 2003, S. 133–135.
69. Ury, 1992, S. 27–28.

    Wir neigen dazu, unsere moralischen Reaktionen zu spüren und sie im Anschluss daran zu rationalisieren. Dementsprechend haben wir die Tendenz, diese Wut uns selbst gegenüber zu rechtfertigen und dadurch zu erhalten oder eskalieren zu lassen, wenn wir gerechten Zorn spüren (Haidt, 2012, S. 76). Wenn Sie einen starken Willen haben, bildet dies eine Ausnahme von unserer Regel, in den sozialen Medien umstrittene Themen zu meiden. Obwohl wir immer noch entschieden dazu raten, ein privates Gespräch zu führen, kann elektronische Kommunikation dem Nutzer die Möglichkeit bieten, sich Zeit zu nehmen, um sich zu beruhigen und nachzudenken, bevor er antwortet. Dies kann Gespräche ermöglichen, die von Angesicht zu Angesicht nicht gesittet laufen würden.
70. Ekman und andere bemerken, dass »Skripte« über das Leben, die im Hintergrund ablaufen (unverarbeitete Gefühle, die mit negativen oder traumatischen Erlebnissen in der Vergangenheit in Zusammenhang stehen) Wutauslöser verstärken oder ihre Wirkung verlängern können. Wenn Sie sich dieser Auslöser rechtzeitig bewusst werden (oder sie überwinden), kann das dazu beitragen, Zorn zu vermeiden (Ekman,

2003, S. 38–51). Außerdem steht in *Difficult Conversations* (Stone, Patton & Heen, 2010, S. 34–36), dass wir die Hintergrunderfahrungen und die Weltsicht unserer Gesprächspartner oft nicht kennen (oder unrealistische Annahmen darüber machen). Das heißt: Da Ihre Gesprächspartner Ihre Auslöser normalerweise nicht kennen, ist es Ihre Aufgabe, sie im Vorfeld zu entschärfen.

71. James führte einmal ein Gespräch mit dem Vorarbeiter einer Baustelle, der ihm sagte, dass er gern Teenager an schwierige Baustellen brachte, damit sie sich ein wenig Geld verdienen konnten und eine praktische Lektion erhielten, warum es sinnvoll ist, aufs College zu gehen. Er brachte sie dazu, in der brütenden Sommerhitze, wie sie im Tennessee Valley üblicherweise herrscht, harte körperliche Arbeit zu verrichten. Dann pflegte er sie zu belehren. Er sagte James, dass sein Skript ungefähr wie folgt ging: »Ich fragte sie also nach einigen Tagen in der prallen Sonne und sengenden Hitze: ›Wollte ihr weiter zur Schule gehen oder für den Rest eures Lebens wie ein N**er in dieser Hitze malochen?‹, aber das darf man ja heutzutage nicht mehr sagen, und deshalb fragte ich: ›Wollt ihr weiter zur Schule gehen oder wie ein Mexikaner weiterschuften?‹«

    Der Mann wirkte stolz, weil er das N-Wort nicht mehr in den Mund nahm, und so wurde schnell klar, dass er aus seiner Sicht nichts Beleidigendes gesagt hatte – er dachte, er sei einfach offen und ehrlich. Im Anschluss daran sagte James: »Das Wort Mexikaner ist in diesem Kontext auch nicht wirklich akzeptabel.« Entscheidend ist, dass James diese Bemerkung erst machte, *nachdem* er anerkannt hatte, dass er den Standpunkt des Vorarbeiters verstanden hatte, und zu diesem Teil des Gesprächs vorangeschritten war. Der Vorarbeiter erkannte James' Erklärung an und sagte ihm, dass er eigentlich nur sagen wollte, dass sich die Jugendlichen künftig »den Arsch abrackern« sollten. James hätte ihn gleich am Anfang unterbrechen und ihn für seine Sprache »tadeln« können, aber es wäre ihm wahrscheinlich nicht so gut gelungen, dem Vorarbeiter das Problem zu verdeutlichen. Wenn er den Vorarbeiter unterbrochen und ihm gesagt hätte, dass seine Sprache »nicht cool« ist oder, was deutlich schlimmer gewesen wäre, ihn auf Identitätsebene unter Druck gesetzt hätte und ihm mehr oder weniger direkt Rassismus unterstellt hätte, wäre es fraglich gewesen, ob der Vorarbeiter sein Verhalten geändert hätte oder nicht.

72. Parrott, 2001, S. 343.
73. Dittmann, 2003, S. 52.
74. Stone, Patton & Heen, 2010, S. 208–210.
75. Ury, 1992, S. 76; Voss & Raz, 2016, S. 56, 62.
76. Denson, DeWall & Finkel, 2012; Ekman, 2003, S. 39, 54, 115, 120.
77. Ekman, 2003, S. 39, 54, 115, 120; Lerner & Tiedens, 2006.
78. Zitat in Fisher, Ury & Patton, 2011, S. 16.

    Wir raten Ihnen dazu, dies zu tun, indem Sie »manuelle Empathie« üben. So finden Sie heraus, »wie ein Käfer fühlt«, wie Fisher und seine Kollegen es ausdrücken (S. 16). Die manuelle Empathie ähnelt in gewisser Weise dem, was Chris Voss als »taktische Empathie« bezeichnet, die seiner Meinung nach für Verhandlungssituationen unverzichtbar ist, in denen viel auf dem Spiel steht (Voss & Raz, 2016, S. 51–54). Manuelle Empathie geht einen Schritt weiter als die taktische Empathie, indem Ihre Vorstellung voll und ganz in die relevante emotionale Erfahrung Ihres

Gesprächspartners gezogen wird. Um manuelle Empathie zu praktizieren, müssen Sie sich in die Rolle Ihres Partners versetzen und sich vorstellen, welche Gefühle er vermutlich hat, bis Sie sie selbst fühlen, und dann müssen Sie sich fragen, wie Sie die Situation fortsetzen möchten. So können Sie besser entscheiden, wie Sie tatsächlich weitermachen werden.

79. Voss & Raz, 2016, vor allem S. 140–161.
80. Voss & Raz, 2016, vor allem S. 140–161.
81. Ekman warnt vor den Konsequenzen, die eintreten, wenn Provokationen den Partner zornig machen: »Nehmen wir an, dass jemand wütend darüber ist, dass er in der Öffentlichkeit beleidigt wurde. Während seines Wutanfalls wird es nicht einfach sein zu überlegen, ob das, was gesagt wurde, wirklich als Beleidigung gemeint war. Das vergangene Wissen über diese Person und Beleidigungen wird nur selektiv verfügbar sein; nur der Teil des Wissens, der den Zorn unterstützt, wird in Erinnerung gerufen – nicht der Teil, der ihm widersprechen würde. Wenn die Person, die die Beleidigung ausspricht, eine Erklärung abgibt oder sich entschuldigt, wird die wütende Person diese Information (die ausgesprochene Entschuldigung) vielleicht nicht sofort in sein Verhalten integrieren« (Ekman, 2003, S. 39). Wenn Sie Ihren Partner nicht gut kennen, wird das Risiko größer sein, als Sie vermuten. Wie Ekman bemerkt: »Den Individuen, die im Großen und Ganzen schnellere und stärkere emotionale Reaktionen haben, wird es deutlich schwerer fallen, sich wieder abzuregen« (S. 48).
82. Ekman, 2003, S. 118: »Ich glaube, dass nahezu jeder es verhindern kann, zu handeln oder zu reden, wenn er wütend ist, auch wenn er provoziert wurde.« Indem Sie warten, bis der Zorn verflogen ist, bevor Sie auf eine E-Mail oder SMS reagieren, werden Sie mindestens in der Lage sein, eine sorgfältigere Auswahl darüber zu treffen, was Sie sagen wollen. Mit Ekmans Ratschlag konform gehend (S. 54, 115, 120), wird es Ihnen mit größerer Wahrscheinlichkeit gelingen, *keine* unfaire Annahmen über die Absichten und Motivationen Ihres Partners zu machen oder Dinge zu sagen, die Sie später vielleicht bereuen werden. Das heißt, dass sich die Chancen auf den Erhalt und die Vertiefung eines produktiven vernünftigen Dialogs verbessern, wenn Sie Ihren Zorn verfliegen lassen, bevor Sie antworten.
83. Chapman, 2015, S. 192.
84. Chapman, 2015, S. 192.
85. Voss & Raz, 2016, bes. S. 49–73.
86. Kubany et al., 1992, S. 505–516.
87. Voss & Raz, 2016, vor allem S. 26–48.
88. Rogers, 1975; Voss & Raz, 2016, vor allem S. 51–73.
89. Ekman bringt diesen Punkt überdeutlich zum Ausdruck. Er schreibt: »Es ist nicht hilfreich, den Zorn einer anderen Person in sich aufzunehmen oder gar nicht darauf zu reagieren. Wenn wir wollen, dass die provozierende Person mit Ihrem anstößigen Verhalten aufhört, muss sie wissen, dass wir das, was sie getan hat, nicht gutheißen« (Ekmann, 2003, S. 124). Dieser Ansatz deckt sich nahtlos mit der in *Difficult Conversations* gemachten Aussage, dass Gefühle, mit denen man sich nicht auseinandersetzt, bestehen bleiben und sich immer wieder bemerkbar machen (Stone, Patton & Heen, 2010, S. 86–90). Wenn man den Zorn des anderen absorbiert, führt das möglicherweise dazu, dass man nachtragenden Groll empfindet, was ein eigenständiges

Gefühl ist, mit dem man sich dann auseinandersetzen muss (Stone, Patton & Heen, 2010, S. 89–90).

Sechs: Könner: Sechs Fähigkeiten für den Umgang mit bornierten Personen

1. John Stuart Mill hätte diesen Ansatz vermutlich befürwortet.
2. Die Dialektik hat ihre Ursprünge bei den griechischen Philosophen der Antike. Der Begriff *dialektike* wurde verwendet, um Diskussionen zwischen zwei oder mehr Personen zu beschreiben, welche die Wahrheit durch logisches Argumentieren ergründen wollten. Ein Großteil der Gespräche des Sokrates kann durch diese Brille gesehen werden: ein systematischer Ansatz des Fragenstellens, das der Wahrheitssuche dient (Boghossian, 2002, 2003). Die Geschichte des abendländischen Denkens könnte sogar als ein Versuch gesehen werden, mithilfe der Logik die Realität zu verstehen und rivalisierende Behauptungen miteinander zu vereinbaren.
3. Siehe Fichte, 1794–1795/1970; Hegel, 2010. Eine umfangreiche Zusammenfassung findet sich bei Maybee, 2016.
4. Singer, 1983.
5. Haidt, 2012.
6. Kaplan, Gimbel & Harris, 2016; Pascual, Rodrigues & Gallardo-Pujol, 2013.
7. Ekman, 2003, S. 133–135.
8. Lindsay, 2015.
9. Boghossian, 2002.
10. Cohen et al., 2007; Correll, Spencer & Zanna, 2004; Horowitz, 2013.
11. Goulston, 2015, S. 145, 188, 194.
12. Stone, Patton & Heen, 2010, S. 89–90.

    In *Über die Wut* spöttelt der römische Philosoph, dass die Wut der Gegner oder (abhängig von der Übersetzung) der Feind der Vernunft ist (Seneca, ca. 45 v. Chr./übs. 1995, S. 21). Er bemerkt weiterhin:

    »Der Mensch ist zu gegenseitiger Hülfeleistung geschaffen, beim Zorn geht's auf's Verderben los. Der Mensch will gesellig seyn, der Zorn sich sondern; jener nützen, er schaden; jener selbst Unbekannten zu Hülfe eilen, er auch die Liebsten angreifen; jener ist für Andrer Vortheil selbst sich aufzuopfern bereit, er sich in Gefahr zu stürzen, wenn er nur Andere mit sich reißen kann.« (Seneca, ca. 45 n. Chr./übs. 1995, S. 23) [Seneca, 31 f.]

    Er schrieb, dass es einfacher ist, Leidenschaften wie der Wut zu entsagen, als zu versuchen, sie zu steuern. Letztendlich ist die Wut zu machtvoll und stur, um kontrolliert zu werden. In dieser Passage erklärte er pointiert, wie Emotionen wie die Wut der Feind der Vernunft sind:

    »Sodann aber ist die Vernunft selbst, welche die Zügel führen soll, nur so lange mächtig, als sie sich von den Leidenschaften ferne hält; hat sie sich einmal mit diesen vermischt und angesteckt, so kann sie dieselben nicht mehr einschränken, wenn sie solche schon zu entfernen im Stande gewesen wäre. Denn wenn die Seele einmal in Bewegung gesetzt und aus dem Gleichgewicht herausgeworfen ist, so ist sie von demselben Gegenstand abhängig, der auf sie einwirkt.« (Seneca, ca. 45 n. Chr./übs. 1995, S. 25) [Seneca, S. 35]

13. Stone, Patton & Heen, 2010, S. 97–98.
14. Stone, Patton & Heen, 2010, S. 97–99.
15. Stone, Patton & Heen, 2010, S. 91–94.
16. Stone, Patton & Heen, 2010, S. 94–97, 102–105.
17. Goulston, 2015, S. 105.
18. Spitzer & Volk, 1971.
19. Weinstein & Deutschberger, 1963.

    Es gibt widersprüchliche Beweise für die Effizienz des Altercastings. Eine skeptischere Sicht findet sich bei Turner et al., 2010. Es sollte außerdem darauf hingewiesen werden, dass Altercasting häufig von Verkäufern und Hochstaplern benutzt wird (Pratkanis, 2000, vor allem S. 201–203).
20. Wir empfehlen, das Altercasting nur auf die Arten anzuwenden, die hier genannt werden. Vor allem Gesprächsinterventionen sollten nur auf das Altercasting zurückgreifen, um Zweifel zu säen, bevorzugte Lösungen zu beseitigen, die Höflichkeit zu verbessern und den Beteiligten zu helfen, bezüglich ihrer Überzeugungen bescheidener zu sein.
21. Wie in Kapitel 2 bemerkt, in dem wir Kurt Lewins Studie über den Verzehr von Bries im Zweiten Weltkrieg beschrieben, können selbst ausgearbeitete Ideen eine viel stärkere Wirkung entfalten als vermittelte Botschaften. Dieser Effekt ist sogar noch prägnanter, wenn man hinter den sozialen Rollen steht, die man einnimmt. Lewin dokumentierte gruppenerzeugte Lösungen, die *mehr als zwölfmal effektiver sind* als erteilte Anweisungen, wenn man jemanden dazu überreden will, sein Verhalten zu ändern (Lewin, 1947). Lewins Studie unterschied nicht zwischen den Auswirkungen der sozialen Verbindlichkeit und der eigenständigen Ausarbeitung von Lösungen, aber für die vorliegenden Zwecke ist dies weniger wichtig.
22. Einige erwähnenswerte Geiselverhandlungstechniken, die effektiv auf Gespräche angewendet werden können, stammen aus den evidenzbasierten Ansätzen von SAFE (Substantive Demands, Attunement, Face Frames, Emotional Distress), BCSM (Behavioral Change Stairway Model) und REACCT (Recognition, Engagement, Assessment, Contracting, Controlling and Transferring) (McMains & Mullins, 2014). Diese etablierten Methoden verwenden Techniken, die angespannte Situationen, in denen es im wahrsten Sinne des Wortes um Leben und Tod geht, effektiv entschärfen können. Wir empfehlen die Recherche der Quellen, die im Verlauf dieses Abschnitts zitiert werden, um mehr über Geiselverhandlungstechniken und ihre Anwendungen zu erfahren.
23. McMains & Mullins, 2014, S. 134.
24. Unsere Darstellung dieses Konzepts orientiert sich weitgehend an Kapitel 3 bei McMains und Mullins (2014).
25. McMains & Mullins, 2014, S. 134.
26. Siehe auch hier McMains & Mullins, 2014, Kapitel 3.
27. McMains & Mullins, 2014, S. 135.
28. McMains & Mullins, 2014, S. 135.
29. Hammer, 2007; Hostage Negotiation, 1987, S. 12.

30. Hostage Negotiation, 1987, S. 14.
31. Hostage Negotiation, 1987, S. 14.
32. Hostage Negotiation, 1987, S. 14.
33. Hostage Negotiation, 1987, S. 14.
34. Diese Intervention ist insofern experimentell, als sie nur durch unsere Interferenzen aus der Literatur und unsere eigene Erfahrung gestützt wird. Sie ist nicht direkt in der auf dem Peer-Review-Verfahren basierenden Forschung zu finden, auf die wir uns bezogen haben.
35. Dennett, 2013, S. 33.
36. Boghossian, 2004.
37. Boghossian, 2013.
38. Siehe Uchtdorf, 2013, für ein anschauliches Beispiel für einen Appell, seine eigenen Zweifel anzuzweifeln.
39. Wenn jemand dieses Spiel mit Ihnen treibt, weiß er entweder nicht, was er in Bezug auf eine glaubensspezifische/epistemologische Intervention mit Ihnen tut, oder er hat ein anderes Motiv; vielleicht nimmt er Sie heimlich auf, um Ihnen ein Zu- oder Eingeständnis zu entlocken.
40. Dieser Standpunkt wird »wahr für« genannt. Jemand, der dieses Argument (wenn man es überhaupt so nennen kann) vorbringt, behauptet, dass etwas für ihn wahr ist, aber nicht für Sie. Eine Erklärung dafür, warum dies scheitert, findet sich bei Swoyer, 1982. Routinierte Intervenierer können dies mit der folgenden Gegen-Gegen-Technik leicht umgehen (abgewandelt von Anthony Magnabosco, dem wir an dieser Stelle dafür danken). Wenn Ihr Gesprächspartner etwas sagt, das nur für ihn selbst wahr ist, bitten Sie ihn darum, einen Gegenstand von ihm auszuleihen, beispielsweise eine Wasserflasche, Sonnenbrille, ein Smartphone oder einen Schlüssel. Behaupten Sie dann, dass Sie der Überzeugung sind, dass: »Das Besitzen bedeutet, dass die Eigentümerschaft für mich wahr ist, und deshalb ist für mich wahr, dass das Objekt jetzt mir gehört.« Wenn der andere widerspricht, können Sie ihn *sofort* fragen (nicht sagen): »Warum können Dinge für Sie wahr sein, für mich aber nicht?«, oder: »Wann funktioniert ›wahr für mich‹ und wann nicht?«

Sieben: Experten: Zwei Schlüssel für Gespräche mit Ideologen

1. Ideologen sind weniger unmoralisch als hypermoralisch (Pinker, 2008). Denken Sie nur an die provokanten Predigten früher amerikanischer Kalvinisten, wie beispielsweise die als Schmährede verkleidete Predigt »Sinner in the Hands of an Angry God« (»Sünder in den Händen eines wütenden Gottes«) des berüchtigten Jonathan Edwards.
2. Das ist das Hauptthema des Buchs *Difficult Conversations* (der Gedanke wurde in Stone, Patton & Heen, 2010, S. 7–8 vorgestellt und im Verlauf der folgenden Kapitel weiterentwickelt). Die Gefühle branden in Gesprächen über Moral oft auf, und die Identität ist das eigentliche Problem, das die Emotion erzeugt.

   In Gesprächen über Identität geht es darum, welches Selbstbild die Beteiligten haben. Gespräche unter Eheleuten laufen oft aus dem Ruder, weil sie sich darüber streiten, was es heißt, ein guter Ehepartner zu sein, auch wenn der Streit darüber zu gehen scheint, wer den Abfall wann vor die Tür bringt.

In der öffentlichen Diskussion für oder gegen das Impfen scheint die Medizin im Mittelpunkt zu stehen, aber in Wirklichkeit geht es darum, was es bedeutet, eine gute Mutter oder ein guter Vater zu sein. Viele religiöse Argumente handeln davon, was es bedeutet, ein guter Mensch zu sein, wobei »guter Mensch« von jedem Teilnehmer anders aufgefasst und oft durch die moralischen Prinzipien definiert wird, die in der Religion Gültigkeit haben (Lindsay, 2015, S. 106–114).

Die Identität ist eine komplizierte Angelegenheit. Am wichtigsten ist die Erkenntnis, dass die Identität ein Tableau aus Überzeugungen ist, die man über sein Selbst hat, und viele davon sind moralische Überzeugungen. Einige unserer Kernüberzeugungen über unsere Identität, auf die wir sehr bedacht sind, betreffen die Moral. Angenommen, Sie nennen jemanden einen Rassisten oder identifizieren die Aussage einer Person als rassistisch. Sie hoffen, dass diese Person erkennt, dass sie getadelt wurde, und einsieht, dass Ihre Anschuldigung wahr ist (angenommen, dass sie wahr ist), sich schämt und ihre Meinung ändert. Das passiert aber so gut wie nie.

Jemand, dem Rassismus vorgeworfen wird, wird fast nie so reagieren wie folgt: »O ja, stimmt, das tut mir leid – meine Äußerung war rassistisch, ich hätte das nicht sagen dürfen.« Stattdessen wird die Person mit großer Wahrscheinlichkeit einwenden, dass sie kein Rassist ist, und um Ihre Anschuldigung von sich zu weisen und sich selbst in ihrer eigenen Vorstellung zu rechtfertigen, wird sie sich künftig noch strenger an rassistische Ansichten klammern oder anfangen, sie zu übernehmen.

Wenn Sie einem Gesprächspartner Rassismus vorwerfen, hoffen Sie vielleicht, dass er Schuldgefühle bekommt und seine Meinung ändert. Psychologisch wird er es aber viel einfacher finden, den Vorwurf zu leugnen oder Gegenargumente vorzubringen, die letztlich alle dazu führen, dass er seine Überzeugung verstärkt. Oder die Person wird wütend und schlägt verbal zurück. Dieser identitätsbasierte Mechanismus ist genau das, was wir schon früher in Bezug auf den Backfire-Effekt besprochen haben. (Der Backfire-Effekt sorgt dafür, dass jemand seine Ansicht verstärkt, wenn ihm Beweise vorgelegt werden, die mit seinen Überzeugungen in Widerspruch stehen [siehe Trevors et al., 2016].) Es gibt bessere Arten, seine Meinung zu verändern, als zu versuchen, ihm Schuldgefühle zu vermitteln, indem man ihm ein stigmatisierendes Etikett anheftet, und wir haben schon viele von ihnen ausführlich besprochen (siehe auch Horowitz, 2013).

3. Douglas Stone, Bruce Patton und Sheila Heen (2010) empfehlen hervorragende Techniken für den Umgang mit Identitätsfragen in schwierigen Gesprächen. Sie raten in erster Linie dazu, sich seiner eigenen Identitätsfragen bewusst zu werden, die in Gesprächen aufkommen, und sich selbst zu fragen, was auf dem Spiel steht, wenn man seine Meinung ändert. Ein Großteil dieser Arbeit sollte außerhalb des Kontextes der Gespräche selbst erledigt werden. Man sollte sich nur dann damit auseinandersetzen, wenn man die Zeit hat, eine Innenschau zu halten und sich selbst zu befragen.

Sie sollten sich auch die Identitätsprobleme, mit denen sich Ihr Gesprächspartner voraussichtlich auseinandersetzen wird, bewusst machen und sie antizipieren. Abhängig vom Kontext der Diskussion werden Sie die Identitätsprobleme vielleicht offen ansprechen wollen und Ihren Partner dazu fragen. Sagen Sie: »Dieses Thema scheint Sie persönlich zu berühren. Können Sie mir sagen, warum das so ist?« Weitere Techniken für den Umgang mit Problemen auf Identitätsebene in moralbezogenen Gesprächen werden im gesamten Buch *Difficult Conversations* vorgestellt (siehe vor allem Stone, Patton & Heen, 2010, S. 111–128).

4. Unser Bauchgefühl trifft für uns moralische Entscheidungen. Dementsprechend unterschätzen wir sehr deutlich die Schwierigkeit, Gründe dafür zu nennen, warum wir glauben, was wir glauben. Dafür gibt es eine evolutionsbedingte Erklärung: Es geht schnell. Näheres hierzu findet sich in Joshua Greenes *Moral Tribes* (2013) und Daniel Kahnemans Klassiker *Schnelles Denken, langsames Denken* (2011). Noch mehr Details sind in dem etwas schwerer lesbaren, aber hochaufschlussreichen Buch *Judgment under Uncertainty: Heuristics and Biases* (1982) zu finden, das von Daniel Kahneman, Paul Slovic und Amos Tversky herausgegeben wurde und Beiträge der Herausgeber sowie anderer Autoren enthält. Die Geschwindigkeit, mit der Entscheidungen getroffen werden, ist in einer sich ständig verändernden, physikalischen und sozialen Umgebung wichtig, in der Fragen dringend beantwortet werden müssen. Sollte ich in das brennende Haus rennen und meinen Hund retten? Unser Bauch ist aber weniger gut darin, zufriedenstellende Antworten zu geben. Weil wir in vielen Situationen blitzschnell entscheiden müssen, haben wir uns dahingehend entwickelt, unsere moralischen Entscheidungen zu treffen, bevor – und nicht nachdem – wir sie durchdacht haben (Greene, 2013, S. 105–146; Shermer, 2012, vor allem S. 6).

   Kurzum, moralisches Argumentieren folgt auf moralische Intuitionen; wir entwickeln also *Gründe* für unsere moralischen Gefühle, statt unsere moralischen Schlussfolgerungen von *logischen* Argumenten abzuleiten. Wir haben zum Beispiel ein moralisches Gefühl oder die Intuition, dass etwas (vielleicht Analsex oder das Essen von Pferdefleisch) widerwärtig ist, und denken uns dann Gründe aus, warum es widerwärtig ist. Dies wird als »post hoc Rationalisierung« bezeichnet, die allgegenwärtig ist. Jeder macht es. Stellen Sie sich das so vor: Wir treffen unsere moralischen Entscheidungen, bevor wir sie uns bewusst machen, und dann schaltet sich unsere Ratio wie ein Strafverteidiger ein, der ein Plädoyer dafür hält, warum wir das Bauchgefühl hatten, das wir hatten (Haidt, 2012, S. 48–50).

   Sie fühlen oder denken vielleicht, dass Sie sich Ihre moralischen Positionen sorgfältig überlegt haben, aber es gibt überwältigende Beweise, die für das Gegenteil sprechen. In dem Augenblick, in dem eine moralisch brisante Idee in Ihren Geist dringt – sagen wir, warum die Eltern von Teenagern die Entscheidung ihrer Kinder unterstützen sollten, sexuell aktiv zu sein –, haben Sie sich schon in die eine oder andere Richtung bewegt. Ihre moralische Intuition kommt zuerst, und dann werden Sie sich Gründe ausdenken, die sie rechtfertigen.

   Es ist nicht schwer zu sehen, dass dies alles Gespräche schwieriger macht. Moralische Gespräche finden in einer Umgebung statt, in der Menschen weitaus weniger über Themen wissen als sie denken, das *Gefühl* haben, dass ihre Überzeugungen wahr sind, sich eisern an ihre Überzeugungen klammern, die Meinung vertreten, dass diese Überzeugungen jedem klar sein sollten, und nicht verstehen, warum sie so empfindlich auf potenziell störende Informationen reagieren. Gleichzeitig sind sie psychologisch darauf geeicht, die Überzeugungen zu verteidigen, die sie intuitiv gebildet haben, bevor sie genauer über sie nachgedacht haben.

5. Haidt bemerkt, dass wir in drei primären Dimensionen psychosoziale Evaluation betreiben (das heißt, wir evaluieren uns und andere in sozialer wie psychologischer Hinsicht). Die erste Dimension ist das Verwandtschaftsverhältnis. Die zweite Dimension ist der Ruf oder das soziale Standing. Die dritte Dimension definiert Haidt etwas nebulös als »Göttlichkeit«, der er sich in *Die Glückshypothese* ausführlich widmet. Mit »Göttlichkeit« meint er ein Gefühl moralischer Güte, wie sie innerhalb eines moralischen Rahmens, einer Gemeinschaft und Kultur wahrgenommen wird, in der man wirkt (Haidt, 2006, S. 181–213; Lindsay, 2015, S. 84–85).

   Unsere moralischen Intuitionen scheinen nicht nur präkognitiv zu sein (aus der lateinischen Bedeutung für »bevor« und »Wissenserwerb«), sondern sind auch direkt mit unserem limbischen System verbunden. Das heißt, dass wir emotional auf unsere moralischen Intuitionen reagieren, bevor wir überhaupt die Gelegenheit haben, über sie nachzudenken. Der einfachste Hinweis, der diese Behauptung stützt, ist, dass körperliche Abscheu (zum Beispiel wenn wir uns einem Tierkadaver nähern) und moralische Abscheu (wenn wir von einem furchtbaren Verbrechen hören) dieselbe körperliche Reaktion hervorrufen und in physiologischer Hinsicht weitgehend auf dieselbe Weise aufsteigen (Cohen et al., 2009, S. 963–976).

   Die verschwommene Linie zwischen moralischer und körperlicher Abscheu zeigt sich auch in der Abscheu vor Speisen einer anderen Kultur, ungeachtet dessen, wie sie schmecken und ob sie nahrhaft sind. Der Verzehr von Hunden und Katzen, die in den USA üblicherweise nicht auf dem Speiseplan stehen, ist ein gutes Beispiel dafür.

   Andere Gründe für die Überzeugung, dass unsere moralischen Intuitionen tiefgreifende emotionale Reaktionen hervorrufen, sind ziemlich naheliegend: Moralische Empörung (Wut, die dadurch ausgelöst wird, dass man etwas sieht, was man für moralisch verwerflich erachtet) steigt schnell auf, und das ist eines der beständigsten Merkmale der Conditio humana. Es ist die Quelle für viele Probleme, die – das kann man guten Gewissens sagen – keine Probleme sind, mit denen sich ein hyperrationaler Vulkanier auf dem *Raumschiff Enterprise* auseinandersetzen müsste.
6. Kaplan, Gimbel & Harris, 2016.
7. Tiefe moralische Überzeugungen können sich ändern. Es gibt zum Beispiel viele ehemalige religiöse Hardliner, die ihren Ideologien entflohen sind. Siehe Aspen Institute, 2015; Phelps-Roper, 2017; Shelton, 2016.
8. Die Anschuldigungen und Beschimpfungen zeichnen sich wahrscheinlich durch Andeutungen aus, die suggerieren, dass man ein schlechter oder wertloser Mensch ist – denken Sie an Bezeichnungen wie »Rassist«, »Scheinheiliger«, »Gesindel«, »Abschaum«, die ganze Palette an Schimpfnamen, die Personen entmenschlichen, indem sie als Ungeziefer und andere negativ konnotierte Tiere dargestellt werden – und selbstverständlich das »Stück Scheiße«, die zeitlose entmenschlichende Beleidigung, die am direktesten auf unsere Abscheu anspielt. Ihnen wird vielleicht ohne eine vernünftige Erklärung vorgeworfen, dass Sie ganze Bevölkerungsgruppen hassen, sich schlechte Dinge herbeisehnen oder die Gesellschaft hassen.
9. Die Anschuldigungen und Beschimpfungen etwa, von denen in der vorigen Anmerkung die Rede ist, werden vielleicht von Versuchen begleitet, Sie bloßzustellen (statt logische Argumente vorzubringen), über Sie hinwegzureden und darauf zu beharren, dass die Überzeugungen, die den Ihren zuwiderlaufen, so offensichtlich sind,

dass sie nicht weiter erklärt oder gerechtfertigt werden müssen. Ihnen wird vielleicht gesagt, dass Sie den Mund halten und zuhören sollen.

10. Es gibt die bekannte Analogie des sogenannten »Taubenschachs«, die sich auf heikle Gespräche bezieht. Dieses Wort entstand, um Gespräche mit Kreationisten zu beschreiben. Scott Weitzenhoffer schrieb in einem berühmten Kommentar, der auf Amazon.com veröffentlicht wurde: »Mit Kreationisten über das Thema der Evolution zu diskutieren ist in etwa so, als würde man mit einer Taube Schach spielen wollen – sie wirft die Figuren um, kackt auf das Brett und fliegt zu ihrer Schar zurück, um sich zur Siegerin zu erklären« (Witzenhoffer, 2005). Diese Vorstellung analogisiert nach außen.

    Die Diskussion mit einem Ideologen kann sich so anfühlen, als würde man mit jemandem Schach spielen, der einen Hammer schwingt, um das Brett zu zerschlagen. Die Annahme in dem Taubenschach-Beispiel ist, dass der andere Spieler die Spielregeln nicht kennt (die wissenschaftliche Untersuchung der Vielfalt des Lebens). Dementsprechend ist ein Ideologe ein engstirniger Eiferer, dessen einziges Hilfsmittel seine moralische Gewissheit ist.

11. Whitney & Taylor, 2017. Das Gespräch mit einem Ideologen kann nicht nur eine emotionale, sondern manchmal sogar eine physische Gefahr darstellen (Michel, 2017).

12. Beck, 2017; Haidt, 2012, S. 161–166; Haidt, 2016; Stone, Patton & Heen, 2010, S. 25–43; Willer, 2016.

13. Die Konzentration auf die moralische Epistemologie ähnelt der ganz grundsätzlichen Fokussierung auf Epistemologie. Die Methode ist nahezu identisch, obwohl der Inhalt oft nuancierter und komplexer ist: Bleiben Sie neugierig; stellen Sie viele aufrichtige, zielgerichtete Fragen; und konzentrieren Sie sich darauf, was Ihr Partner darüber sagt, *wie* er zu seinem Wissen gelangt ist.

    Die Untersuchung der moralischen Epistemologie ist jedoch aus zwei Gründen schwieriger. Erstens ist Moral kompliziert. Sie stellt Vermutungen darüber an, wie der Mensch zu seiner vollen Größe aufblühen kann – ein Thema, von dem wir kaum wissen, wie wir es definieren können, weil es so viele Meinungen und Kulturen mit so vielen widerstreitenden Interessen gibt, die sich manchmal nur schwer miteinander vereinbaren lassen. Es gibt auch Forscher, die die Meinung vertreten, dass die Moral nichts mit dem Aufblühen des Menschen zu seiner vollen Größe zu tun hat, und deshalb haben wir das Problem verschiedener und sogar konfligierender moralischer Ausgangspunkte.

    Zweitens hat die Moral eine persönliche Dimension. Viel von dem, was unsere persönliche Identität und unseren Platz in unserer Gemeinschaft ausmacht, ist direkt mit unserer Vorstellung von Moral verbunden – Aussagen darüber, was eine Handlung gut oder nicht so gut macht. Identitätsvorstellungen ändern sich nicht so einfach, vor allem, wenn die Revision der eigenen Überzeugungen dazu führt, dass man zugeben muss, dass man sich in der einen oder anderen Situation besser hätte verhalten können. Hinzu kommt, dass nicht nur die individuelle Identität mit der Moral verknüpft ist, sondern auch die kommunale Identität. Wir haben ein Eigeninteresse daran, »gute Menschen« zu sein, aber wir sind auch *sehr* daran interessiert, von anderen als solche wahrgenommen zu werden. (Dieser Gedanke hat seinen Ursprung in der Antike. Platon beschreibt ihn in Buch I von *Der Staat* in der Figur des Thrasymachus, obwohl die Ansicht dann von Platons Brüdern Glaucon und Adeimantus in Buch II entwickelt, aber nicht gutgeheißen wird. Das Konzept befasst sich damit, gerecht zu erscheinen oder gerecht zu sein. Sokrates spricht sich auch in *Gorgias* gegen diese Ansicht aus.) Kommunale und kulturelle Normen sagen uns, was »gut« und »schlecht« bedeutet. Komplexer wird die Sache noch dadurch, dass sich die Normen im Laufe der Zeit verändern. Mehr noch: Kulturen werden nicht nur durch ihre moralischen Perspektiven definiert, sondern auch durch ihre damit verbundenen Praktiken und Traditionen.

Es kann schwierig sein, sich mit seiner moralischen Epistemologie auseinanderzusetzen. Die Moral ist sehr komplex, aber sie ist auch unmittelbar, persönlich und an unsere Vorstellung von Identität und Zugehörigkeit zur Gemeinschaft geknüpft. Es ist daher einfach zu verstehen, wie jemand, der niemals genau über seine moralische Epistemologie nachgedacht hat, durch grundlegende, gezielte Fragen aus dem Konzept gebracht werden kann.

14. Cohen et al., 2007; Cohen, 2012.
15. Speziell für diesen Schritt schlagen wir vor, sich auf andere Techniken zu verlassen, die im Laufe dieses Buches erklärt werden. Sie sollten konkrete Fragen stellen und zuhören, vor allem wenn Sie der Meinung sind, dass bestimmte Ansichten abstoßend oder nicht nachvollziehbar sind. Wir empfehlen insbesondere die Anwendung von Techniken, die den Effekt der ungelesenen Bibliothek offenbaren und die Perspektive des Außenstehenden anwenden.

    Die Erörterung einer moralischen Schlussfolgerung ist außergewöhnlich kompliziert, und selbst wenn sie gelingt, muss sie nicht zwingend die darunter befindliche emotionale Struktur längerfristig aushebeln, und vielleicht wird das auch nie gelingen. Die Leute neigen zur Überschätzung ihrer Fähigkeit, moralische Überzeugungen logisch zu begründen, weil sie zu der Annahme (dem Glauben) neigen, dass ihre moralische Intuition sie zur Wahrheit führt.
16. Cohen et al., 2007; Cohen, 2012.
17. Horowitz, 2013.
18. In vielen Fällen kann »ein guter Mensch sein« bedeuten, dass man ein in bestimmter Hinsicht guter Mensch ist. Es ist zum Beispiel wahrscheinlich, dass viele Menschen, die feste Überzeugungen darüber haben, wie gesunde Ernährung auszusehen hat, sich selbst als *gesunde* oder *gesundheitsbewusste* Menschen betrachten. Impfgegner identifizieren sich höchstwahrscheinlich als gute und fürsorgliche Eltern. Leute, die anderen Gewalt antun wollen, die sie für Nazis halten, betrachten sich selbst als rechtmäßige Beschützer der Unterdrückten. Regierungsfeindlich gesinnte Milizen betrachten sich wahrscheinlich als tugendhafte Verteidiger eines Grundwertes wie Freiheit. Wenn sich die Gelegenheit bietet, sollten Sie Ihre Anerkennung des Gegenübers individuell anpassen, um einen maximalen Effekt zu erzielen.
19. Sie können die Gelegenheiten minimieren, in denen eifrige Gesprächspartner ihre einstudierten moralischen Schlussfolgerungen zum Besten geben, die sie als Verteidigungsstrategie für ihre Position entwickelt haben. Wechseln Sie möglichst bald die Fragestellung und reden Sie über übergeordnete Werte, um aus einer Predigt wieder ein Gespräch zu machen.

20. Fisher, Ury & Patton, 2011, S. 23–30; Trepagnier, 2017.
21. Ein Beispiel für die Tendenz, schwache Rechtfertigungen für Glaubensartikel wie die Wiederauferstehung vorzubringen, findet sich in E. P. Sanders' *The Historical Figure of Jesus* (1993). Sanders liefert auf der Grundlage der wenigen Dinge, die in der Antike über Jesus Christus niedergeschrieben wurden, eine sehr vorsichtige, minimalistische und skeptische Beurteilung dessen, was wir über Jesus als historische Figur wissen können. Er findet zum Beispiel kaum historisch Belegbares im Johannes-Evangelium, das er als theologisches Manifest darstellt, das mit historischen Informationen versetzt ist. Aber seine wissenschaftlichen Skrupel verlassen ihn, wenn er auf die Wiederauferstehung eingeht. Letztlich sagt er, dass er nicht weiß, wie, aber dass die Wiederauferstehung irgendwie geschehen ist. Jeder Leser, der den Behauptungen des Christentums mit Skepsis begegnet, kann nicht umhin festzustellen, dass Sanders' gewaltiger epistemologischer Sprung die Glaubwürdigkeit eines ansonsten überaus gelungenen Werkes über ein wichtiges Thema untergräbt. Eine interessante Erklärung dafür, warum das der Fall ist, findet sich bei Thomson & Aukofer, 2011.
22. Sie können sich diesen Prozess auch wie folgt vorstellen: Weil die moralische Argumentation außerordentlich kompliziert ist und moralische Epistemologien notorisch brüchig sind, laden Sie Ihren Gesprächspartner ein, die ungelesene Bibliothek unter Berücksichtigung seiner eigenen moralischen Einstellungen zu erkunden. (siehe Fernbach et al., 2013; Rozenblit & Keil, 2002).
23. Die Erkenntnis, dass wir selten gute Gründe für unsere moralischen Überzeugungen haben, sollte uns dazu veranlassen, etwas zu kultivieren, was in Gesprächen oft fehlt: moralische Demut. Das heißt, dass wir nicht mit der absoluten Gewissheit unserer Startprinzipien in ein Gespräch über Moral einsteigen sollten, sondern bereit sein sollten anzuerkennen, dass der Weg, den wir eingeschlagen haben, um zu unseren moralischen Überzeugungen zu gelangen, vielleicht nicht ganz so sorgfältig und durchdacht war, wie wir annehmen. Leider ist das nur jener kleinen Schar bewusst, die ehrlich über ihre moralischen Überzeugungen nachgedacht, mögliche Schwächen in ihrer eigenen moralischen Epistemologie aufgedeckt und eine Vorstellung davon hat, wie komplex moralische Argumentationen sind, und weiß, wie man Anfechtbarkeitskriterien erzeugt.

    Wir können uns nicht darauf verlassen, dass andere Leute moralisch bescheiden sind, und wir können sie auch nicht dazu zwingen. Wir können in unseren Gesprächen moralische Bescheidenheit modellieren, aber – um Sokrates zu paraphrasieren – der Mensch will nicht das, was ihm seiner Meinung nach nicht fehlt. Wenn Sie gar nicht den Eindruck haben, dass Ihnen moralische Bescheidenheit fehlt, warum sollten Sie dann versuchen, sie zu erwerben?
24. Die Formulierung »Identitätsbeben« stammt aus Stone, Patton & Heen, 2010, S. 113.
25. Patton, 1998.
26. Hinweis: Nicht alle Ideologen werden zu einem Gespräch bereit sein. Aus einer Vielzahl von Gründen sind sie unter Umständen ihren Überzeugungen viel zu stark verhaftet. Dieses Buch will Ihnen helfen zu verstehen, was Sie tun müssen, um effektive Gespräche zu führen, aber wenn sich jemand partout weigert, ein Gesprächspartner zu sein, können Sie ihm ein Gespräch nicht aufzwingen. Um solche Leute zu erreichen, werden Sie die Situation verlassen oder andere Methoden anwenden müssen.

(Details darüber, wie man Dschihadisten dekonvertiert, sofern dies möglich ist, finden sich in Peters INR5 talk in Säde, 2015.)

27. Wenn Sie nach einer detaillierteren Erklärung für dieses kontraintuitive Phänomen suchen, empfehlen wir die Schriften in Abschnitt 1 von *Return to Reason: The Science of Thought*, das vom *Scientific American* veröffentlicht und von Lisa Pallotroni (2018) herausgegeben wurde. Dieses gut lesbare Buch enthält viele nützliche Informationen, die erklären, warum Menschen so denken, wie sie denken.
28. Wenn Sie versuchen, mit einem Ideologen zu reden, Sie dabei feststellen, dass er »verrückt« ist, und Sie auf keinen Fall weggehen können, empfehlen wir Mark Goulstons Techniken in *Talking to «Crazy«: How to Deal with the Irrational and Impossible People in Your Life* (2015). Wir borgen uns das Wort »verrückt« von Goulston, einem Psychiater und Ausbilder von Geiselunterhändlern. Obwohl »verrückt« eine antiquierte und vulgäre Bezeichnung für Menschen mit einer psychischen Störung ist, benutzt Goulston sie, um Menschen zu beschreiben, die extrem aufgebracht und/oder irrational sind. Kapitel 4 seines aufschlussreichen Buchs widmet sich ausführlich der Frage, wann man ein Gespräch verlassen sollte.
29. Friedersdorf, 2017; Goulston, 2015, S. 43–74.
30. Stone, Patton & Heen, 2010, S. 202–206.
31. Graham, Nosek & Haidt, 2012.

    Jonathan Haidt wendet ein, dass Religionen und politische Ansichten in Bezug auf die Moralpsychologie eine gewisse Ähnlichkeit aufweisen. In einem City-Lab-Interview für den *Atlantic* sagte er 2017: »Die Psychologie der Politik ist in Wirklichkeit eine Psychologie der Religion, und wenn man die US-Wahlen verstehen will, muss man begreifen, dass es dabei gar nicht um die effizienteste Politik geht. Wir entwickeln uns dahingehend, religiös zu sein; wir entwickeln uns, um Konflikte mit anderen Gruppen auszutragen; wir entwickeln uns, um Dinge heilig zu machen und sie in den Mittelpunkt zu stellen« (Florida, 2017).
32. Die Theorie der moralischen Grundsätze geht sehr ausführlich auf diese Unterschiede ein. Graham, Nosek & Haidt, 2012; Haidt, 2012; Iyer et al., 2012. Der Leser sei daran erinnert, dass die Begriffe liberal, konservativ und libertarisch hier in einem US-amerikanischen politischen Kontext verwendet werden.
33. Khazan, 2017.

    Der französische Mathematiker und Philosoph Blaise Pascal (1670/1958) bemerkte vor ca. 350 Jahren Folgendes in seinen *Gedanken*, 9: »Will man mit Nutzen tadeln, und einem andern zeigen, daß er sich irrt, so muß man beobachten, von welcher Seite er die Sache ansieht, denn von der Seite ist sie gewöhnlich wahr und muß ihm diese Wahrheit zugestehen. Er ist damit zufrieden, weil er sieht, daß er sich nicht geirrt und nur unterlassen hat alle Seiten zu sehn. Nun schämt man sich nicht, daß man nicht alles sieht; aber man will sich nicht geirrt haben und vielleicht kommt das daher, weil natürlicher Weise der Geist von der Seite, von welcher er es ansieht, sich nicht täuschen kann, wie alle Wahrnehmungen der Sinne immer wahr sind.« [Quelle für deutsche Übersetzung: zeno.org]
34. Stone, Patton & Heen, 2010, S. 202.
35. Haidt, 2012, S. 180–216.
36. Haidt, 2012, S. 315.

37. Manche liberalen Werte stellen sich atypisch dar. Es ist plausibel, dass Liberale keine anderen Grundwerte haben, sondern vielmehr eine andere Auffassung davon. Ein Teil der Haidt'schen Argumente über liberale Moralvorstellungen sind davon abhängig, dass liberale abendländische Gesellschaften »WEIRD« sind. Dieses Akronym steht für *Western*, *educated*, *industrialized*, *rich* und *decmocratic*, also westlich, gebildet, industrialisiert, reich und demokratisch. Laut Haidt (2012) haben diese Gesellschaften offenbar den Kontakt zu mindestens einem Aspekt der menschlichen psychosozialen Evaluation verloren (das heißt, wie wir unseren eigenen subjektiven Wert wie auch den subjektiven Wert anderer evaluieren). Dieses fehlende Element ist das, was er »Göttlichkeit« nennt, und er behauptet, dass WEIRD-Gesellschaften nicht nur unsensibel auf moralische Grundlagen wie Unantastbarkeit, Autorität und Loyalität reagieren, sondern diese auch infrage stellen (Haidt, 2012). Es gibt aber Gründe, anzunehmen, dass zeitgenössische westliche Gesellschaften diese Grundlagen einfach anders deuten. Die Mitglieder einiger Bevölkerungsgruppen verwenden zum Beispiel »Coolness« (einer bestimmten Art) als individualistischen Stellvertreter für Unantastbarkeit. Das nahezu allgegenwärtige Wort »uncool« als Ausdruck für einen kulturellen Fehltritt bestimmten Ausmaßes bietet einen Einblick in dieses Phänomen. In westlich geprägten Gesellschaften kontrollieren und verstärken wir unser Gefühl für kulturelle »Göttlichkeit« mit solchen Begriffen.

    Autorität und Loyalität werden vielleicht auch in gewissen nichttraditionellen Formulierungen verstanden. Themen wie Autorität und Loyalität scheinen für Linksradikale moralisch prägnant zu sein, obwohl sie nicht ihre übliche Form annehmen müssen. Die Gruppen, die von Linksradikalen gebildet werden, sind oft sehr klein und verpflichten sich, jeder externen Autorität zu trotzen. Das macht sie relativ instabil, weshalb sie dazu tendieren, sich in viele kleine Lager aufzuspalten. Nichtsdestotrotz erzeugen sie oft eine intensive Loyalität zu bestimmten Zielen. Diese Loyalität wird mehr auf Ideen oder Ideale gerichtet als auf Menschen und beruht auf der Autorität moralischer Argumente, die Gruppenmitglieder überzeugend finden (Vgl. Graham, Nosek & Haidt, 2012).

    Bedenken Sie auch die moralische Grundlage der »Unantastbarkeit« (die manchmal auch als »Grundlage der Reinheit« bezeichnet wird). Es gibt bei der radikalen Linken gewiss einen Impuls zur moralischen Reinheit, die sich aber primär als ideologische Reinheit manifestiert. So geht es zum Beispiel in fast jeder Schlacht (und da gibt es viele) der feministischen Linken um die Frage, was eine echte Feministin ausmacht (mehr dazu bei Ferguson, 2010).
38. Iyer et al., 2012.
39. Graham, Nosek & Haidt, 2012; Haidt, 2012, S. 180–216; Iyer et al., 2012.
40. Graham, Nosek & Haidt, 2012; Haidt, 2012; Iyer et al., 2012.
41. Konservative und Libertarier gewinnen zurzeit die Diskussion über ein schärferes Waffenrecht in den USA. Weil die Konservativen es meisterlich beherrschen, die Botschaft zu vermitteln, dass sich bestimmte Bedrohungen durch privaten Waffenbesitz vielleicht wirksamer als mit anderen Mittel – abwenden lassen, und es den Liberalen nicht gelingt, ihre Argumente so vorzubringen, dass Konservative sie in moralischer Hinsicht verstehen, haben sich die Argumente der Konservativen bis

jetzt als überzeugender erwiesen. Liberale haben vielleicht recht, dass die Nachteile des privaten Waffenbesitzes die Vorteile überwiegen (im Hinblick auf Unheil), aber dieser Einwand greift wegen der tiefer liegenden Fragestellungen, die bei den Konservativen und Libertariern einen hohen Stellenwert haben – vor allem die Freiheit, sich selbst schützen zu dürfen –, für die die Liberalen aber keine klare Antwort haben, bei der amerikanischen Wählerschaft nicht.

42. Haidt, 2012.

43. Wenn Ihr Gesprächspartner von seinen moralischen Ansichten fest überzeugt ist, nimmt er Sie vielleicht als einen Ideologen wahr (auch wenn Sie keiner sind), wenn Ihre Überzeugungen nicht mit seinen übereinstimmen. Selbst ein moderat überzeugter Konservativer wird voraussichtlich erwarten, dass jeder, der bereit ist, sich als Liberaler zu identifizieren, vermutlich ein linker Ideologe ist oder zumindest mit radikal linken Ansichten sympathisiert. In ähnlicher Weise nehmen viele fromme Gläubige an, dass fast jeder Atheist wütend ist und früher oder später schnippische Bemerkungen über ihre Religion machen oder Einwände dagegen vorbringen wird.

Ideologen kommen in die Nachrichten (oder Klatschkolumnen) und werden leuchtende Vorbilder, die eine moralische Gruppe benutzt, um andere moralische Gruppen zu »verstehen«. Weit mehr Amerikaner haben zum Beispiel mehr über den islamistischen Extremismus und Terrorismus gehört als über den Islam an sich, und sie werden das, was sie über den Islamismus wissen, mit jedem assoziieren, der sich als Moslem zu erkennen gibt. (Prüfen Sie diese Behauptung, indem Sie jemanden, der den Islam mit Terrorismus assoziiert, fragen, wie sich Schiiten und Sunniten voneinander unterscheiden. Die Wahrscheinlichkeit ist sehr groß, dass er den Unterschied nicht kennt.) Dieses Problem wird durch das sogenannte *Nutpicking* verschärft, die Medien und Nutzer sozialer Medien praktizieren (Drum, 2006). Beim *Nutpicking* werden die Rosinen aus dem Kuchen gepickt, das heißt, Beispiele für außergewöhnliches Verhalten werden mit dem Ziel ausgewählt, eine Gruppe anhand ihrer schlechtesten Beispiele zu charakterisieren.

Dies führt zu Annahmen über Extremismus, die in Gesprächen zu Schwierigkeiten führen können. Das sind die Annahmen, die Ihr Partner über Sie anstellt, aber wenn Sie selbst ein Ideologe sind, beruht dieses Vorgehen auf Gegenseitigkeit. Erstens wird Ihr Partner annehmen, dass Sie extremere Ansichten vertreten, als das tatsächlich der Fall ist. Zweitens wird Ihr Partner extreme Ansichten, die Ihre Seite karikieren, besser kennen als nuanciertere Ansichten. Dementsprechend wissen viele Amerikaner über den Islam nur so viel, dass er mit islamistischem Terror zu tun hat; viele Konservative würden überrascht feststellen, dass die meisten Liberalen weder Sozialisten noch Kommunisten sind; und viele Liberale würden überrascht feststellen, dass Konservative keine Rassisten sind und nichts mit jeglicher Form von weißem Überlegenheitsdenken zu tun haben wollen. Drittens könnte sich Ihr Partner gegen den Vorwurf wehren, als Ideologe wahrgenommen zu werden.

Selbst wenn keiner der Gesprächsteilnehmer ein Ideologe ist, tritt die Annahme von Extremismus oft auf eine Weise in Erscheinung, die nahezu dieselben Schwierigkeiten schafft wie der Umgang mit einem tatsächlichen Ideologen. Es lohnt sich, diese Probleme zu entschärfen. (Eine Technik hierfür wurde bereits besprochen: Entsagen Sie den Ideologen Ihres eigenen Lagers.)

44. Näheres dazu bei Heinrichs, 2017, S. 220–228.
45. Haidt, 2012.
46. Näheres dazu bei Graham, Nosek & Haidt, 2012; Greene, 2013; Haidt, 2012; und Iyer et al., 2012.
47. Khazan, 2017; Lakoff, 2010; Pascal, 1670/1958.
48. Stone, Patton & Heen, 2010, S. 146.
49. Es ist oft unklar, was damit gemeint ist, wenn jemand behauptet, er würde westliche Werte gegen den Islam verteidigen. Bezieht sich die Person auf religiöse und moralische Werte, die sie mit dem Christentum (und möglicherweise auch dem Judentum) in Verbindung bringt, oder meint sie damit aufklärerische Werte wie die Freiheit des Individuums, Redefreiheit, eine säkulare Regierung und ordentliche Gerichtsverfahren für mutmaßliche Straftäter? Sie wissen vielleicht gar nicht genau, welche Werte sie zu verteidigen versuchen. Es ist fraglich, ob die verbindliche Einhaltung eines konkreten Wertesatzes ihre wahre Motivation ist.
50. Boghossian, 2013.

Bibliografie

ABC News. (10. Februar 2004). *Six in 10 take Bible stories literally, but don't blame Jews for death of Jesus* [PDF-Datei]. Abgerufen von https://abcnews.go.com/images/pdf/947a1Views oftheBible.pdf.

Altercasting. (ohne Datum). In: *Oxford Reference*. Abgerufen von http://www.oxfordreference.com/view/10.1093/oi/authority.20110803095405945.

Anderson, L. V. (a. 29. Dezember 2016). »2016 was the year white liberals realized how unjust, racist, and sexist America is«. In: *Slate*. Abgerufen von http://www.slate.com/ blogs/xx_factor/2016/12/29/_2016_was_the_year_white_liberals_learned_about_disillusionment.html.

Anderson, L. V. (b. 9. November 2016). »White women sold out the sisterhood and the world by voting for Trump«. In: *Slate*. Abgerufen von http://www.slate.com/ blogs/xx_factor/2016/11/09/white_women_sold_out_the_sisterhood_and_the_world_by_voting_for_trump.html.

Anomaly, J., & Boutwell, B. (25. April 2017). »Why citing a scientific study does not finish an argument«. In: *Quillette*. Abgerufen von http://quillette.com/2017/04/25/citing-scientific-study-not-finish-argument/.

Answers in Genesis. (Februar 2014). *Bill Nye debates Ken Ham – HD (Official)* [Video-Datei]. Abgerufen von https://www.youtube.com/watch?v=z6kgvhG3AkI.

Aristoteles. (1980). *The Nicomachean ethics*. Oxford, England: Oxford University Press. (Das Originalwerk erschien im 3. Jahrhundert v. Chr.) [*Nikomachische Ethik*. Ditzingen: Reclam, 2017.]

Aspen Institute. (4. Juli 2015). *Radical: My journey out of Islamist extremism* [Video-Datei]. Abgerufen von https://www.youtube.com/watch?v=Jlf7W_z3b8U.

Barlett, J. (16. Juli 2017). »The backfire effect – why people don't listen on social media«. In: *iNews.* Abgerufen von https://inews.co.uk/opinion/comment/backfire-effect-people-dont-listen-social-media/.

Barrett, L. F. (2017). *How emotions are made: The secret life of the brain.* Boston, MA: Houghton Mifflin Harcourt.

Batson, C. D. (1975). »Rational processing or rationalization? The effect of disconfirming information on a stated religious belief«. In: *Journal of Personality and Social Psychology,* 32(1), 176–184.

Beck, J. (13. März 2017). »This article won't change your mind: The facts on why facts alone can't fight false beliefs«. In: *The Atlantic.* Abgerufen von https://www.theatlantic.com/science/archive/2017/03/this-article-wont-change-your-mind/519093/.

Becker, S. (2015). *The inner world of the psychopath: A definitive primer on the psychopathic personality.* North Charleston, SC: CreateSpace.

Bennion, L. L. (1959). *Religion and the pursuit of truth.* Salt Lake City, UT: Deseret Book Company.

Big Think. (21. März 2014). *How to persuade others with the right questions: Jedi mind tricks from Daniel H. Pink* [Video-Datei]. Abgerufen von https://www.youtube.com/watch?v= WAL7Pz1i1jU.

Boghossian, P. (2002). »Socratic pedagogy, race and power«. In: *Education Policy Analysis Archives,* 10(3). Abgerufen von http://epaa.asu.edu/ojs/article/view/282.

Boghossian, P. (2003). »How Socratic pedagogy works«. In: *Informal Logic: Teaching Supplement, 23*(2), 17–25.

Boghossian, P. (2004). *Socratic pedagogy, critical thinking, moral reasoning and inmate education: An exploratory study* (Dissertation, Portland State University). Abgerufen von https://philpapers.org/rec/BOGSPC-2.

Boghossian, P. (2006). »Socratic pedagogy, critical thinking, and inmate education«. In: *Journal of Correctional Education, 57*(1), 42–63.

Boghossian, P. (2012). »Socratic pedagogy: Perplexity, humiliation, shame and a broken egg«. In: *Educational Philosophy and Theory, 44*(7), 710–720.

Boghossian, P. (2013). *A manual for creating atheists.* Durham, NC: Pitchstone Publishing.

Boghossian, P. (2017). »What would it take to change your mind?«. In: *Skeptic, 22*(1). Abgerufen von https://www.skeptic.com/reading_room/what-evidence-would-it-take-to-change-your-mind/.

Boghossian, P., & Lindsay, J. (2016). »The appeal of ISIS: Trust, costly signaling, and forming moral teams«. In: *Skeptic, 21*(2), 54–56. Abgerufen von https://www.skeptic.com/reading_room/the-appeal-of-isis-islamism-trust-and-costly-signaling/.

Boghossian, P., & Lindsay, J. (2018). »The Socratic method, defeasibility, and doxastic responsibility«. In: *Educational Philosophy and Theory, 50*(3), 244–253.

Borowsky, J. P. (2011). »Responding to threats: A case study of power and influence in a hostage negotiation event«. In: *Journal of Police Crisis Negotiations, 11*(1), 1–19.

BotJunkie. (29. Juni 2007). *Mister Rogers defending PBS to the US Senate* [Video-Datei]. Abgerufen von https://www.youtube.com/watch?v=yXEuEUQIP3Q.

Bradberry, T. (ohne Datum). »9 things that make you unlikable«. In: *Forbes.* Abgerufen von http://www3.forbes.com/leadership/9-things-that-make-you-unlikable/.

Bratman, G. N., Hamilton, J. P., Hahn, K. S., Daily, G. C. & Gross, J. J. (2015). »Nature experience reduces rumination and subgenual prefrontal cortex activation«. In: *Proceedings of the National Academy of Sciences, 112*(28), 8567–8572.

Bromme, R., Thomm, E. & Ratermann, K. (2016). »Who knows? Explaining impacts on the assessment of our own knowledge and of the knowledge of experts«. In: *Zeitschrift für Pädagogische Psychologie, 30*(2–3), 97–108.

Bushman, B. J. (2002). »Does venting anger feed or extinguish the flame? Catharsis, rumination, distraction, anger, and aggressive responding«. In: *Personality and Social Psychology Bulletin, 28*(6), 724–731.

Cahill, L. S. & Farley, M. A. (1995). *Embodiment, morality, and medicine.* Dordrecht, Niederlande: Springer.

Campbell, B. & Manning, J. (2018). *The rise of victimhood culture: Microaggressions, safe spaces, and the new culture wars.* Cham, Schweiz: Palgrave Macmillan.

Chambers, A. (2009). *Eats with sinners: Reaching hungry people like Jesus did.* Cincinnati, OH: Standard Publishing.

Chapman, G. (2015). *Anger: Taming a powerful emotion.* Chicago, IL: Moody Publishers.

Chapple, I. & Thompson, M. (23. Januar 2014). »Hassan Rouhani: Iran will continue nuclear program for peaceful purposes«. In: CNN. Abgerufen von http://www.cnn.com/2014/01/23/ world/europe/davos-rouhani-peaceful-nuclear-program/index.html.

Cohen, A. B., Keltner, D., Oveis, C. & Horberg, E. J. (2009). »Disgust and the moralization of purity«. In: *Journal of Personality and Social Psychology, 97*(6), 963–976.

Cohen, G. L. (2012). »Identity, belief, and bias«. In: J. Hanson (Hrsg.), *Ideology, psychology, and law* (S. 385–404). Oxford, England: Oxford University Press.

Cohen, G. L., Sherman, D. K., Bastardi, A., Hsu, L., McGoey, M. & Ross, L. (2007). »Bridging the partisan divide: Self-affirmation reduces ideological closed-mindedness and inflexibility in negotiation«. In: *Journal of Personality and Social Psychology, 93*(3), 415–430.

Comfort, R. (2012). *The way of the master.* Orlando, FL: Bridge-Logos.

Correll, J., Spencer, S. J. & Zanna, M. P. (2004). »An affirmed self and an open mind: Self-affirmation and sensitivity to argument strength«. In: *Journal of Experimental Social Psychology, 40*(3), 350–356.

Coyne, J. A. (2009). *Why evolution is true.* New York, NY: Penguin.

Craig, W. L. (1994). *Reasonable faith: Christian truth and apologetics.* Wheaton, IL: Crossway Books.

Craig, W. L. (2008). *Reasonable faith: Christian faith and apologetics.* 3. Aufl. Wheaton, IL: Crossway Books.

Davis, D. (2011). *Klan-destine relationships: A black man's odyssey in the Ku Klux Klan.* Far Hills, NJ: New Horizon Press.

Dawkins, R. (2006). *The God delusion.* New York, NY: Houghton Mifflin. [*Der Gotteswahn.* Berlin: Ullstein, 2016.]

Dennett, D. C. (2006). *Breaking the spell: Religion as a natural phenomenon.* New York, NY: Viking Penguin. [*Den Bann brechen: Religion als natürliches Phänomen.* Berlin: Suhrkamp, 2016.]

Dennett, D. C. (2013). *Intuition pumps and other tools for thinking.* New York, NY: W. W. Norton.

Denson, T. F., DeWall, C. N. & Finkel, E. J. (2012). »Self-control and aggression«. In: *Current Directions in Psychological Science, 21*(1), 20–25.

Devitt, M. (1994). »The methodology of naturalistic semantics«. *In: Journal of Philosophy, 91*(10), 545–572.

Dittmann, M. (2003). »Anger across the gender divide«. In: *Monitor on Psychology, 34*(3), 52.

Doherty, C., Horowitz, J. M. & Dimock, M. (23. Januar 2014). »Most see inequality growing, but partisans differ over solutions«. In: Pew Research Center. Abgerufen von http://www.people-press.org/2014/01/23/most-see-inequality-growing-but-partisans-differ-over-solutions/.

Drum, K. (11. August 2006). »Nutpicking«. In: *Washington Monthly.* Abgerufen von https:// washingtonmonthly.com/2006/08/11/nutpicking/.

Duggan, M. (2001). »More guns, more crime«. In: *Journal of Political Economy,* 109(5), 1086–1114.

Ebenstein, D. (2013*). I hear you: Repair communication breakdowns, negotiate successfully and build consensus ... in three simple steps.* New York, NY: AMACOM.

Edmondson, A. C. (2003). »Managing the risk of learning: Psychological safety in work teams«. In: M. A. West, D. Tjosvold & K. G. Smith (Hrsg.), *International handbook of organizational teamwork and cooperative working,* 255–275. Chichester, England: Wiley.

Edmondson, A. C. & Roloff, K. S. (2008). »Overcoming barriers to collaboration: Psychological safety and learning in diverse teams«. In: E. Salas, G. F. Goodwin & C. S. Burke (Hrsg.), *Team effectiveness in complex organizations: Cross-disciplinary perspectives and approaches,* 183–208. New York, NY: Routledge.

Ekman, P. (2003). *Emotions revealed: Understanding faces and feelings.* London, England: Weidenfeld & Nicolson. *[Gefühle lesen: Wie Sie Emotionen erkennen und richtig interpretieren.* 2. Aufl. Berlin: Springer, 2017.]

Ferguson, M. L. (2010). *Choice feminism and the fear of politics. Perspectives on Politics, 8*(1), 247–253.

Fernbach, P., Rogers, T., Fox, C. R. & Sloman, S. A. (2013). »Political extremism is supported by an illusion of understanding«. *Psychological Science, 24*(6), 939–946.

Festinger, L. (1957). *A theory of cognitive dissonance.* Stanford, CA: Stanford University Press. [*Theorie der kognitiven Dissonanz.* Göttingen: Hogrefe, 2019.]

FFRF. (17. Januar 2013). *Peter Boghossian – 2012 National Convention* [Video-Datei]. Abgerufen von https://www.youtube.com/watch?v=9ARwO9jNyjA.

Fichte, J. G. (1970). *The science of knowledge: With the first and second introductions.* Trans. P. Heath & J. Lachs. Cambridge, England: Cambridge University Press. (Das Originalwerk erschien 1794–1795.) [*Grundlage der gesamten Wissenschaftslehre.* Hamburg: Meiner, 1997.]

Filipovic, J. (8. November 2016). »The revenge of the white man«. In: *Time.* Abgerufen von http://time.com/4566304/donald-trump-revenge-of-the-white-man/.

Fisher, R., Ury, W. L. & Patton, B. (2011). *Getting to yes: Negotiating agreement without giving in.* New York, NY: Penguin. [*Das Harvard-Konzept: Die unschlagbare Methode für beste Verhandlungsergebnisse.* Stuttgart: DVA, 2018.]

Florida, R. (26. April 2017). »If cities ruled the world«. In: *Citylab.* Abgerufen von https://www. citylab.com/equity/2017/04/the-need-to-empower-cities/521904/.

Flynn, D., Nyhan, B. & Reifler, J. (2017). »The nature and origins of misperceptions: Understanding false and unsupported beliefs about politics«. In: *Political Psychology, 38*, 127–150.

Fodor, J. A. (1983). *The modularity of mind: An essay on faculty psychology.* Cambridge, MA: MIT Press.

Freethinkers of PSU. (25. Februar 2018). *James Damore at Portland State* (17.02.2018) [Video-Datei]. Abgerufen von https://www.youtube.com/watch?v=VCrQ3EU8_PM.

Freud, S. (1991). *On metapsychology: The theory of psychoanalysis: «Beyond the pleasure principle,« «The ego and the id,« and other works.* Hgg. von A. Richards, übersetzt von J. Strachey. Harmondsworth, England: Penguin.

(Das Originalwerk erschien 1936.) [*Jenseits des Lustprinzips, Massenpsychologie und Ich-Analyse, Das Ich und das Es: andere Werke aus den Jahren 1920–1924*. Frankfurt: Fischer, 2010.]

Friedersdorf, C. (13. Februar 2017). »Every racist I know voted for Donald Trump«. In: *The Atlantic*. Abgerufen von https://www.theatlantic.com/politics/archive/2017/02/every-racist-i-know-voted-for-donald-trump/516420/.

Gaertner, S. L., Dovidio, J. F., Nier, J. A., Ward, C. M. & Banker, B. S. (1999). »Across cultural divides: The value of a superordinate identity«. In: D. A. Prentice & D. T. Miller (Hrsg.), *Cultural divides: Understanding and overcoming group conflict* (S.173–212). New York, NY: Russell Sage Foundation.

Galef, J. (9. März 2017). »Why you think you're right, even when you're wrong«. In: *Ideas.Ted.Com*. Abgerufen von http://ideas.ted.com/why-you-think-youre-right-even-when-youre-wrong/?utm_campaign=social&utm_medium=referral&utm_source=facebook.com&utm_content=ideas-blog&utm_term=social-science.

Gattellari, M., Butow, P. N., Tattersall, M. H. N., Dunn, S. M. & MacLeod, C. A. (1999). »Misunderstanding in cancer patients: Why shoot the messenger?«. In: *Annals of Oncology, 10*(1), 39–46.

Goulston, M. (2015). *Talking to «crazy«: How to deal with the irrational and impossible people in your life*. New York, NY: AMACOM.

Graham, J., Nosek, B. A. & Haidt, J. (2012). »The moral stereotypes of liberals and conservatives: Exaggeration of differences across the political spectrum«. In: *PloS One, 7*(12), e50092.

Greene, J. (2013). *Moral tribes: Emotion, reason, and the gap between us and them*. New York, NY: Penguin.

Grubb, A. (2010). »Modern day hostage (crisis) negotiation: The evolution of an art form within the policing arena«. In: *Aggression and Violent Behavior, 15*(5), 341–348.

Habermas, J. (1985). *The theory of communicative action*. Vol. 2. Translated by J. Habermas & T. McCarthy. Boston, MA: Beacon Press. [*Theorie des kommunikativen Handelns*. Band 2. Berlin: Suhrkamp, 1995.]

Haidt, J. (2006). *The happiness hypothesis: Finding modern truth in ancient wisdom*. New York, NY: Basic Books. [*Die Glückshypothese: Was uns wirklich glücklich macht*. Kirchzarten: VAK, 2014.]

Haidt, J. (2012). *The righteous mind: Why good people are divided by politics and religion*. New York, NY: Pantheon.

Haidt, J. (November 2016). *Can a divided America heal?* [Video-Datei]. Abgerufen von https://www.ted.com/talks/jonathan_haidt_can_a_divided_america_heal?autoplay=true.

Hammer, M. R. (2007). *Saving lives: The S.A.F.E. model for resolving hostage and crisis incidents*. Santa Barbara, CA: Praeger.

Harrington, N. (2013). »Irrational beliefs and socio-political extremism«. In: *Journal of Rational-Emotive & Cognitive-Behavior Therapy, 31*(3), 167–178.

Harris, S. (2004). *The end of faith: Religion, terror, and the future of reason*. New York, NY: W. W. Norton. [*Das Ende des Glaubens: Religion, Terror und das Licht der Vernunft*. Winterthur, Schweiz: Edition Spuren, 2007.]

Harris, S. (2010). *The moral landscape: How science can determine human values*. New York, NY: Free Press.

Harris, S. (27. Januar 2017). *#62 – What is true? A conversation with Jordan B. Peterson* [Podcast]. Abgerufen von https://www.samharris.org/podcast/item/what-is-true.

Harris, S. & Nawaz, M. (2015). *Islam and the future of tolerance: A dialogue*. Cambridge, MA: Harvard University Press.

Harvard Second Generation Study. (2015). »Study of adult development«. Massachusetts General Hospital and Harvard Medical School. Abgerufen von http://www.adultdevelopmentstudy. org/grantandglueckstudy.

Hegel, G. W. (2010). *The science of logic*. Übersetzt von G. D. Giovanni. New York, NY: Cambridge University Press. (Das Originalwerk erschien 1812 bis 1816 in drei Bänden.) [*Wissenschaft der Logik*. Band I und II. Berlin: Suhrkamp, 1986.]

Heinrichs, J. (2017). *Thank you for arguing: What Aristotle, Lincoln, and Homer Simpson can teach us about the art of persuasion*. New York, NY: Three Rivers Press.

Hess, A. (28. Februar 2017). »How the trolls stole Washington«. In: *New York Times Magazine.* Abgerufen von https://www.nytimes.com/2017/02/28/magazine/how-the-trolls-stole-washington.html?_r=0.

Hogarth, R. M. & Einhorn, H. J. (1992). »Order effects in belief updating: The belief-adjustment Model«. *Cognitive Psychology, 24*(1), 1–55.

Horowitz, E. (23. August 2013). »Want to win a political debate? Try making a weaker argument«. In: *Pacific Standard.* Abgerufen von https://psmag.com/want-to-win-a-political-debate-try-making-a-weaker-argument-446f21de17a1#.42pi40gwr.

Hostage Negotiation: A Matter of Life and Death. (1987). Darby, PA: Diane Publishing Co.

Hubbard, L. R. (2007). *Scientology: The fundamentals of thought.* Commerce, CA: Bridge Publications. [*Scientology: Die Grundlagen des Denkens.* Glostrup, Dänemark: New Era, 2007.]

Huczynski, A. (2004). *Influencing within organizations.* London, England: Routledge.

Ingram, M. (01. Februar 2017). »Most Trump supporters don't trust the media anymore«. In: *Fortune.* Abgerufen von http://fortune.com/2017/02/01/trump-voters-media-trust/.

Iyer, R., Koleva, S., Graham, J., Ditto, P. & Haidt, J. (2012). »Understanding libertarian morality: The psychological dispositions of self-identified libertarians«. In: *PloS One, 7*(8), e42366.

Jain, S., Shapiro, S. L., Swanick, S., Roesch, S. C., Mills, P. J., Bell, I. & Schwartz, G. E. (2007). »A randomized controlled trial of mindfulness meditation versus relaxation training: Effects on distress, positive states of mind, rumination, and distraction«. In: *Annals of Behavioral Medicine, 33*(1), 11–21.

James Randi Educational Foundation. (25. Oktober 2013). *Peter Boghossian – authenticity – TAM 2013* [Video-Datei]. Abgerufen von https://www.youtube.com/watch?v=OGaj4j_ az98&t=3s.

Jarcho, J. M., Berkman, E. T. & Lieberman, M. D. (2010). »The neural basis of rationalization: Cognitive dissonance reduction during decision-making«. In: *Social Cognitive and Affective Neuroscience,* 6(4), 460–467.

Jennings, P. A. & Greenberg, M. T. (2009). »The prosocial classroom: Teacher social and emotional competence in relation to student and classroom outcomes«. In: *Review of Educational Research, 79*(1), 491–525.

Johnson, K. E., Thompson, J., Hall, J. A. & Meyer, C. (2018). »Crisis (hostage) negotiators weigh in: The skills, behaviors, and qualities that characterize an expert crisis negotiator«. In:*Police Practice and Research, 19*(5), 472–489.

Johnson-Laird, P. N., Girotto, V. & Legrenzi, P. (2004). »Reasoning from inconsistency to consistency«. In: *Psychological Review, 111*(3), 640–661.

Jones, D. A. (2004). »Why Americans don't trust the media: A preliminary analysis«. In: *Harvard International Journal of Press/Politics, 9*(2), 60–75.

Jost, J. T., Glaser, J., Kruglanski, A. W. & Sulloway, F. J. (2003). »Political conservatism as motivated social cognition«. In: *Psychological Bulletin, 129*(3), 339–375.

Kahneman, D. (2011). *Thinking, fast and slow.* New York, NY: Farrar, Straus & Giroux. [*Schnelles Denken, langsames Denken.* München: Penguin, 2016.]

Kahneman, D., Slovic, P. & Tversky, A. (Hrsg.). (1982). *Judgment under uncertainty: Heuristics and biases.* Cambridge, England: Cambridge University Press.

Kaplan, J. T., Gimbel, S. I. & Harris, S. (23. Dezember 2016). »Neural correlates of maintaining one's political beliefs in the face of counterevidence«. In: *Scientific Reports, 6*, art. no. 39589. Abgerufen von https://www.nature.com/articles/srep39589.

Kaufmann, W. A. (2015). *The faith of a heretic.* 2. Aufl. Princeton, NJ: Princeton University Press. [*Der Glaube eines Ketzers.* München: Szczesny, 1965.]

Kellin, B. & McMurtry, C. (2007). »STEPS – structured tactical engagement process: A model for crisis negotiation«. In: *Journal of Police Crisis Negotiations, 7*(2), 29–51.

Kelly, J. F. & Westerhoff, C. M. (2010). »Does it matter how we refer to individuals with substance-related conditions? A randomized study of two commonly used terms«. In: *International Journal of Drug Policy, 21*(3), 202–207.

Khazan, O. (1. Februar 2017). »The simple psychological trick to political persuasion«. In: *The Atlantic.* Abgerufen von https://www.theatlantic.com/

science/archive/2017/02/the-simple-psychological-trick-to-political-persuasion/515181/?utm_source=twb.

Killias, M. (1993). »International correlations between gun ownership and rates of homicide and suicide«. In: *CMAJ: Canadian Medical Association Journal, 148*(10), 1721–1725.

Kolbert, E. (27. Februar 2017). »Why facts don't change our minds«. In: *The New Yorker.* Abgerufen von http://www.newyorker.com/magazine/2017/02/27/why-facts-dont-change-our-minds.

Koriat, A., Lichtenstein, S. & Fischhoff, B. (1980). »Reasons for confidence«. In: *Journal of Experimental Psychology: Human Learning and Memory,* 6(2), 107–118.

Kruger, J. & Dunning, D. (1999). »Unskilled and unaware of it: How difficulties in recognizing one's own incompetence lead to inflated self-assessments«. In: *Journal of Personality and Social Psychology, 77*(6), 1121–1134.

Kubany, E. S., Muraoka, M. Y., Bauer, G. B. & Richard, D. C. (1992). »Verbalized anger and accusatory ›you‹ messages as cues for anger and antagonism among adolescents«. In: *Adolescence, 27*(107), 505–516.

Kuran, T. (1997). *Private truths, public lies: The social consequences of preference falsification.* Cambridge, MA: Harvard University Press.

Lakoff, G. (2010). *Moral politics: How liberals and conservatives think.* Chicago, IL: University of Chicago Press.

Lee, H. (1960). *To kill a mockingbird.* Philadelphia, PA: J. B. Lippincott. [*Wer die Nachtigall stört.* Reinbek: Rowohlt, 2016.]

Leonard, K. & Yorton, T. (2015). *Yes, and: How improvisation reverses «no, but« thinking and improves creativity and collaboration – lessons from the second city.* New York, NY: HarperCollins.

Lerner, J. S. & Tiedens, L. Z. (2006). »Portrait of the angry decision maker: How appraisal tendencies shape anger's influence on cognition«. In: *Journal of Behavioral Decision Making, 19*(2), 115–137.

Lewin, K. (1947). »Group decision and social change«. In: T. Newcomb & E. Hartley (Hrsg.), *Readings in social psychology* (S. 197–211). New York, NY: Holt, Rinehart & Winston.

Lewin, M. A. (1998). »Kurt Lewin: His psychology and a daughter's recollections«. In: G. A. Kimble & M. Wertheimer (Hrsg.), *Portraits of pioneers in psychology* (Band III, 105–120). Washington, DC: American Psychological Association.

Lindsay, J. (2015). *Everybody is wrong about god.* Durham, NC: Pitchstone Publishing.

Lindsay, J. (2016). *Life in light of death.* Durham, NC: Pitchstone Publishing.

Loftus, J. (2013). *The outsider test for faith: How to know which religion is true.* Amherst, NY: Prometheus Books.

Longsine, G. & Boghossian, P. (27. September 2012). »Indignation is not righteous«. In: *Skeptical Inquirer.* Abgerufen von https://www.csicop.org/specialarticles/show/indignation_is_not _righteous.

Lowndes, L. (2003). *How to talk to anyone: 92 little tricks for big success in relationships.* New York, NY: McGraw-Hill. [*Wie man das Eis bricht: 92 Tricks, um mit jedem ins Gespräch zu kommen und Vertrauen aufzubauen.* München: mvg, 2014.]

Lukianoff, G. & Haidt, J. (2018). *The coddling of the American mind: How good intentions and bad ideas are setting up a generation for failure.* New York, NY: Penguin.

Magnabosco, A. (a. 21. April 2016). *Street Epistemology: Kari | Examining cardinal beliefs* [Video-Datei]. Abgerufen von https://www.youtube.com/watch?v=JnF6MenyiEQ.

Magnabosco, A. (b. Dezember 2016). *Street Epistemology quick-clip: Sam | Weighing the soul* [Video-Datei]. Abgerufen von https://www.youtube.com/watch?v=5IgZSYaazFc&feature= youtube.

Malhotra, D. (a. 14. Oktober 2016). »How to build an exit ramp for Trump supporters«. In: *Harvard Business Review.* Abgerufen von https://hbr.org/2016/10/how-to-build-an-exit-ramp-for-trump-supporters.

Malhotra, D. (b. 2016). *Negotiating the impossible: How to break deadlocks and resolve ugly conflicts (without money or muscle).* Oakland, CA: Berrett-Koehler.

Martí, L., Mollica, F., Piantadosi, S. & Kidd, C. (2018). »Certainty is primarily determined by past performance during concept learning«. In: *Open Mind, 2*(1), 47–60. Abgerufen von https://doi.org/10.1162/ opmi_a_00017.

Masci, D. (11. Februar 2019). »For Darwin Day, 6 facts about the evolution debate«. In: *Fact Tank.* Pew Research Center. Zugriff am 11. Februar

2019. Abgerufen von http://www.pewresearch. org/fact-tank/2017/02/10/darwin-day/.

Maybee, J. E. (Winter 2016). »Hegel's dialectics«. In: *Stanford encyclopedia of philosophy.* Abgerufen von https://plato.stanford.edu/entries/hegel-dialectics/.

Mbarki, M., Bentahar, J. & Moulin, B. (2008). »A formal framework of conversational goals based on strategic reasoning«. *In International conference on industrial, engineering and other applications of applied intelligent systems,* 835–844. Berlin: Springer.

McMains, M. & Mullins, W. C. (2014). *Crisis negotiations: Managing critical incidents and hostage situations in law enforcement and corrections.* 5. Aufl. New York, NY: Routledge.

Michel, C. (30. Juni 2017). »How liberal Portland became America's most politically violent city«. In: *Politico.* Abgerufen von http://www.politico.com/magazine/story/2017/06/30/how-liberal-portland-became-americas-most-politically-violent-city-215322.

Mill, J. S. (1859). *On liberty.* London, England: Longman, Roberts & Green. [*Über die Freiheit.* Hamburg: Nikol, 2018.]

Miller, L. (2005). »Hostage negotiation: Psychological principles and practices«. In: *International Journal of Emergency Mental Health, 7*(4), 277–298.

Mitchell, A., Matsa, K. E., Gottfried, J. & Kiley, J. (21. Oktober 2014). »Political polarization and media habits«. In: *Pew Research Center.* Abgerufen von http://www.journalism.org/2014/10/ 21/political-polarization-media-habits/.

Mullins, W. C. (2002). »Advanced communication techniques for hostage negotiators«. In: *Journal of Police Crisis Negotiations, 2*(1), 63–81.

Neiman, M. (2008). »Motorcycle helmet laws: The facts, what can be done to jump-start helmet use, and ways to cap damages«. In: *Journal of Health Care Law & Policy, 11,* 215–248.

Neumann, C. S. & Hare, R. D. (2008). »Psychopathic traits in a large community sample: Links to violence, alcohol use, and intelligence«. In: *Journal of Consulting and Clinical Psychology, 76*(5), 893–899.

Nichols, T. (2017). *The death of expertise: The campaign against established knowledge and why it matters.* New York, NY: Oxford University Press.

Norton, S. W. (2002). »Economic growth and poverty: In search of trickle-down«. In: *Cato Journal, 22*(2), 263–275.

Nyhan, B. & Reifler, J. (2010). »When corrections fail: The persistence of political misperceptions«. In: *Political Behavior, 32*(2), 303–330.

Nyhan, B. & Reifler, J. (6. Mai 2018). »The roles of information deficits and identity threat in the prevalence of misperceptions«. In: *Journal of Elections, Public Opinion and Parties.* Vorab veröffentlichte Online-Publikation. Abgerufen von https://doi.org/10.1080/17457289.2018.1465061.

Nyhan, B., Reifler, J. & Ubel, P. A. (2013). »The hazards of correcting myths about health care reform«. In: *Medical Care, 51*(2), 127–132.

O'Reilly, C. A. & Chatman, J. (1986). »Organizational commitment and psychological attachment: The effects of compliance, identification, and internalization on prosocial behavior«. In: *Journal of Applied Psychology, 71*(3), 492–499.

Pallatroni, L. (Ed.). (2018). *Return to reason: The science of thought.* New York, NY: Scientific American Ebooks.

Parker, K. (20. November 2016). »Fake news, media distrust and the threat to democracy«. In: *Denver Post.* Abgerufen von http://www.denverpost.com/2016/11/20/fake-news-media-distrust-and-the-threat-to-democracy/.

Parrott, W. G. (2001). *Emotions in social psychology: Essential readings.* New York, NY: Psychology Press.

Parsons, R. D. & Zhang, N. (2014). *Counseling theory: Guiding reflective practice.* Los Angeles, CA: SAGE Publications.

Pascal, B. (1958). *Pascal's pensées.* New York, NY: E. P. Dutton. Abgerufen von https://www.gutenberg.org/files/18269/18269-h/18269-h.htm. (Das Originalwerk erschien 1670.) [*Gedanken.* Ditzingen: Reclam, 1997.]

Pascual, L., Rodrigues, P. & Gallardo-Pujol, D. (September 2013). »How does morality work in the brain? A functional and structural perspective of moral behaviour«. In: *Frontiers in Integrative Neuroscience, 7,* art. no. 65. Abgerufen von https://www.frontiersin.org/articles/10.3389/ fnint.2013.00065/full.

Patton, B. M. (1998). »Difficult conversations«. In: *Dispute Resolution Magazine, 5*(4), 25–29.

Peters, M. (24. Dezember 2015). »Virtue signaling and other inane platitudes«. In: *Boston Globe*. Abgerufen von https://www.bostonglobe.com/ideas/2015/12/24/virtue-signaling-and-other-inane-platitudes/YrJRcvxY-MofMcCfgORUcFO/story.html.

Phelps-Roper, M. (Februar 2017). *I grew up in the Westboro Baptist Church. Here's why I left* [Video-Datei]. Abgerufen von http://www.ted.com/talks/megan_phelps_roper_i_grew_up_in_the_westboro_baptist_church_here_s_why_i_left.

Pigeon chess. (27. Dezember 2016). *RationalWiki*. Abgerufen von http://rationalwiki.org/wiki/ Pigeon_chess.

Pinker, S. (13. Januar 2008). »The moral instinct«. *New York Times Magazine*. Abgerufen von http://www.nytimes.com/2008/01/13/magazine/13Psychology-t.html.

Platon. (1992). *Republic*. Übersetzt von G. M. A. Grube. Indianapolis, IN: Hackett. (Das Originalwerk erschien ca. 380 v. Chr.) [*Der Staat*. Ditzingen: Reclam, 2011.]

Platon. (2006). *Plato's Meno*. Hgg. v. D. Scott. Cambridge, England: Cambridge University Press. (Das Originalwerk erschien ca. 380 v. Chr.) [*Platon: Sämtliche Werke, Band 1*. Reinbek: Rowohlt, 2011.]

Pratkanis, A. R. (2000). »Altercasting as an influence tactic«. In: D. J. Terry & M. A. Hogg (Hrsg.), *Attitudes, behaviour, and social context: The role of norms and group membership*, 201–226. New York, NY: Psychology Press.

Rogers, C. R. (1975). »Empathetic: An underappreciated way of being«. In: *The Counseling Psychologist*, *5*(2), 2–10.

Rogers, K. (9. November 2016). »White women helped elect Donald Trump«. In: *New York Times*. Abgerufen von https://www.nytimes.com/2016/12/01/us/politics/white-women-helped-elect-donald-trump.html.

Rozenblit, L. & Keil, F. (2002). »The misunderstood limits of folk science: An illusion of explanatory depth«. In: *Cognitive Science*, *26*(5), 521–562.

The RSA. (15. August 2012). *The truth about dishonesty – Dan Ariely* [Video-Datei]. Abgerufen von https://www.youtube.com/watch?v=ZGGxguJsirI.

Säde, R. (6. Oktober 2015). *Peter Boghossian – Imagine No Religion 5, Islamism and doubt* [Video-Datei]. Abgerufen von https://www.youtube.com/watch?v=_I5-SUdBpaQ.

Sanders, E. P. (1993). *The historical figure of Jesus.* New York, NY: Penguin.

Schlottmann, A. & Anderson, N. H. (1995). »Belief revision in children: Serial judgment in social cognition and decision-making domains«. In: *Journal of Experimental Psychology: Learning, Memory, and Cognition, 21*(5), 1349–1364.

Seneca, L. A. (1995). »On anger«. In: J. M. Cooper & J. F. Procopé (Hrsg.), *Seneca: Moral and political essays,* 17–116. Cambridge, England: Cambridge Press. (Das Originalwerk erschien im 1. Jahrhundert n. Chr.) [*Werke, Band 1.* Stuttgart: Metzler, 1828.]

Shelton, C. (April 2016). *Me, my mom and Scientology* [Video-Datei]. Abgerufen von https://www.youtube.com/playlist?list=PLGrPM1Pg2h713UyF8wjTT4L3tVqId7KKW.

Shermer, M. (2012). *The believing brain: From ghosts and gods to politics and conspiracies – how we construct beliefs and reinforce them as truths.* New York, NY: St. Martin's Press.

Shklovskiĭ, I. & Sagan, C. (1966). *Intelligent life in the universe.* San Francisco, CA: Holden-Day.

Singer, P. (1983). *Hegel.* Oxford, England: Oxford University Press.

Sophocles. (Übs. 1891). *The Antigone of Sophocles.* Herausgegeben mit einer Einleitung und Anmerkungen von Sir Richard Jebb. Cambridge, England: Cambridge University Press. (Verfügbar in der digitalen Bibliothek Perseus Project) [*Antigone.* Ditzingen: Reclam XL, 2016.]

Spitzer, S. P. & Volk, B. A. (1971). »Altercasting the difficult«. In: *American Journal of Nursing, 71*(4), 732–738.

Starr, E. (3. November 1954). Zitat von Groucho Marx. In: *Inside TV* [Kolumne]. Greensboro (NC) Record.

Steenburgh, T. & Ahearne, M. (Juli–August 2012). »Motivating salespeople: What really works«. In: *Harvard Business Review.* Abgerufen von https://hbr.org/2012/07/motivating-salespeople-what-really-works.

Stenger, V., Lindsay, J. & Boghossian, P. (8. Mai 2015). »Physicists are philosophers, too«. In: *Scientific American.* Abgerufen von https://www.scientificamerican.com/article/physicists-are-philosophers-too/.

Stone, D., Patton, B. & Heen, S. (2010). *Difficult conversations: How to discuss what matters most.* New York, NY: Penguin.

Swift, A. (14. September 2016). »Americans' trust in mass media sinks to new low«. In: *Gallup*. Abgerufen von http://www.gallup.com/poll/195542/americans-trust-mass-media-sinks-new-low.aspx.

Swinburne, R. (1990). »The limits of explanation: The limits of explanation« [sic]. In: *Royal Institute of Philosophy Supplements, 27*, 177–193.

Swinburne, R. (1997). *Simplicity as evidence of truth*. Milwaukee, WI: Marquette University Press.

Swinburne, R. (2001). *Epistemic justification*. Oxford, England: Oxford University Press.

Swinburne, R. (2005). *Faith and reason*. Oxford, England: Oxford University Press.

Swoyer, C. (1982). »True for«. In: M. Krausz & J. W. Meiland (Hrsg.), *Relativism: Cognitive and moral*, 84–108. Notre Dame, IN: Notre Dame University Press.

Tajfel, H. (Hrsg.). (2010). *Social identity and intergroup relations* (European Studies in Social Psychology). 7. Aufl. Cambridge, England: Cambridge University Press.

Tappin, B. M., van der Leer, L. & McKay, R. T. (2017). »The heart trumps the head: Desirability bias in political belief revision«. In: *Journal of Experimental Psychology: General, 146*(8), 1143–1149.

Tavernise, S. (18. Februar 2017). »Are liberals helping Trump?«. In: *New York Times*. Abgerufen von https://www.nytimes.com/2017/02/18/opinion/sunday/are-liberals-helping-trump.html.

Tavris, C. & Aronson, E. (2008). *Mistakes were made (but not by me): Why we justify foolish beliefs, bad decisions, and hurtful acts*. Boston, MA: Houghton Mifflin Harcourt.

Taylor, P. J. & Donohue, W. (2006). »Hostage negotiation opens up«. In: K. Schneider & C. Honeyman (Hrsg.), *The negotiator's fieldbook: The desk reference for the experienced negotiator*, 667–674. Washington, DC: American Bar Association.

TED. (27. Juni 2014). *How to speak so that people want to listen | Julian Treasure* [Video-Datei]. Juni. Abgerufen von https://www.youtube.com/watch?v=eIho2S0ZahI.

TedX Talks. (14. November 2013). *The illusion of understanding: Phil Fernbach at TEDxGoldenGatePark* [Video-Datei]. Abgerufen von https://www.youtube.com/watch?v= 2SlbsnaSNNM.

Thompson, D. (16. September 2016). »Why do Americans distrust the media?«. In: *The Atlantic.* Abgerufen von https://www.theatlantic.com/business/archive/2016/09/why-do-americans-distrust-the-media/500252/.

Thomson, J. A. & Aukofer, C. (2011). *Why we believe in God(s): A concise guide to the science of faith.* Durham, NC: Pitchstone Publishing.

»Top town crier to be crowned as Hebden Bridge hits 500«. (20. August 2010). In: *BBC News.* Abgerufen von http://news.bbc.co.uk/local/bradford/hi/people_and_places/arts_and_culture/ newsid_8931000/8931369.stm.

Trepagnier, B. (2017). *Silent racism: How well-meaning white people perpetuate the racial divide.* New York, NY: Routledge.

Trevors, G. J., Muis, K. R., Pekrun, R., Sinatra, G. M. & Winne, P. H. (2016). »Identity and epistemic emotions during knowledge revision: A potential account for the backfire effect«. In: *Discourse Processes, 53*(5–6), 339–370.

Trotter, C. (1995). *The supervision of offenders –what works? A study undertaken in community based corrections, Victoria: First & second reports to the Australian Criminology Research Council, 1995.* Melbourne, Australia: Social Work Department, Monash University.

TubeCactus. (4. Juni 2011). *That's soulless! – What evidence or logical argument can you provide?* [Video-Datei]. Auszug aus der Debatte »Is the Foundation of Morality Natural or Supernatural?« William Lane Craig vs. Sam Harris, University of Notre Dame, Notre Dame, Indiana. Abgerufen von https://www.youtube.com/watch?v=pk7jHJRSzhM&t=1m10s.

Turner, M. M., Banas, J. A., Rains, S. A., Jang, S., Moore, J. L. & Morrison, D. (2010). »The effects of altercasting and counterattitudinal behavior on compliance: A lost letter technique investigation«. In: *Communication Reports, 23*(1), 1–13.

2Civility. (2015). *Skill practice: Inquire, paraphrase, acknowledge* [Unveröffentlichtes Manuskript]. Illinois Supreme Court Commission on Professionalism.

Tyson, A. & Maniam, S. (2016). »Behind Trump's victory: Divisions by race, gender, education«. In: Pew Research Center. Abgerufen von http://www.pewresearch.org/fact-tank/2016/11/09/behind-trumps-victory-divisions-by-race-gender-education/.

Uchtdorf, D. F. (Oktober 2013). »Come, join with us.« Präsentation der Kirche Jesu Christi der Heiligen der Letzten Tage, Generalkonferenz. Abgerufen von https://www.lds.org/general-conference/2013/10/come-join-with-us?lang=eng.

Ury, W. (1992). *Getting past no: Negotiating with difficult people.* London, England: Random Century.

Vlemincx, E., Van Diest, I. & Van den Bergh, O. (2016). »A sigh of relief or a sigh to relieve: The psychological and physiological relief effect of deep breaths«. In: *Physiology & Behavior, 165*, 127–135.

Voss, C. & Raz, T. (2016). *Never split the difference: Negotiating as if your life depended on it.* New York, NY: HarperCollins.

Vuori, T. (2013). »How closed groups can drift away from reality: The story of a knockedout Kiai master«. In: *International Journal of Society Systems Science, 5*(2), 192–206.

Waldron, V. R., Cegala, D. J., Sharkey, W. F. & Teboul, B. (1990). »Cognitive and tactical dimensions of conversational goal management«. In: *Journal of Language and Social Psychology, 9*(1–2), 101–118.

Ware, B. (2012). *The top five regrets of the dying: A life transformed by the dearly departing.* Carlsbad, CA: Hay House. [*5 Dinge, die Sterbende am meisten bereuen: Einsichten, die Ihr Leben verändern werden.* München: Goldmann, 2015.]

Waters, N. L. & Hans, V. P. (1. September 2009). *A jury of one: Opinion formation, conformity, and dissent on juries.* Cornell Law Faculty Publications. Abgerufen von http://scholarship.law.cornell.edu/cgi/viewcontent.cgi?article=1113&context=lsrp_papers.

Weinstein, E. & Deutschberger, P. (1963). »Some dimensions of altercasting«. In: *Sociometry, 26*(4), 454–466.

Weitzenhoffer, S. D. (16. März 2005). »Problem with debating creationists« [Rezension von *Evolution vs. creationism: An introduction by Eugenie C. Scott*]. Abgerufen von https://www.amazon.com/review/R2367M3BJ05M82.

Wells, S. (2015). »Hostage negotiation and communication skills in a terrorist environment«. In: J. Pearse (Hrsg.), *Investigating terrorism: Current political, legal and psychological issues,* 144–166. Chichester, England: Wiley-Blackwell.

West, M. A., Tjosvold, D. & Smith, K. G. (Hrsg.). (2003). *International handbook of organizational teamwork and cooperative working.* Chichester, England: Wiley.

West, M. A., Tjosvold, D. & Smith, K. G. (Hrsg.). (2005). *The essentials of teamworking: International perspectives.* Chichester, England: Wiley.

Whitney, E. & Taylor, J. (24. Mai 2017). »On eve of election, Montana GOP candidate charged with assault on reporter«. In: NPR. Abgerufen von http://www.npr.org/2017/05/24/529862697/ republican-s-altercation-with-reporter-shakes-up-montana-race-on-eve-of-voting.

Willer, R. (September 2016). *How to have better political conversations* [Video-Datei]. TED. Abgerufen von https://www.ted.com/talks/robb_willer_how_to _have_better_political_ conversations.

Wilson, R. A. & Keil, F. (1998). »The shadows and shallows of explanation«. In: *Minds and Machines, 8*(1), 137–159.

Wynn, C. M. & Wiggins, A. W. (2016). *Quantum leaps in the wrong direction: Where real science ends … and pseudoscience begins.* New York, NY: Oxford University Press.

Zukar. (1. Februar 2017). *All that we share – Übersetzung von ZUKAR* [Video-Datei]. Abgerufen von https://www.youtube.com/watch?v=i1AjvFj VXUg.

Zunin, L. M. & Zunin, N. (1972). *Contact: The first four minutes.* New York, NY: Ballantine Books.

Register